映画になった恐怖の実話III

TRUE STORY MOVIES

TETSUJINSYA

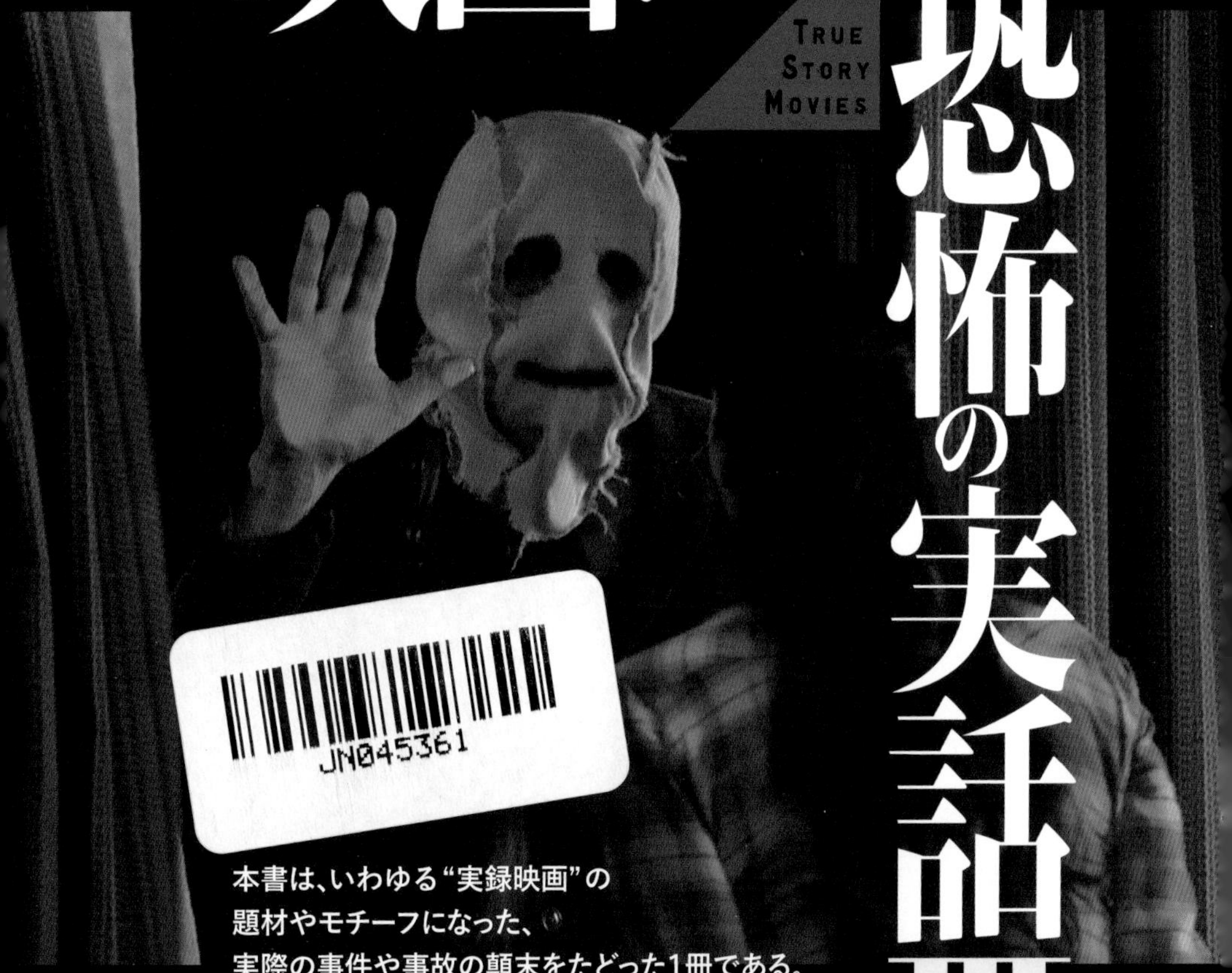

本書は、いわゆる"実録映画"の
題材やモチーフになった、
実際の事件や事故の顛末をたどった1冊である。
劇中の描写と史実はどこが違うのか。
映画では語られない犯行の詳細、
本当の動機、事件関係者の過去とその後。
真相を知ればわかるに違いない。
事実は映画より何倍も恐ろしいことを。

全50タイトルの元ネタを解説した
「映画になった実話」シリーズ第7弾!

映画「ストレンジャーズ　戦慄の訪問者」より

原作者トマス・ハリスが若き日に会った知的な殺人犯から着想

ハンニバル・レクターのモデルになったサラザール博士とは？

アメリカ各地で若い女性が殺害され遺体から皮膚が剥ぎ取られるという事件が発生。解決の緒を探るため、ＦＢＩアカデミーの実習生クラリスが、９人の患者を惨殺したうえで遺体を食し刑務所の医療施設に収監されている元精神科医の囚人ハンニバル・レクターに助言を求め心理的な面から犯人に迫る。レクター博士は捜査に協力する代償に、クラリス自身の過去を語らせ息詰まる心理戦が展開される——。１９９１年の映画「羊たちの沈黙」は公開から32年が経過した現在も熱狂的なファンの多い傑作サイコスリラーである。

若きＦＢＩ実習生を演じたジョディ・フォスターもさることながら、観る者を釘づけにしたのがアンソニー・ホプキンス扮するハンニバル・レクターだ。冷酷で残忍な猟奇殺人犯でありながら、著名な精神科医で紳士的、貴族的な雰囲気も併せ持つ不気味な人物。２００３年にアメリカン・フィルム・インスティチュート（ＡＦＩ）が発表した「アメリカ映画の悪役ベスト50」で第１位を獲得した、この強烈なキャラクターには実在のモデルがいる。１９５０年代末に恋人の男性を殺害、収監されていた刑務所で「サラザール博士」と呼ばれていたメキシコ人の男性医師だ。

羊たちの沈黙

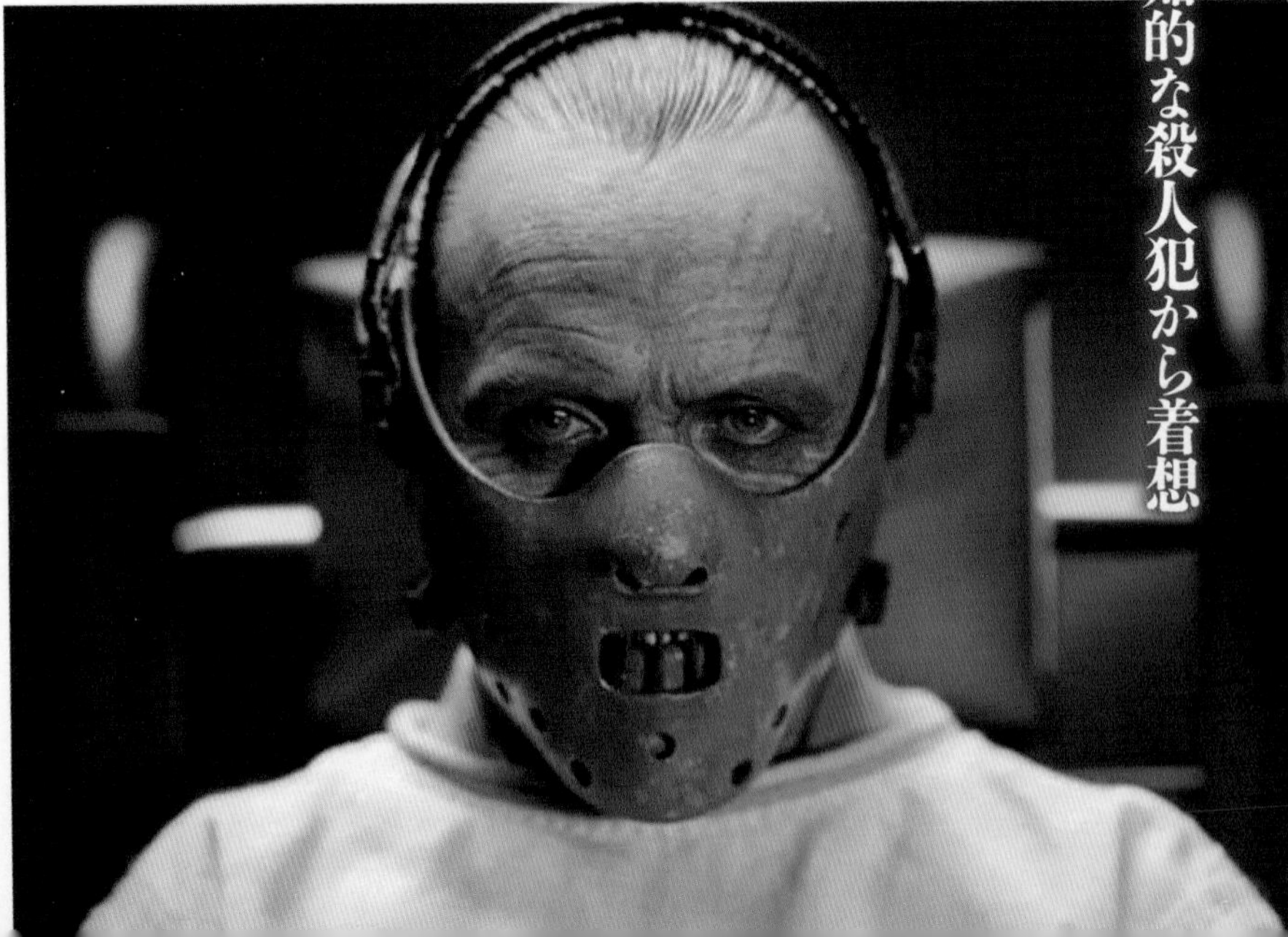

▶レクター博士を演じたアンソニー・ホプキンス。映画「羊たちの沈黙」より

「殺人医師」の異名をとった男

ハンニバル・レクターはアメリカの作家トマス・ハリスが1981年に発表した小説『レッド・ドラゴン』に初めて登場し、同じハリス作の『羊たちの沈黙』（1988年刊）と、それを原作とした同名映画で一躍有名になった架空の人物である。

映画公開から20年以上、レクター博士は複数の殺人鬼を組み合わせ創作されたものと言われていた。1人は1960年代から1980年代前半にかけて全米17州で300人以上を殺害したとされるヘンリー・リー・ルーカス（1936－2001）。1983年の逮捕後、ルーカスはテキサス州警察の要請を受け、自身が起こした連続殺人事件の特別捜査班の正式メンバーとして、獄中から事件の捜査・解決に協力している。もう1人が〝ミルウォーキーの食人鬼〟ことジェフリー・ダーマー（1960－1994）。1978年から1991年にかけて、オハイオ州やウィスコンシン州で17人の青少年を絞殺、その後に屍姦、死体切断、さらに遺体を食した男だ。さらに稀代のシリアルキラーであるテッド・バンディ（1946－1989。本書30ページ参照）や、1970年代初頭にカリフォルニア州で8人の女性を殺害し遺体を屍姦後、バラバラにして遺棄したエドモンド・ケンパー（1948－）もレクター博士のモデルの1人と思われていた。

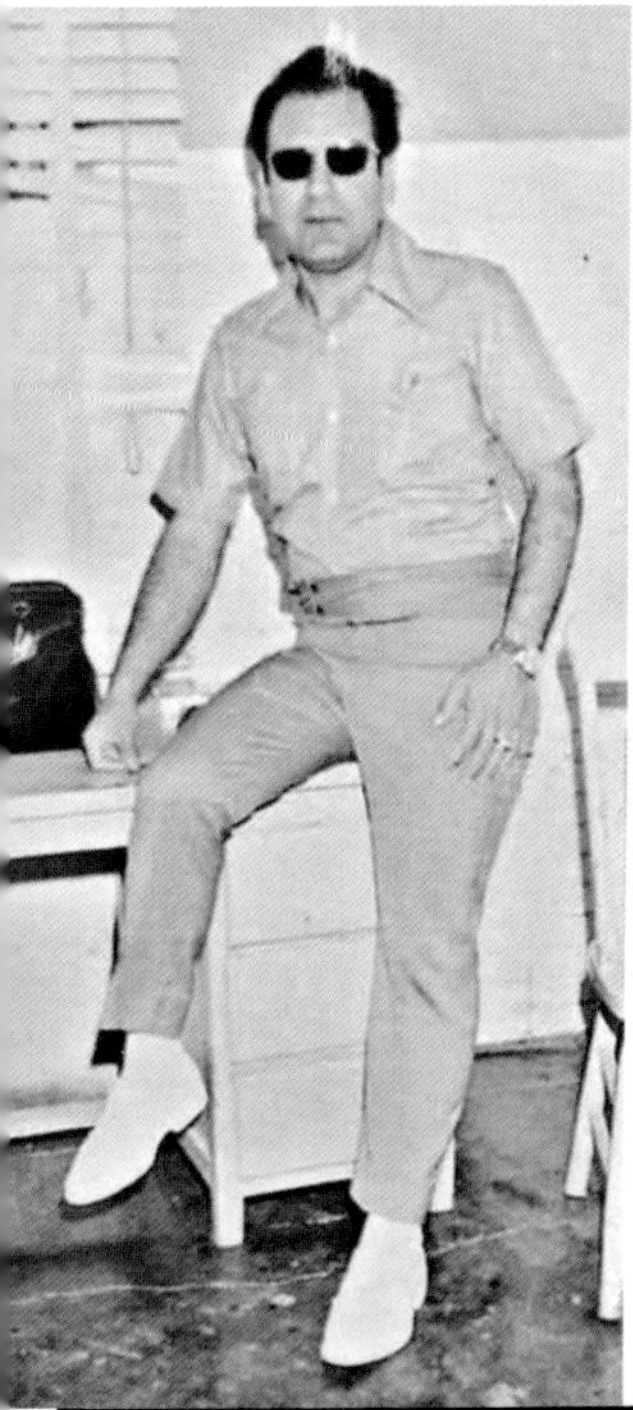

◀モデルとなったアルフレド・バッリ・トレビーニョを獄中で捉えた1枚。刑務所で医療も担当していたことから待遇は特別で、服装も自由だった

しかし、小説『羊たちの沈黙』刊行25周年を記念した2013年のインタビューで、原作者のハリスがレクター博士のモデルは自分が40年前に出会った殺人犯アルフレド・バッリ・トレビーニョだったことを告白している。

1959年、トレビーニョ（当時31歳）はメキシコ北部のヌエボ・レオン州の州都モンテレイ市のタジェレス地区にある診療所に勤務する外科医だった。彼はゲイで、当時20歳の男子医学生ヘスス・カスティージョ・ランゲルという恋人がいたのだが、ランゲルから女性と結婚すると打ち明けられ口論に発展。同年10月8日、診療所内でランゲルに殴る蹴るの暴行を働いたうえで鎮静薬を注射、メスで喉を切り殺害し、遺体をバラバラに損壊、郊外の空き地に遺

羊たちの沈黙

1991／アメリカ／監督：ジョナサン・デミ◉連続殺人鬼（バッファロー・ビル）を追う女性FBI実習生と、彼女にアドバイスを与える猟奇殺人犯で元精神科医との奇妙な交流を描いたサイコスリラー。第64回アカデミー賞で作品賞、監督賞、脚色賞、主演男優賞、主演女優賞の主要5部門を独占した。2001年、前作から10年後を描いた続編「ハンニバル」が公開された。

棄した。数日後に逮捕されたトレビーニョは素直に犯行を自供したどころか、いかに上手く遺体を解体したかを警察に自慢。事件を報じる新聞は彼を「ヌエボ・レオンの狼男」「殺人博士」「タジェレスの怪物」などと呼称した。

一方、警察当局はトレビーニョがランゲル殺害だけではなく、同じ頃、ヌエボ・レオン州の幹線道路で若い男性のヒッチハイカーの殺害遺体が複数見つかった事件にも関与しているものとみて追及するも、これは自供も物的証拠も得られず、結局、トレビーニョは裁判で死刑判決を受け、ヌエボ・レオン州立刑務所に収容される。1961年5月のことだ。

殺された人々は魅力的でしたか?

2年後の1963年、トマス・ハリスが同刑務所を訪れる。ハリスはテキサス州ウェイコのベイラー大学在学中から地元紙『ニューズ・トリビューン』の記者となり、後にAP通信のニューヨーク支

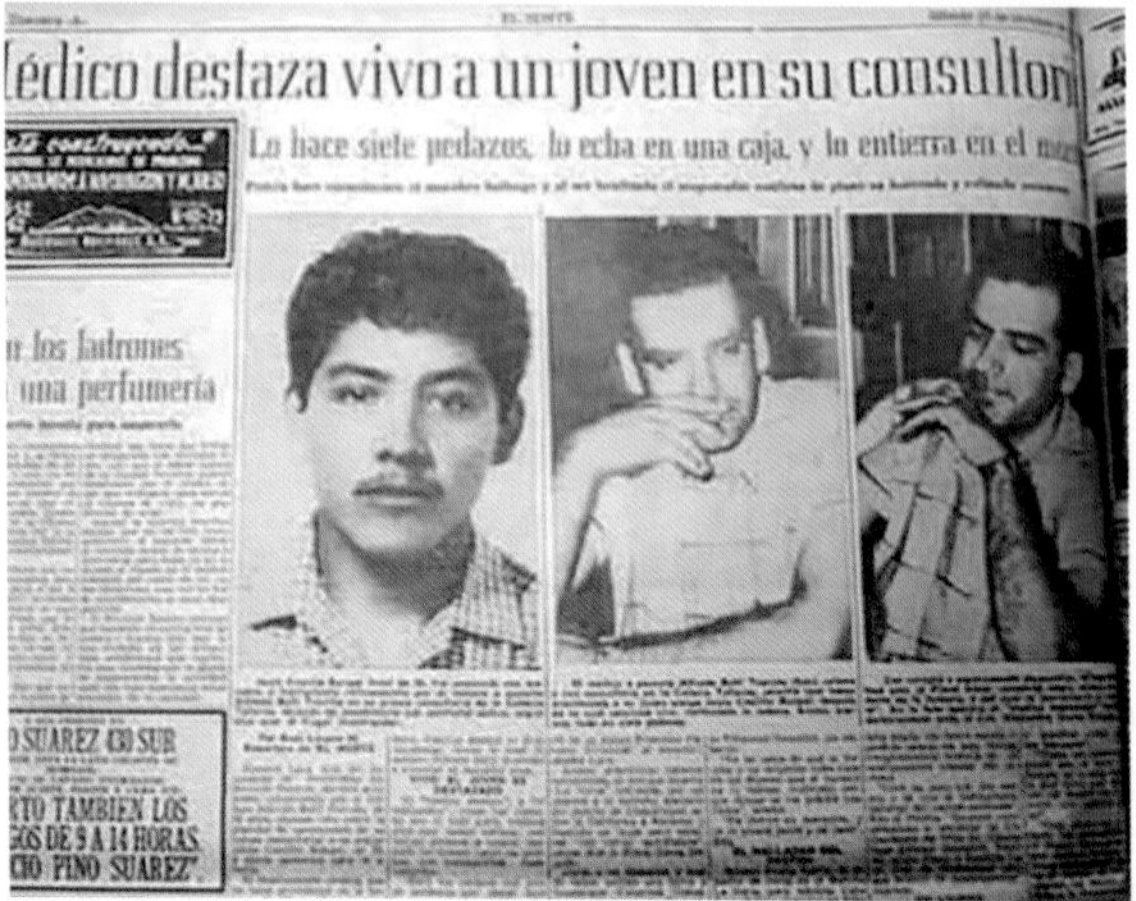

▲事件を報じるメキシコの新聞。左が殺されたヘスス・カスティージョ・ランゲル。中央と右がトレビーニョ

▼小説『羊たちの沈黙』を発表、一躍売れっ子作家になった当時のトマス・ハリス

▼ジョディ・フォスター(左)、アンソニー・ホプキンスともに演技が高く評価され、両者ともにオスカーを獲得した。映画「羊たちの沈黙」より

社でレポーター兼編集者に転身。当時23歳だった。

ハリスの目的は、3人を殺害、死刑判決を受け同刑務所に服役、脱獄を図るも未遂に終わったダイクス・アスキュー・シモンズという死刑囚にインタビューすることだった。シモンズは脱獄の際に警備員に銃で撃たれ重傷を負ったが、手術で一命を取り留めていた。その手術を手がけたのが、刑務所の医師として働くサラザール博士だった。

スーツを着て知的な印象を与える博士に興味を持ち、ハリスは彼にもインタビューを試みる。と、博士はシモンズの殺害事件についてハリスに逆取材をかけてきた。

「殺された人々は魅力的でしたか？」

「美しい被害者たちがシモンズを暴力的な怒りに駆り立てたと思いませんか？」

「ハリスさん、あなたはジャーナリストですね？　被害者が味わった苦痛と恐怖をどのように書きますか？」

このとき、ハリスは得も言われぬ緊張感に支配されるが、それが何なのかわからなかった。ただ、博士に強く惹かれていることだけは自覚でき、取材の後に「今度テキサスに来ることがあれば、一緒にご飯に行きましょう」と誘う。対し、博士は丁寧な口調で「ありがとうございます、ハリスさん。また私がテキサスに来たときには行きましょう」と答えたという。

帰り際、ハリスは刑務所の所長から、サラザール博士が正式な医師ではなく、実はアルフレド・バッリ・トレビーニョという名の殺人犯で死刑囚だと聞かされる。驚愕に襲われると同時に、創造力を喚起させられ、18年後、彼は小説の中でハンニバル・レクターを誕生させる。映画「羊たちの沈黙」でクラリスとレクターの間に流れていた緊張感は、自分がサラザール博士との会話で味わった恐怖をそのまま投影させたものだという。

トレビーニョはハリスの取材を受けた後も、刑務所にいながらにして、スーツ、サングラス、金色のロレックスの時計を身につけ、他の囚人の世話をしたり、時には刑務所の許可を得て住民を訪問するなど、非公式の医療行為を続けた。そして１９８０年に減刑を受け釈放。地元のモンテレイ市に戻り、病人や貧しい人々を無料で治療したそうだ。前立腺がんで死亡したのは２００９年。81歳だった。

刑務所釈放後も医療行為に従事し81歳で死去

▲死の1年前の2008年、過去の事件に触れないことを条件にメディアの取材に応じたトレビーニョ

大物映画プロデューサー、H・ワインスタイン性暴力事件

『ニューヨーク・タイムズ』の女性記者2人が告発

2017年10月、アメリカの大手新聞『ニューヨーク・タイムズ』が、ハリウッドの有名映画プロデューサー、ハーヴェイ・ワインスタインによる数十年におよぶ性暴力と虐待の実態を告発する記事を掲載した。ワインスタインの悪行は1990年代から公然の秘密とされてきたが、マスメディアが報じるのはこれが初。2022年に公開された「SHE SAID　その名を暴け」は、数々の嫌がらせを受けながらも、ハリウッドに君臨していた男の犯罪を告発した女性記者2人の姿を描いた社会派ドラマである。

被害女性に示談金を払い「秘密保持契約」を締結

ワインスタイン（1952年生）が弟のボブと映画配給プロダクション「ミラマックス」を設立するのは、ニューヨーク州立大学バッファロー校の学生だった1979年。10年後の1989年公開の「セックスと嘘とビデオテープ」の成功を皮切りに会社は急成長し、1994年に「パルプ・フィクション」でカンヌ国際映画祭のパル

SHE SAID
その名を暴け

▲左／『ニューヨーク・タイムズ』記者ジョディ・カンター（左）とミーガン・トゥーヘイ本人。右／劇中でトゥーヘイを演じたキャリー・マリガン（左）とカンター役のゾーイ・カザン。映画「SHE SAID　その名を暴け」より

◀ハーヴェイ・ワインスタイン本人(左)と、彼のプロデュースで「パルプ・フィクション」「キル・ビル」「イングロリアス・バスターズ」など多くの作品を手がけたクエンティン・タランティーノ監督。後にタランティーノはワインスタインの性被害を知りながら、見て見ぬふりをしたと語っている(写真は2013年1月時)

ム・ドールを、1998年には「恋におちたシェイクスピア」で初のアカデミー作品賞を受賞。その後も「ギャング・オブ・ニューヨーク」(2002)「シカゴ」(2002)「キル・ビル」(2003)「英国王のスピーチ」(2010)などの名作を手がけ、ワインスタインはハリウッドで最も影響力のあるプロデューサーとして名を轟かせる。

　一方で、彼はその権力を利用し、1990年代から社内の女性スタッフや自社作品に出演する女優、若い女優志願者などに性加害を繰り返していた。仕事を口実に彼女らを自宅に呼び、体を触ったり、マスターベーションを見せつけたり、時には問答無用で強姦することもあったという。しかし、こうした事実は決して表に出なかった。被害を訴えてきた女性たちに高額の示談金を支払うとともに、公言しないことを約束した「秘密保持契約」を結んだからだ。結果、ワインスタインの犯罪は野放しとなり、多くの女性が彼の餌食となる。

　こうした実態の告発を試みたのが『ニューヨーク・タイムズ』の記者、ジョディ・カンター(1975年生。演:ゾーイ・カザン)とミーガン・トゥーヘイ(生年不明。演:キャリー・マリガン)である。同紙が設けた調査チームのメンバーとなった2人は、取材を進めていく過程で様々な嫌がらせに遭う。実は、ワインスタインは、事が発覚する何年も前から秘密の調査会社に依頼し、自分に関する記事を執筆している記者や、その情報筋を監視していた。劇中に出てくる、カンターが正体不明の黒い車に追いかけられるシーンも事実に即しており、彼女はワインスタインが雇った「クロール社」(世界各地で調査や紛争解決、企業の内部統制を手がける会社)によって常に尾行され続けていた。弱みを握って、それを材料に口封じ工作を行うのが目的だった。

記事の信憑性のため実名掲載が必須

　カンターとトゥーヘイは、鍵を握るのは公に発言できない女優ではなく、ワインスタインのロンドン事務所で働いていた元女性スタッフだと気づく。その中の1人がアイルランド出身のローラ・マッデンだ。

　1992年、当時21歳の彼女は子供のころからの夢だった映画業

SHE SAID
その名を暴け

2022/アメリカ/監督:マリア・シュラーダー◉ハリウッドの大物映画プロデューサー、ハーヴェイ・ワインスタインの長年隠蔽されてきた性的暴行事件を暴き、後の「#MeToo運動」の起爆剤にもなった『ニューヨーク・タイムズ』紙の調査報道を描いた社会派ドラマ。同紙記者で本作主人公のジョディ・カンターとミーガン・トゥーヘイが著した回顧録が原作。

界の職に就く。与えられたのはミラマックス作品のエキストラを仕切る仕事で、その後、彼女はワインスタインからダブリンのホテルの部屋に呼び出され、ミラマックス・ロンドン支社の正社員にならないかと告げられる。思ってもいない話だったが、その代わりと言わんばかりに、ワインスタインは彼女の前でローブを脱ぎ、マッサージをするよう要求。さらにはブラジャーを取らせ、ズボンも脱がせたうえでマスターベーションを始めた。

隙をみて部屋から逃げ出した彼女が同僚女性に事の顛末を話すと、同僚が上司にかけあい謝罪を受けるとともに、マッデンはその後6年間、ミラマックスの正社員として働く。ここで特筆すべきは、彼女が「秘密保持契約」を結んでいなかったことだ。

だからこそ、ワインスタインは彼女の口を封じたかったのだろう。2017年7月、カンターがマッデンのインタビューを受けると約束していた1週間前、彼女は少なくとも20年間音信不通だった元同僚から連絡が入った。そのときの様子をマッデンは後に次のように語っている。

「彼女は私に電話をかけてきて、『ゴキブリジャーナリスト』と話しているのかと尋ね、ミラマックスで働いてどれほど素晴らしい時間を過ごしたかを語らせるよう仕向けようとしました。背後にワインスタインがいるのを感じて、ショックを受けました」

それでも、マッデンはカンターの取材を受け、事の詳細を話す。が、実名を出すことにはためらいがあった。対し『ニューヨーク・

▼調査取材チームの姿は実際のニューヨーク・タイムズ社の社屋で撮影された。映画「SHE SAID その名を暴け」より

▲ワインスタインの被害者の1人で、実名を紙面に掲載することを許可したミラマックス元ロンドン支社社員のローラ・マッデン

▼被害を受けた者として本人役で出演した女優のアシュレイ・ジャッド

タイムズ』は記事に信憑性を持たせるため、何としても実名での記事掲載を希望する。劇中では、締め切りギリギリ、乳がんで乳房切除をした後の再建手術直前のマッデンにカンターが電話をかけ、病衣を着た彼女が実名を出すことを許可するが、いかにもドラマチックなこの場面は全て事実である。

2017年10月5日、『ニューヨーク・タイムズ』の一面を飾ったワインスタインの性被害告発記事は大きな反響を呼び、5日後の10日に、独自で取材を進めていた雑誌『ザ・ニューヨーカー』が数多くの被害女性の生々しい証言をウェブ版掲載。さらにタイムズ紙が続報として、有名女優グウィネス・パルトロウやアンジェリーナ・ジョリーらのコメントを公開したことで最終的に100人以上の女性がワインスタインによる嫌がらせや暴行を告発することになる。そして、これら一連の報道は、やがて女性の性被害を訴える「ミー・トゥー運動」のきっかけとなり、全世界に拡散されていく。

The New York Times

Harvey Weinstein Paid Off Sexual Harassment Accusers for Decades

◀ワインスタインの性加害を報じる2017年10月5日付の『ニューヨーク・タイムズ』

懲役23年の実刑判決が

ワインスタインは、記事が出た2017年10月にワインスタイン・カンパニー（ミラマックスから独立した製作会社。2018年10月に破産）を解雇され、翌2018年5月、過去の強制暴行や強姦、性的犯罪行為、性的虐待などの容疑でニューヨーク市警に逮捕された。2020年3月、ニューヨークの裁判所が下した判決は懲役23年だった。

一方、タイムズ紙は2018年にカンターとトゥーヘイの記事で『ピューリッツァー賞（公共サービス部門）を受賞。2人は雑誌『タイム』の2018年世界で最も影響力のある100人にも選ばれている。

▼2020年、歩行器を使い弁護士の介助を受けながら法廷に入るワインスタイン

16年間で４００人以上の患者を薬物過剰投与により毒殺

戦慄のヘルスケア・シリアルキラー、チャールズ・カレン事件

ヘルスケア・シリアルキラー。医療の現場において、看護師や医師でありながら患者たちを故意に殺傷する連続殺人鬼を指す用語である。自らを「人の生死を決める神」と妄想し苦しむ患者を救った気になったり、看護や医療を提供する立場を利用し無力な患者に自らの力を見せつけ支配欲を満たしたり、時には意図的に患者の命を危険にさらした後に「救命」することで周囲からヒーロー扱いされるのに満足感を得たりと動機は様々だが、現場が病院という閉鎖的で隔離された空間だけに、犠牲者は膨大な数に上ることが多い。

２０２２年配信のネットフリックスオリジナルドラマ「グッド・ナース」は、４００人以上を殺害したとされるアメリカ人男性看護師、チャールズ・カレンが逮捕されるまでの最後の1年間を、警察の捜査に協力した同僚看護師の視点から描いたスリラー作品である。

友人だった同僚女性が警察に通報

映画は２００３年、女性看護師エイミー・ローレン（１９６５年生。演：ジェシカ・チャステイン）が勤務するニュージャージー州

グッド・ナース

▲悪魔の看護師を演じ高い評価を受けたエディ・レッドメイン。映画「グッド・ナース」より

◀実際のチャールズ・カレン（逮捕時、43歳）と、彼が最後に勤務したニュージャージー州のサマセット医療センター

のパークフィールド記念病院のICU（集中治療室）に、新人看護師としてチャールズ・カレン（1960年生。演：エディ・レッドメイン）が配属されるところから始まる。バツイチ同士の2人は急速に仲良くなり、やがて心筋症を患うローレンのために、カレンが患者ごとの医薬品を提供する機器「ピクシス」を悪用し発作止めの薬を調達したり、シングルマザーとして9歳と5歳の女の子を育てる彼女の家で一緒の時間を過ごすまでの間柄となる。

しかし、事実は微妙に違う。ローレンが勤めていたのはニュージャージー州サマービルのサマセット医療センターの集中治療室で、カレンがそこで働き始めたのは2002年9月のことだ。ローレンが解雇されるのを恐れ持病の心筋症のことを病院側に隠していたのは事実だが、劇中のように心臓移植を要するほど症状は重度ではなかった。また、2人は実際に親しい同僚だったものの、カレンがローレンの家で彼女の子供と遊んだ事実はなく、子供も実際は11歳と7歳だった。

ある日、老齢の女性患者が急死する。原因は本来その患者には投与されるはずのないインスリンの過剰摂取だった。続いて別の男性患者も不審死を遂げる。やはり、インスリンの過剰投与が死因だった。この時点で病院側は院内に意図的に患者を殺害した者がいるものと予想していたが、本格的な調査は行わず、2003年7月に保健局から疑惑の目を向けられて初めてピクシスのアクセス履歴を確認。カレンが何度も致死量の薬を処方する操作を行った後キャンセルを繰り返していた事実を把握する。しかし、劇中のとおり、病院側はこのことを3ヶ月間、警察に連絡しなかった。事態が公になり病院の評判が落ちること、死亡した患者の遺族に訴えられることを恐れたのだ。代わりに病院側が採った手段は、履歴書に偽りの記載があったことを理由にカレンを解雇することだった。

映画では、保健局からの連絡を受けたニュージャージー州検察局殺人課の刑事2人が捜査に乗り出し、ローレンに協力をあおぐことになっている。が、実際に警察に連絡したのはローレン自身だった。以前、カレンが自分に発作止めの薬を内密に与えてくれたことが引っかかり、ピクシスにアクセスしたところ、カレンが不正な操作で自分の担当ではない患者に向けインスリンとジゴキシン（心臓の収縮力を強める薬）を申請・入手していることが判明、警察に警告の電話をかけたのである。これが2003年10月のことで、劇中に詳

グッド・ナース

2022／アメリカ／監督：トビアス・リンホルム◉アメリカのジャーナリスト兼作家のチャールズ・グレーバーが著したノンフィクション『The Good Nurse』（2013年刊）を原作に、400人以上の患者を殺害した実在の看護師、チャールズ・カレンが逮捕されるまでの日々を描く。エディ・レッドメインとジェシカ・チャステインの二大オスカー俳優の共演が話題に。

▶カレンの同僚だったエイミー・ローレン本人(上)と、彼女を演じたジェシカ・チャステイン。映画「グッド・ナース」より

しい説明はないが、カレンが病院に来てからの1年強で実に13人が変死していた。

その後、ローレンが警察の捜査に協力したのは事実だが、後に彼女は友人を裏切る行為に相当の躊躇いがあったことを告白している。しかし、事は殺人。ローレンは覚悟を決め警察の申し出のとおり、自分の体に盗聴器を付け、病院を解雇されたカレンと何度も会っては会話を録音する。彼女は院内で妙な噂が立っていることを口にし、暗にカレンの自白を促した。対し、彼は肯定も否定もせず、ただ「戦いに行く」と意味不明な言葉を繰り返すばかりだった。

2003年12月12日、レストランでの2人の会話を盗聴していた警察は、店を出たカレンをその場で逮捕・連行する。警察の要請を受けたローレンが取り調べに同席し、カレンに正直に話すよう求め、それに彼が応じて犯行を自白したのは劇中のとおりである。

自殺未遂と入退院の繰り返しの果てに

映画ではカレンの口から断片的に語られるだけだが、彼の半生は

©2022Netflix

▶犠牲者の最年少21歳男性(上)と最高齢91歳女性

歪みに歪んでいた。ニュージャージー州ウェストオレンジで8人兄弟の末っ子として生まれたカレンは、大人しい子供で、姉のボーイフレンドたちから常にいじめられて育った。9歳のとき、化学薬品を飲み自殺を図るも失敗。高校1年で自動車事故により母親を亡くした際にはショックでうつ状態となっている。

その後、高校を中退し海軍に入隊するも周囲に馴染めず、訓練に制服ではなく外科用マスク、手袋と手術用ガウンを着て参加するなど不可解な行動を取り懲戒処分を受ける。このときも自殺を図るが未遂に終わり、以降数年間、精神科病棟に入院。1984年に除隊した後、看護学校に入学し正看護師の資格を取得する。1987年に結婚し娘を授かるも、犬を虐待するなどの異常行動を起こし妻を不安がらせた。

同年、ニュージャージー州のセントバーナバス医療メディカルセンターに就職、以降5年間勤務する。その間、同病院では数十人もの患者が不審死を遂げ、後の調査で恐らくやカレンが致命的な過量

の薬物の静脈内投与を行い殺害したものと判明した。ただ、病院側はこの疑惑を公にせず、カレンは次に勤務した病院でジゴキシンの過剰投与で3人の高齢女性を殺害する。

1992年に妻と離婚。翌1993年3月に同僚女性の家に不法侵入し、彼女へのストーキング行為で警察から1年間の保護観察処分を受ける。劇中でカレンが、元妻が自分をストーカーだとウソをついているとローレンに愚痴るシーンがあるが、相手は違えど彼が違法なつきまとい行為を犯していたのは紛れもない事実である。

その後、カレンは人生に絶望したかのように自殺未遂と入退院を繰り返しながらも、サマセット医療センターで働き始める2002年9月までにニュージャージー州とペンシルバニア州で5つの病院に勤務。400人以上を魔の手にかけたと言われる。実際に、彼が注射器を手に自分の担当ではない患者の病室に入る不審な姿が何度も目撃されていた。が、前述のとおり、病院側が患者家族とのトラブルを避けるため事を公にせず、カレンの犯罪は止まることがなかった。また、当時は全米で看護師が不足しており、問題ありと

◀カレン（中央）を逮捕したニュージャージー州検察局殺人課のダニー・ボールドウィン（右）とティム・ブラウン。劇中ではそれぞれ、ヌナムディ・アソムガとノア・エメリッヒが演じている

▲2013年、獄中で米大手メディアCBSのドキュメンタリー番組「60 Minutes」の取材に応じるカレン

みなされた者でも雇用せざるをえないのが実情だったという。

警察の取り調べにカレンは16年間の看護師生活で40人を殺害したことを自供。犯行動機については、死が迫った患者を楽に死なせるための人助けと語ったが、犠牲者の大半は末期患者ではなく、最後まで真相が明らかになることはなかった。

13人の殺害で起訴され、2006年3月、18回の終身刑を宣告。当時、ニュージャージー州は死刑を適用しており（2007年に廃止）、彼の罪は当然その対象となったが、死刑を求刑しないことを条件に捜査に全面協力する司法取引に応じ極刑を回避し、2023年11月現在も、ニュージャージー州立刑務所に収監されている。その間、彼を通報した元同僚のローレンはカレンと複数の手紙をやり取りし、何度か面会も果たしたそうだが、その具体的内容は伝えられていない。

司法取引で18回の終身刑に

劇中では描かれない、豪ポートアーサー無差別銃乱射事件の悪夢

精神障害を負った28歳の青年が35人を虐殺

1996年4月28日、オーストラリア・タスマニア島の世界遺産にもなっている観光地ポートアーサーで35人が犠牲となる無差別銃乱射事件が発生した。2021年の映画「ニトラム／NITRAM」は28歳の青年が犯行を起こすまでの日常を描いた社会派ドラマだが、被害者遺族の感情を配慮し、惨劇の具体的描写は一切ない。

54歳金持ち女性との奇妙な生活

本作の主人公マーティン・ブライアントは1967年5月、事件の舞台となるオーストラリア南部のタスマニア島で生まれ育った。父と母は英国からの移民。劇中には出てこないが、7歳（もしくは8歳）年下の妹リンディとの4人暮らしだった。

左ページの写真を見てもわかるように、マーティンは一見、ごく普通の少年だった。しかし、彼は知的障害を患っており日常的に奇妙な行動を取る。映画の冒頭、幼少期のマーティンが花火で遊んでいて負傷、地元の記者に「もう花火で遊びませんか？」と質問され「また遊ぶ」と懲りない様子をテレビカメラで撮影されるシーンも

ニトラム／NITRAM

▶主人公役のケイレブ・ランドリー・ジョーンズ。本作の演技により第74回カンヌ国際映画祭で最優秀男優賞を受賞した。映画「ニトラム／NITRAM」より

▲左から父モーリス（1993年に自殺）、マーティン、妹のリンディ

▲マーティン（右）のことを気に入り生活を共にした35歳上のヘレン・ハーベイ（1992年に交通事故死）

事実に即しており、他にもダイビング中に友人のシュノーケルを引き抜いたり、動物を虐待したり、隣人宅に爆竹を仕掛けるなどして、1977年には通っていた小学校から停学処分を受けている。

学校では名前の「MARTIN」を逆さ読みした「NITRAM＝ニトラム」のあだ名を付けられいじめの対象に。1983年に中学校を中退した際には、精神科医から「行為障害、注意欠陥・多動性、アスペルガー症候群が混合した症状が見られる」との診断を受け、その後は障害年金を受給しながら、便利屋として働いた。

物語のキーパーソンの1人、ヘレン・ハーベイ（劇中では本作監督ジャスティン・カーゼルの妻で女優のエッシー・デイヴィスが演じている）という女性と知り合うのは1987年初頭、19歳のとき。劇中のとおり、庭の芝刈りの仕事を求めて彼女に営業をかけたのが出会いのきっかけだった。ヘレンは当時54歳の独身。親が当てた高額宝くじの財産で悠々自適な暮らしを送っていたが、なぜか親子ほど年の離れたマーティンのことをいたく気に入り、ガーデニングや犬の散歩を依頼するばかりか、一緒に食事やショッピングを楽しみ、車まで買い与えた。劇中、マーティンの母親が男女の関係と訝しむシーンがあるが、あくまで2人は気の合う友人の間柄。そのうち彼らはヘレンの邸宅で生活を共にするようになる。だが、2人の時間は1992年10月20日、突如断ち切られる。ロサンゼルスへ旅行するため車で空港へ向かう途中、運転するヘレンにマーティンがちょっかいを出し車が転倒。ヘレンが死亡し、マーティンが全治7ヶ月の重傷を負ったのだ。このとき、マーティンが警察の取り調べに眠っていたからわからないとウソをついたのも劇中で描かれるとおりである。

その後、マーティンはヘレンの遺産50万ドルを相続する一方、彼女の死のショックからアルコール依存に陥る。さらに1993年8月14日、実父が購入を考えていたB&B（ベッド・アンド・ブレックファスト。朝食を提供する宿泊施設）を他人が先に手に入れてしまったことからうつ病を患い自殺したことで、ますます生活が荒れていく。孤独を紛らわすように異常なほどの飲酒を繰り返し、ガンショップで銃を購入し空き地で乱射する毎日。劇中に描写はないが、事件を起こす半年ほど前から強い自殺願望にかられていたそうだ。

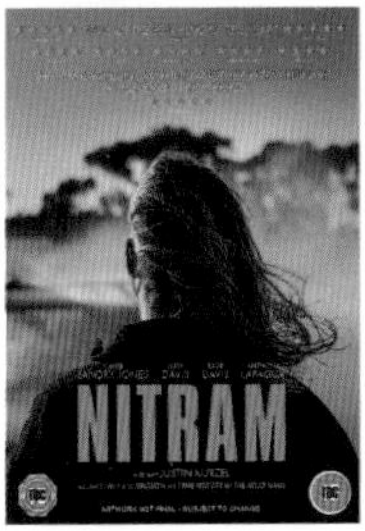

ニトラム／NITRAM

2021／オーストラリア／監督:ジャスティン・カーゼル◉「スノータウン」(2011)、「トゥルー・ヒストリー・オブ・ザ・ケリー・ギャング」(2019)などオーストラリアで実際に起きた凶悪事件を題材にした作品で知られるジャスティン・カーゼルがメガホンを取った実録ドラマ。1996年発生のポートアーサー事件の犯人が凶行に至るまでの孤独な日々を追いながら、一般人でも簡単に銃が購入できるオーストラリア社会の恐怖を描いている。

ニップ（日本人）はいねえなぁ。ワスプ（白人）はいっぱいいるのになぁ

▼犯行直前のマーティン（左）と事件時の写真。右上はマーティンが人質を取り籠城したコテージ（左下は全焼した様子）、右下は負傷者をヘリで搬送する様子

ちなみに、映画の後半、マーティンが聞くラジオのニュースで報じられるスコットランドの銃乱射事件は、１９９６年３月13日、同国南部のダンブレーンにあるダンブレーン小学校に当時43歳の男が銃を持って侵入、５歳と６歳の小学１年生児童16人と教師１人を射殺した事件のことだ。男は犯行後、銃口を口に当て自殺している。

犯行動機は今もって不明

映画は、父親が購入しようとしていたB&Bに住む老夫婦を射殺し、カフェテリアに車で乗り付け、デザートを食べた後、録画ボタンを押したビデオカメラをテーブルに置いて、銃を取り出すマーティンの姿で終わる。が、それは地獄の幕開けだった。

１９９６年４月28日は日曜日で、ポートアーサーは多くの観光客で賑わっていた。13時過ぎ、マーティンは水際のブロードアローカフェの外のベンチで昼食を摂りながら、隣の客に話しかけたそうだ。「ニップ（日本人）はいねえなぁ。ワスプ（白人）はいっぱいいるのになぁ」

１９９０年公開の日本映画「タスマニア物語」がヒットした影響で、当時タスマニア、特にポートアーサーは多くの日本人観光客でごった返していた。そのことをよく知っていたマーティンだから、そんな台詞を口にしたのだろう。ただ、当日に限って日本人の姿は皆無。マーティンはデザートを食べ終わると、店内に戻りテーブルにビデオカメラを設置した後、バッグの中からコルト製スコープと

30発のマガジンが装着されたAR－15を取り出すや、おもむろに発砲を開始する。

最初の2分間で20人が死亡し、12人が重軽傷を負った。パニックに陥る現場をよそに、次にカフェの駐車場で観光バスの運転手や乗客を射殺。愛車のボルボを運転しながら3歳と6歳の子供と母親を撃ち殺した後、料金所でBMWに乗っていた4人を殺し、車をBMWに乗り換え逃走。ガソリンスタンドでカップルを脅し、男性を人質に取ってBMWのトランクに閉じ込め、女性を射殺してから、ゲストハウスのシースケープ・コテージに立てこもった。

まもなく警察がコテージを取り囲んだが、手も足も出せなかった。屋内でコテージのオーナー夫妻と、先ほど拉致されたカップルの男性が人質に取られていたからだ。さらにオーナーの主人が銃器類のコレクターで、建物の中に銃と弾薬が数多くあったことも突入を躊躇させた。

事態が動くのは翌朝。コテージから火の手が上がり、中からマーティンが飛び出してきた。警察は「来い、人質を捕まえてみろ」と挑発するマーティンの身柄をその場で拘束。焼け跡から3人の遺体が発見され、悪夢はようやく終わりを告げる。犠牲者は全部で35人。

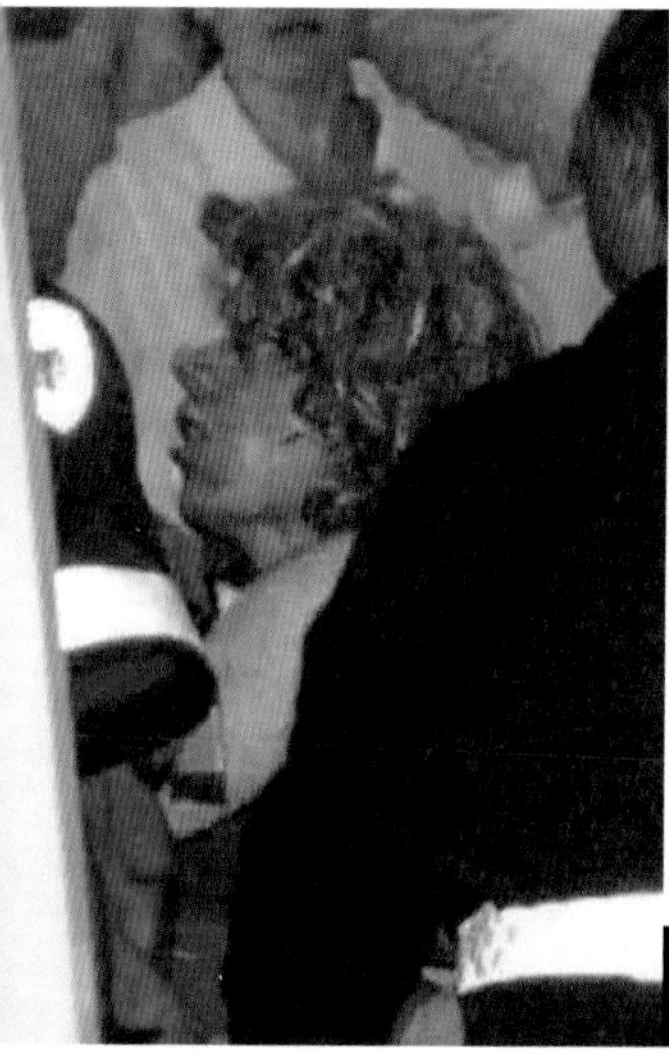

◀マーティンが逮捕・拘束された際に撮られた1枚

個人の記録としてはオーストラリア犯罪史上最多で、世界的にも2011年にノルウェーで77人を射殺したアンネシュ・ブレイビク、1982年に韓国で57人を殺害したウ・ポムゴンに次ぐ歴代3位（2023年11月現在）の惨事となった。

いったい犯行動機は何だったのか。逮捕後もマーティンの口から明確な言葉はなく今もって不明である。一方、裁判では彼が重度の精神障害を患っており、IQ66と11歳程度の知能しかないことが判明したが、事前に現場を下見していること（銃を入れていたバッグは、その際に施設内の売店で買っていた）、複数のライフルを用意していたことなどから計画的犯行とみなされ、1996年12月の判決では仮釈放なしの35回の終身刑を宣告された（オーストラリアには死刑制度がない）。

2023年11月現在、マーティンはタスマニア島ホバート近郊にある厳重な警備のリスドン刑務所に収監されている。

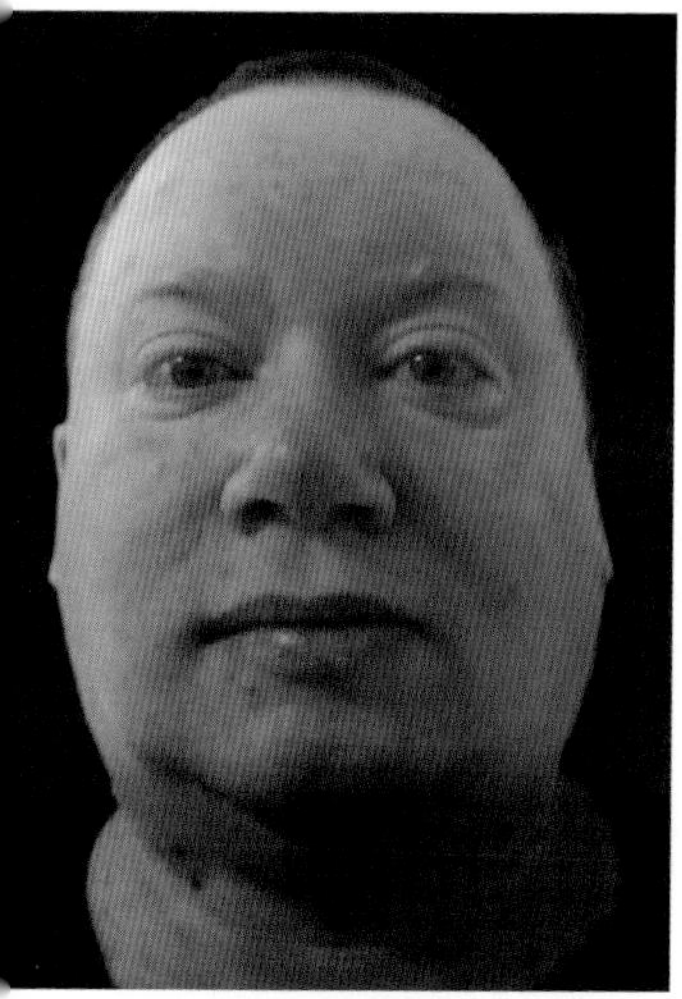

▲2021年に撮影されたマーティン。25年の獄中生活で激太りし若いころの面影は一切ない

九龍猟奇殺人事件

肉片をトイレで流し、頭部は海に投棄

香港・16歳援交少女バラバラ殺人事件

２００８年、香港で16歳の少女が殺害され、遺体をバラバラにされる事件が起きた。少女は生活のためネットで援助交際相手を募っており、犯人は彼女を買った男だった。２０１５年の映画「九龍《きゅうりゅう》猟奇殺人事件」は、この事件を題材とした実録スリラーである。

騙され背負った借金返済のため売春を

事件の被害者ワン・ジアメイ（王嘉梅）は１９９１年、中国・湖南省に生まれた。２００５年、母親の再婚に伴い香港の公営住宅に移転。暮らしは貧しく、母親はゴミ拾いをし、ワンもフライドチキン店でアルバイトをして家計を助けていた。

学校の成績は優秀だったが、義父との不仲もあり、母親に苦労をかけたくないとの思いから中学3年で中退。モデルを目指して、２００７年に自称〝芸能事務所〟に入ったところ、騙され、約１００万円の借金を背負ってしまう。そこで、インターネットの有料出会い系の売春フォーラムに「ＫＩＭＩ」の名前でアカウント登録、自撮りのセクシーな写真を掲載し、1泊１５００元～２６００元（当時のレートで約2万3千円～4万円）で客をとった。

▶被害者ワンを演じたジェシー・リー。映画「九龍猟奇殺人事件」より

▲ワン・ジアメイ本人

２００８年４月27日、彼女と連絡が取れなくなった家族により、２日後の４月29日に失踪届が出され、捜査が始まる。犯人の目星はすぐについた。ディン・チータイ（丁奇泰。当時24歳）。５歳のとき交通事故で母を亡くし、自身も脳に損傷を負い、情緒疾患と学習障害に。特別学校に通うも中学１年で中退し、暴力事件を起こし15歳で少年院へ。その後は職を転々としながら酒と麻薬と買春の毎日。事件現場となったアパートで一人暮らしを始めたのは２００７年６月からで、ワンの携帯電話の通話記録から彼女が最後に連絡を取り合っていたのが、ディンだと判明した。

「死に顔を見たくなかったから」顔の皮を剥ぐ

映画は、ワンとディンの孤独な魂が出会い共鳴した結果に起きた哀しい事件だと描く。出会い系サイトで出会った青年に恋をしたワンが青年にフラれ、ネットで知り合ったディンのもとに出向き、殺してほしいと懇願。罪を背負うことも受け入れた彼が彼女の首に手をかけることになっている。が、このストーリーは完全な創作で、実際の事件は陰惨極まるものだった。

２００８年４月26日、ディンは友人とクラブで危険ドラッグを楽しんだ後、翌朝に帰宅。ドラッグで高揚した気分のまま、出会い系サイトにアクセスし、以前にも買ったことのあるＫＩＭＩことワンとコンタクトを取り、会う約束を取りつける。外でランチした後、自分の部屋に連れてきて、ドラッグを摂取しながらセックスを楽しむ。そのまま記憶がなくなり、15時ごろに目を覚ますと、ワンが口から血を流して倒れている。すでに体は冷たく、呼吸も脈拍もない。部屋には自分と２人しかいないのだから、彼女を殺したのは自分ではなかろうか。ぼんやりした記憶の向こうで、彼女の首を掴んだような気もする。

しばし、パニックに陥った後、怖さが押し寄せてきて、咄嗟に遺体を処分しようと思いつく。自室の狭いトイレで15分ほどワンの喉から血を流した後、まな板の上で首の骨を切断。次に手足を切り落とし、体内から内臓を取り出した。ワンの体は小さくて薄いため、骨を切るのは簡単だったが、皮と肉を一緒に切るのが難しい。供述によれば、「みんながこうやって豚肉を切っているので」皮を先に剥ぎ、「死に顔を見たくなかったから」顔の皮まで剥ぐことにしたという。

トイレが詰まらないように内臓、皮、肉を一つ一つ細かく切り、少しずつ放り込んでは流す。手足の指は切り刻み、腕や足の裏、背骨など、比較的大きな骨は市場に捨てようと、「豚の骨に見えるよ

九龍猟奇殺人事件

2015／香港／監督：フィリップ・ユン●2008年に香港で実際に起きた猟奇殺人事件を映画化。香港版アカデミー賞と称される第35回香港電影金像奨で7部門を受賞した。

▼犯人のディン・チータイ本人（上）と、劇中で彼を演じた容姿がそっくりなマイケル・ニン。映画「九龍猟奇殺人事件」より

う」肉を切り取ることに全力を尽くした。解体が終わったのは22時ごろで、その後トイレに流せない頭部を発泡スチロールの箱に入れ、バスで出向いた九龍城埠頭から海に投棄。さらに、残っている大きな骨を持ち、石硤尾《しぇくきぷめい》市場へ。開いていた豚肉屋台に忍び込み、豚骨が入った竹籠に混ぜ入れると遺体は完全に消えた。

　自室に戻ったディンは血のついた床やベッドを何度も拭き、トイレをシャワーで洗った。そして、ワンの財布から3千400元（約7万円）を奪うと、身分証明書や携帯電話などの私物を壊して廃棄。全てが終わったのは午前3時だった。

友人の通報で逮捕。判決は終身刑

「あの日何が起こったのか、なぜあの女性は死んだのか、ずっと考えて眠れませんでした。これからどうなるのか怖かったので考える

のをやめて、何事もなかったかのように生きようと思ったのです」

　後の供述どおり、ディンは殺害翌日の4月28日には、別の15歳の少女に援助交際を申し込み、ワンを殺害したベッドでセックスし、その後、密輸タバコを売り、酒を飲み、麻薬を摂取した。

いつもどおりの日常に戻ったはずだった。が、8日後の5月6日、身柄を拘束される。実は解体最中、ディンはクラブに一緒に行った友人に電話をかけ「人を殺した」「痩せてるのに包丁にべったり脂がついた」などと話していた。友人は本気にしていなかったが、少女失踪のニュースを目にして愕然とする。報道された行方不明の場所も少女の特徴もディンが語った内容と酷似していたのだ。そこで、半信半疑ながらも警察に通報。逮捕につながった。

　ディンは素直に犯行を自白した。が、肝心の遺体がない。万が一、裁判で供述を翻されたら公判の維持が難しくなる。そこで、警察は、ディンの部屋の便器を解体し、革張りの椅子や浴槽、壁や配管まで分解して押収。さらに、九龍城埠頭沖で水中捜索したものの成果は得られない。しかし、特別招集された排水サービス局の職員が路地裏や下水道、複数のマンホールを捜索し、廃棄物や沈泥を採取、ろ過した後、残渣をビニール袋に入れて持ち帰ったところ、その中に

被害者の骨が豚骨と混じって市場へ

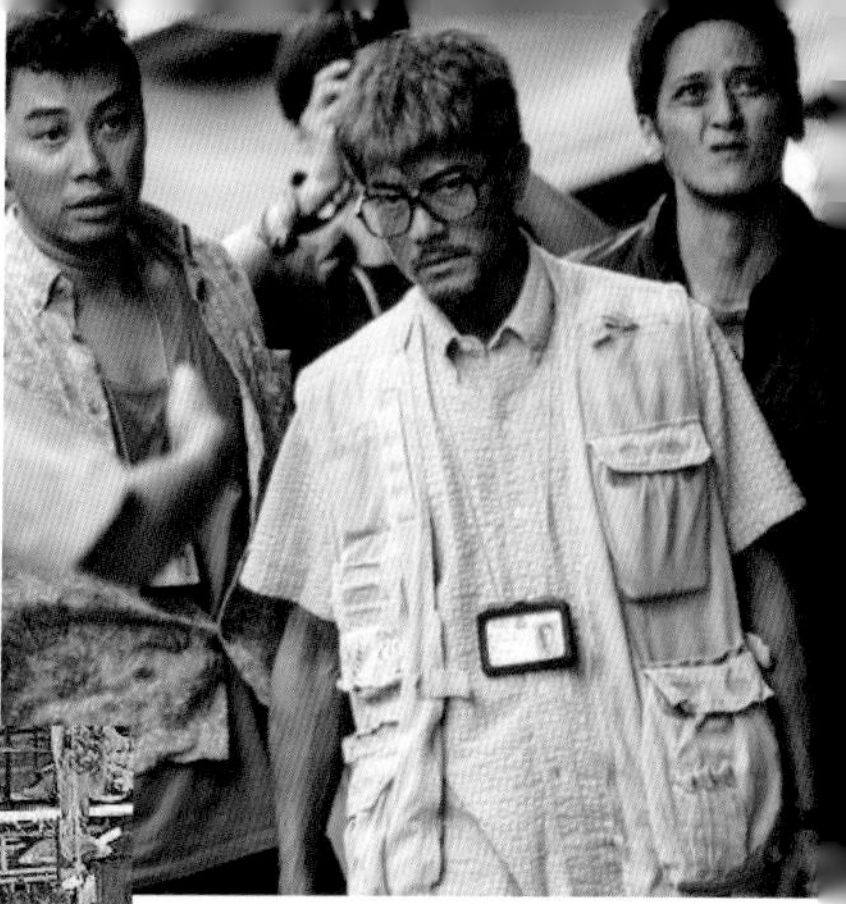

▲アーロン・クォック(中央)が演じた、事件を追うチョン刑事は架空のキャラクター。映画「九龍猟奇殺人事件」より
◀頭から袋を被せられ、骨を捨てた市場で現場検証に立ち会うディン

人肉とみられる物体が20個以上発見された。DNA検査の結果、ワンのものと一致。動かぬ証拠だった。

2009年7月27日、事件は高等裁判所で結審。判事は「死者の解体方法が特に不快で残酷」と指摘し、終身刑を言い渡した。

この事件が香港社会に衝撃を与えたのは、被害者の骨が豚骨と混じって売られ、一部が主婦らによって購入されたと報じられたからだ。関係者は、スープを作るために客が豚の骨を買うことはめったにないと反論したが、多くの主婦が不安を表明した。

さらに、戦慄したのは、ワンのかつてのクラスメイトの反応だ。彼女は皆と関係が悪く、いじめられていた節があり、一部の人間たちが事件のニュースを笑い、昔の同級生を名乗る青年は、ブログに彼女を誹謗中傷するメッセージを残したと言われている。

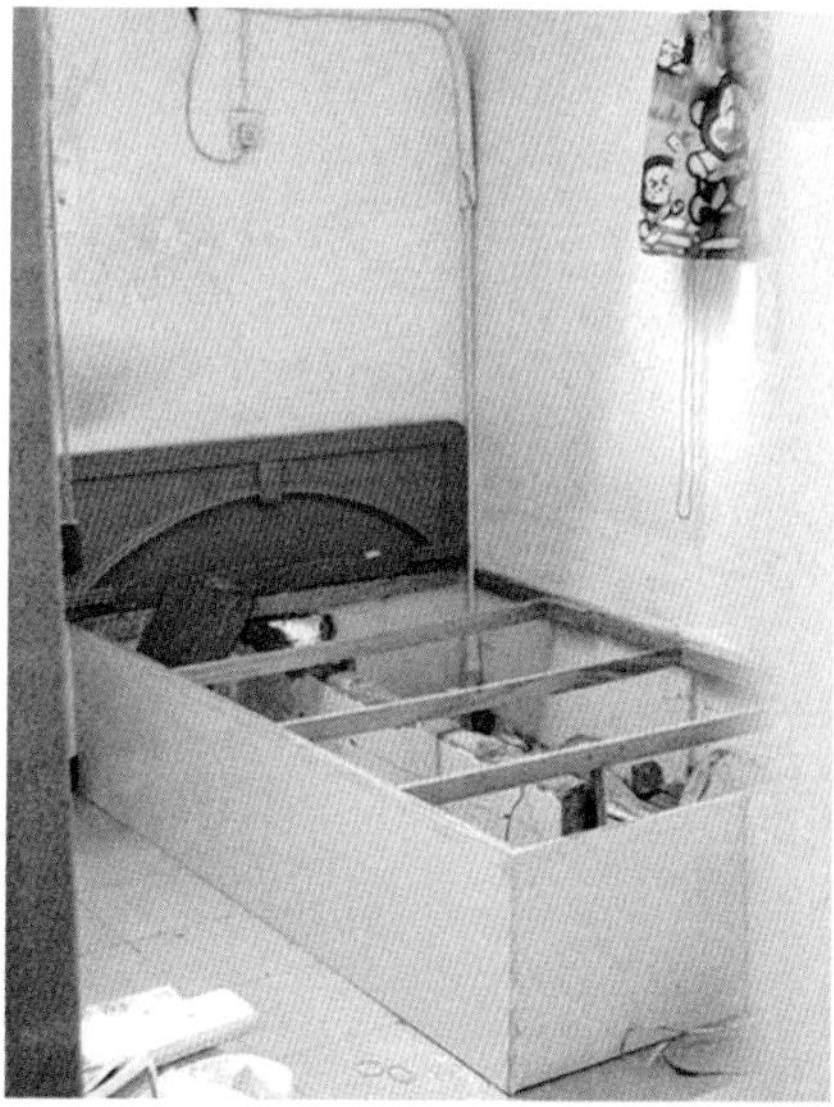

▲物証捜索のため分解されたディンの部屋の浴槽

人気チンパンジー、トラビス事件

飼い主の友人女性を12分間にわたって襲撃

2022年公開の「NOPE／ノープ」は、米ロサンゼルスに住む兄妹がUFOに遭遇したことから始まる奇想天外のホラー映画だ。物語の中盤、本作のキーパーソンの1人であるジュープ（演：スティーヴン・ユァン）が過去に遭遇した、テレビ番組の生放送中にチンパンジーが突如暴れだす事件が描かれる。映画の中でも最も衝撃的なシーンだが、このエピソードは2009年に、人気チンパンジーだったトラビスが飼い主の友人女性を12分間にわたって襲い、彼女の顔面を粉々にした実際の悲劇がモチーフになっている。

警官にも挨拶をする街の人気者

主人公兄妹の知り合いであるジュープは劇中で「ジュピターズ・クレーム」というテーマパークを切り盛りしている。彼はかつて子役として活躍していたが、ある事件をきっかけにキャリアを暗転させる。「ゴーディ　家に帰る」というホームドラマに子供警官役として出演していた際、主役のチンパンジーであるゴーディが暴走、共演者の女性を襲い顔面を崩壊させ、その場で射殺されたのだ。ジュープ自身は被害を受けずに済んだものの、事件の一部始終を目撃

NOPE／ノープ

▲メインキャストの3人。左から妹エメラルド役のキキ・パーマー、兄OJを演じたダニエル・カルーヤ、ジュープ役のスティーヴン・ユァン。映画「NOPE／ノープ」より

▲ホームドラマ「ゴーディ　家に帰る」に出演中のコーディが暴れる劇中シーン。映画「NOPE／ノープ」より
◀ゴーディのモデルとなった雄のチンパンジー、トラビス。体重は約90キロだった

したことで心に深い傷を負ったまま大人になる。

ゴーディのモデルになった雄のチンパンジー、トラビス（1995年生）も、2000年前後にテレビのバラエティやCMに出演するお茶の間の人気者だった。飼い主は米コネチカット州サムフォードでレッカー会社を経営するハロルド夫妻。彼らはミズーリ州の動物施設から譲り受けたトラビスを可愛がり、街へ買い物に行く際にしばしば地元の野球チームのユニフォームを着せ車に同行させた。トラビスは住民や警官にも挨拶する愛嬌者で、たちまち地元で人気となり、その噂を聞きつけたテレビ局や広告会社から出演のオファーが舞い込む。

トラビスは実に賢いチンパンジーだった。鍵を使って自宅玄関のドアを開け、自分で着替えをし、植木鉢の植物に水を差し、夫妻の飼っている馬に干し草

を与え、夫妻と共にテーブルで食事をした。他にも、ウォーターピックを使って歯を磨き、リモコンを使ってテレビを視聴、パソコンに自らログインし、車の運転さえこなしたという。が、その一方、トラビスは時々、凶暴さを見せることもあった。そもそもチンパンジーは強い筋力を有し、特に雄は思春期を迎えると、経年ごとに強い攻撃性を示すようになる。トラビスも例外ではなく、2003年10月にはハロルド家の車から脱走、近くで車を運転していた住民を次々に襲うなどして数時間交通を麻痺させる事件を起こしている。

2004年、飼い主の夫のジェロームががんで死亡。4年前に愛娘を交通事故で亡くしていたこともあり、残された妻のサンドラは以降トラビスを一人息子のように溺愛し、毎日一緒に入浴し、同じベッドで抱き合って眠った。トラビスもサンドラを慕っており、毎夜彼女の髪に丁寧にブラシをかけて、外出する前には互いに口づけを交わさなければ離れられなかったほどだという。一説には、この〝甘やかし〟が、後の悲劇を生む一因になったとも言われる。

彼が…彼女を…食べ始めた…

そんなサンドラを公私ともに支えたのがチャーラ・ナッシュ（1

NOPE／ノープ

2022／アメリカ／監督：ジョーダン・ピール◉「ゲット・アウト」（2017）で人種差別を、「アス」（2019）で格差社会を鋭く批判したジョーダン・ピールが本人曰く“見世物としての搾取”をテーマにメガホンを取ったサスペンススリラー。シュールな映像と先の読めない展開に評価が集まる一方、抽象表現を羅列しただけとの意見も散見された。

953年生）である。彼女は娘を持つシングルマザーで一時期は住むところにも困る暮らしを送っていたが、ジェロームが死亡した翌年の2005年、知り合いの紹介でサンドラのレッカー会社に事務係として就職。彼女からアパートを無料で提供してもらった。雇用主と雇われ人の関係ながら、2人はプライベートでも気が合う友人で、常々、食事を共にし冗談を言い合った。さらに、トラビスがナッシュによく懐いていたことも2人の間柄をより親密なものにさせていた。

2009年2月16日も、いつもと変わらない1日になるはずだった。この日、ナッシュ（当時55歳）はサンドラ（同70歳）に電話で呼ばれ彼女の自宅を訪ねる。なんでもトラビス（同14歳）が車のキーを持ち出してしまったため、家に連れ戻すのを手伝ってほしいのだという。お安い御用と、ナッシュはトラビスを首尾よく屋内に入れ、お気に入りのおもちゃでトラビスの気を引いた。

、その瞬間、突然、トラビスがナッシュに襲いかかった。悲鳴を上げるナッシュを助けるべく、サンドラはトラビスをシャベルで殴り、肉切り包丁で何度も刺したものの、トラビスは狂ったようにナッシュを襲い続け、その攻撃は12分間にも及んだ。

▼コマーシャルで引っ張りだこだった頃のトラビス

凶行を止められなかったサンドラは911に通報。電話を受けたナビゲーターは当初、受話器の向こうで聞こえる動物の雄叫びを冗談だと思ったそうだが、サンドラが「彼が…彼女を…食べ始めた…」と激しく嗚咽しながら話したことで事態の深刻さを察知し、すぐに警察と緊急医療班を出動させる。

警察が到着したとき、トラビスはパトカーに歩み寄り、ロックのかかった補助席のドアを開けようとし、激しくサイドミラーを強打した。ドアが開かないとわかるや、今度はゆっくりと運転席側に回りドアを開けようとする。異常なまでの興奮状態に、警官はやむなく銃弾を数発発射。被弾したトラビスは家に引き返し、自分の檻のそばで息絶えた。

事件現場は惨憺たるものだった。トラビスの毛と埃が舞った室内には、床にまるで挽肉器にかけられたようなナッシュの指が散乱し、彼女の上顎と鼻は掻きむしられ、顔面にはトラビスの抜けた歯が食い込んでいた。後の報告によれば、ナッシュはこの攻撃により、両手、鼻、両目、唇、顔の中心骨格を失い、重要な脳組織にも傷を受けていたという。その状態を見た医師は驚愕し、病院側は彼らの心的外傷を考慮し、専門のカウンセリングを受けることを勧めざるを得なかったほどだったそうだ。

ナッシュはスタンフォード大学で7時間以上に及ぶ外科手術で顎

を接着させた後、オハイオ州のクリーブランド・クリニックで簡素な顔面移植手術を受け、さらに2011年、ボストンのブリガム・アンド・ウィメンズ病院で両手の移植手術、2015年に改めて顔面移植手術を受ける。いずれの手術も成功したが、移植された臓器を体が拒絶するのを防ぐために生涯にわたる投薬を必要とし、可能な限り多くの機能を取り戻すために理学療法とリハビリテーションを受け続けることを余儀なくされる。

一方、ナッシュ家の弁護士は事件から3ヶ月後の2009年5月、サンドラに対して5千万ドル（当時のレートで約40億円）の賠償を求める訴訟を起こし、裁判所は彼女の1千万ドルにも及ぶ資産を凍結する判決を下す。2010年5月、サンドラが大動脈瘤破裂により死亡。2年半後の2012年11月、ナッシュはおよそ400万ドル（約3億6千万円）の賠償金を受け取る。

それにしても、なぜトラビスはあの日、普段から慣れ親しんでいたナッシュに凶行を働いたのか。事件後の検視によりトラビスの遺体から「ザナックス」という薬物が発見されている。これは、当時、トラビスが患っていたライム病という感染症のためサンドラが飲ませていた抗不安剤なのだが、時に幻覚、攻撃性、激しい怒り、憂鬱などの奇異反応を引き起こす可能性もあるという。この薬が悲劇をもたらしたのか。真相は不明である。

▲トラビスは被害者のナッシュによく懐いており、なぜ彼女を襲ったのか原因ははっきりしていない

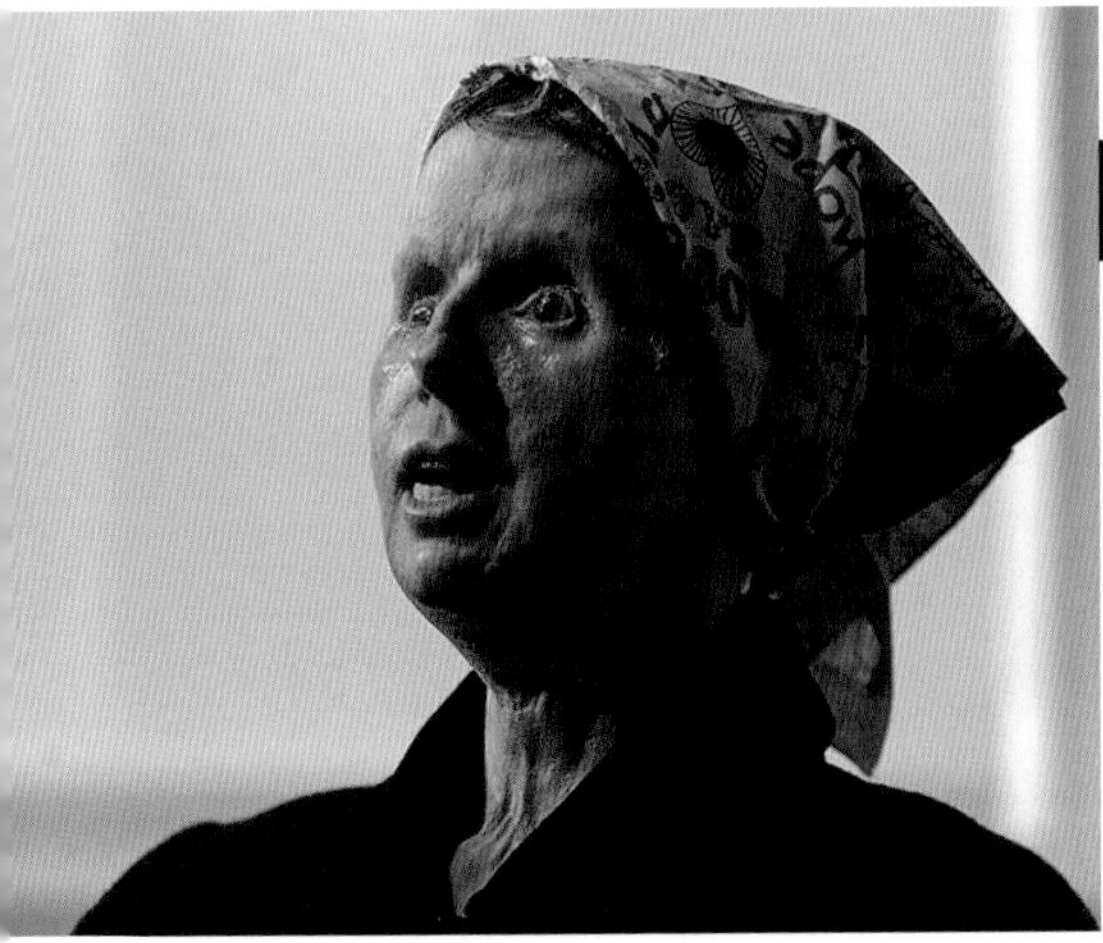
▲事件後、ナッシュは顔面移植手術を受け、2023年11月現在も存命

顔面移植手術を行ったものの両目は失明、臓器にも大きなダメージが

キル・チーム

米陸軍が、非武装・無抵抗の民間人を殺害

アフガニスタン紛争、メイワンド地区殺人事件

映画は2009年、正義感と愛国心に燃えたアメリカ陸軍兵士アンドリュー（演：ナット・ウルフ）がアフガニスタン南部の都市カンダハールに派兵され、ディークス軍曹（演：アレクサンダー・スカルスガルド）のもとで戦闘のいろはを学ぶところから始まる。歴戦の猛者として名高い彼に尊敬の念を抱くアンドリューだったが、ほどなくディークスが治安維持と称して根拠もなく民間人を殺害していた事実を知り動揺。やがて、アンドリューは自分の意志とは無関係に戦争犯罪に加担せざるをえなくなる。

劇中に説明はないが、2009年1月当時、米軍はアフガニスタン東部では勝利していたものの、南部で劣勢で、大統領に就任したばかりのバラク・オバマは同年2月、戦闘部隊1万7千人を派兵する。その中の1人が、アンドリューのモデルである当時19歳の新兵、アダム・ウィンフィールドだった。配属となったのは、カンダハールを拠点とする第5ストライカー（装輪装甲車）のブラボー中隊第3小隊。指揮官は軍曹のデビッド・ブラム（劇中には登場しない）で、その下にいたのがディークス軍曹のモデルとなったカルビン・ギブス二等軍曹だ。劇中とは違い、当時まだ24歳だった。

映画でディークス軍曹は、アフガニスタン勢力のテロリストから

▲舞台は紛争中のアフガニスタンだが、劇中に戦闘シーンはほとんどない。映画「キル・チーム」より

身を守るという大義名分のもと、民間人の殺害も厭わぬ冷酷無比な人物として描かれている。ブラムも同様で、彼は小隊の中で「キル・チーム」という殺人部隊を結成、部下の兵士とともに一般市民を容赦なく殺害した。しかも、劇中のディークス軍曹がそうしたように、米軍では使われない銃を意図的に死体のそばに置き、さも犠牲者が戦闘員であるかのような偽装工作を施していた。

ギブスらがどれほどの市民を殺害したのかは定かではないが、確実なのはカンダハールのメイワンド地区で起きた次の3件で、その内容は映画とは比べものにならないほど残虐である。

2010年1月15日、ギブスの指示のもと、2人の下士官がラ・モハマド・カレー村で農作業をしていた15歳の少年に向け手榴弾の破片を投げたうえ、機関銃で殺害。その後、兵士らは少年の服を脱ぎ捨て、遺体と一緒に写真を撮ったばかりか、少年の小指を切り落とし、遺体を半裸で地面に放置した。1ヶ月後の2月22日、道端で横たわっていた視覚障害者の男性を理由もなく射殺。その3ヶ月後の5月2日には、当時45歳の男性を妻と子供の眼前で、手榴弾と銃により殺害し、遺体から指を切り取った。この3件目の殺人はギブスら5人が加担しており、その中には強制的に参加させられたウィンフィールドの姿もあった。

こうした隊の非道な実態をウィンフィールドが故郷の父親に電話をかけ、軍の上層部に伝えてくれるよう頼んだのは劇中のとおりだが、実際には内部で脅しに遭い断念。事件を告発したのは、ジャスティン・ストーナーという名の上等兵だった。

▲主人公の新兵アンドリューを演じたナット・ウルフ(上)と、モデルになったアダム・ウィンフィールド(事件時20歳)。映画「キル・チーム」より

犠牲者の遺骨を戦利品に

映画では事件の調査に乗り出したアメリカ陸軍犯罪捜査司令部(CID)がディークス軍曹やアンドリューを逮捕・拘束し、最後にこんなクレジットが表記される。

「2010年、米陸軍に所属する5人の兵士がアフガニスタンの民間人を殺害した容疑で起訴された。被告人の1人である新兵は非故意故殺の嫌疑について罪を認め、殺害の正当性を主張する二等軍曹に不利な証言をした。新兵には3年の実刑判決が下り、二等軍曹には終身刑が言い渡された」

キル・チーム

2019/アメリカ/監督:ダン・クラウス◉アフガニスタンで米兵が一般市民を殺害していたという実話をベースにした戦争ドラマ。監督のダン・クラウスは2013年、事件時に新兵だったアダム・ウィンフィールドの視点から犯行を描く同名のドキュメンタリー映画を撮っている。

▲殺人を指揮・実践するディークス軍曹役のアレクサンダー・スカルスガルド(上)と、モデルになったカルビン・ギブス二等軍曹(事件時25歳)。映画「キル・チーム」より

首謀者の二等軍曹は軍法裁判で終身刑に

ここで示される新兵がウィンフィールドで、二等軍曹がギブスであることは言うまでもないが、実際に起訴されたのは12人。うち5人が殺人罪で、7人は隠蔽工作に対する容疑だった。

まず、主犯のギブス。軍事裁判の法廷で、彼が普段からイラク戦争従軍中の功績を自慢し、「手榴弾を投げて人を殺すなんて簡単にできる」と豪語していたことが判明。一連の殺人を首謀し、犯行後に医療用ハサミを使って遺体を切断、指の骨、足の骨、歯など戦利品を所持していたことが明らかになった。ギブスは、こうした鬼畜なコレクションに対しては謝罪したものの、殺害に関してはあくまで敵との戦闘であり犯罪には該当しないと主張。しかし、2011年11月に下った判決は(最低10年後の仮釈放の権利を有する)終身刑で、2023年11月現在も服役中の身にある。

一方、ウィンフィールドは3件目の殺人に関与したことは認めたものの、そこに参加しないとギブスから暴行を受ける危険性があったと主張。また、犯行時には被害者に弾が当たらないよう発砲していたと供述した。判決は懲役3年。全ての給与と手当の剥奪を命じられ、除隊を余儀なくされたが、判決から1年後の2012年8月には刑務所から釈放された。

他に殺人罪で起訴された3人のうち、アンドリュー・ホームズと

▲2010年1月15日、ただ農作業をしていた15歳の少年を殺害、遺体の傍らでポーズを決めるアンドリュー・ホームズ下士官

キル・チーム

ジェレミー・モーロック両下士官は3件の殺人の実行犯として認定され、それぞれ懲役25年と24年（現在も服役中）、マイケル・ワグノンは証拠不十分で何の罪にも問われなかった。ちなみに、小隊の責任者であるデビッド・ブラム軍曹は当初、職務怠慢、暴行、捜査妨害などで起訴され、後に計画的殺人の教唆、証拠の捏造などで追起訴されたが、下った判決は懲役5年で、すでに釈放されている。

後にドイツの週刊誌『デア・シュピーゲル』が入手したアメリカ陸軍の秘密調査報告書によると、第5ストライカー旅団を指揮していたハリー・タネル大佐の「管理上の問題への不注意が、不正行為が起こり得る環境を作り出した」との見解が記されていたそうだが、根っこには、やはり戦争、戦場の異常さがまともな感覚を失わせたと言わざるをえない。

事件から1年後の2011年5月2日、同時多発テロを起こしたイスラム過激派組織アルカーイダの指導者、ウサーマ・ビン・ラーディンが米軍特殊部隊により殺害された。それでも、アメリカは紛争から手を引かず、アフガニスタン国内で勢力を強めてきたイスラム武装勢力のターリバーンと交戦、完全撤退するのは2021年8月のことである。

▲殺人に加担した(左から)ジェレミー・モーロック、マイケル・ワグノン、アンドリュー・ホームズ。ワグノンは証拠不十分で無罪に

▼事件を上層部に告発、摘発のきっかけを作ったジャスティン・ストーナー上等兵(劇中には登場しない人物)。起訴されず事件から2年後に除隊となった

▼2011年、軍事裁判に臨むアダム・ウィンフィールド。左右は彼の両親

その男は誰もが魅了される心優しいイケメンだった

稀代の連続殺人鬼と彼が愛した女の、いびつで危険な関係

テッド・バンディ

1974年から1978年にかけて、全米で少なくとも30人以上の若い女性を惨殺した連続殺人犯で、「シリアルキラー」という言葉の語源にもなったテッド・バンディ（1946年生）。端正なルックスとIQ126の明晰な頭脳を持つ彼には多くの女性が魅了され、裁判に多くのグルーピーが傍聴に押し寄せたことでも知られる。2019年のアメリカ映画「テッド・バンディ」は、そんなバンディと恋に落ち、7年間生活を共にしたシングルマザー、エリザベス・クレプファー（通称リズ）の視点から、彼が死刑に処されるまでの日々を描いたサスペンス劇である。

悪い男と知りながら彼女はのめり込んだ

映画は1969年10月、ワシントン州シアトルのバーでバンディ（演：ザック・エフロン）とリズ（演：リリー・コリンズ）が出会うシーンから始まる。このときバンディは22歳。対しリズは24歳で、ワシントン大学医学部の秘書として働いており、離婚した夫との間に生まれたモリーという3歳の女児を育てるシングルマザーだった。

▶バンディを演じたザック・エフロン（左）と、恋人リズ役のリリー・コリンズ。映画「テッド・バンディ」より

◀テッド・バンディ(左)とエリザベス・クレプファー(通称リズ)。実際の写真

イケメンで気遣いのできるバンディに彼女は一目惚れ。すぐに男女の関係となり、自宅で同居を始める。バンディもリズのことを愛しており、娘を我が子のように可愛がった。劇中ではそんな彼らの幸せそうな暮らしぶりが描かれている。しかし、実際は違う。

映画はあえてバンディの人間性に深く触れようとしないが、彼は幼少期から変わった子供だった。3歳の頃、叔母をナイフで脅しながら笑い、小学生のときには近所を徘徊しゴミ箱を漁っては女性のヌード写真を探し回った。高校時代には強盗と自動車窃盗の容疑で捕まること2回。何より、バンディが他と違っていたのは、他人の気持ちを全く理解できないことで、彼の言動を周囲が注意しても、なぜ自分が怒られているのかわかっていなかった。サイコパスの典型である。

高校卒業後、ピュージェットサウンド大学へ入学した後、ワシントン大学で心理学を専攻。その傍らマナーを磨き、ファッションセンスを洗練させ、社交的に振舞うなど自己変革に取り組んだことで、周囲の評価は「ハンサムで頭脳明晰な青年」へと変わる。社会的な活動にも目を向け、ワシントン州の共和党員として州知事選の活動に参加、目覚ましい活躍ぶりでたちまち頭角を現し「テッドなら将来、州知事や連邦上院議員にもなれるだろう」と称賛されるまでになる。また、心理学の知識を活かして犯罪対策に関する政策立案・法案作成の補助やカウンセリングなどのボランティア活動に従事し、この時期、水難事故で溺れた子供を救助し、地元警察より表彰されたこともあったという。

確かに、リズが惚れる要素は多分にあった。が、機嫌が悪いとき、バンディは彼女を恫喝、暴力をふるい、リズがバンディの盗癖を咎めた際には「誰かに言ったら首をへし折ってやる」と脅されたこともあったそうだ。彼女から、そんなバンディの悪評を聞かされていた職場の同僚は何度も関係を解消するよう勧めたそうだが、リズの気持ちは変わらない。なんでも、彼女の前夫も犯罪歴があったらしく、リズは悪い男に引っかかり依存する性格だったらしい。

1970年2月、リズとバンディは話し合いのうえで正式な夫婦

テッド・バンディ

2019/アメリカ/監督:ジョー・バーリンジャー◉1970年代、全米で30人以上の女性を惨殺した実在のシリアルキラー、テッド・バンディの生き様を、彼と交際していたシングルマザーの目を通して描く犯罪ドラマ。原題の「Extremely Wicked, Shockingly Evil and Vile(極めて邪悪、衝撃的に凶悪で卑劣)」は、バンディに死刑を言い渡す際、裁判長が読み上げた判決文の中に含まれていた文言。監督のジョー・バーリンジャーは同じくバンディを題材としたNetflixオリジナルドキュメンタリーシリーズ「殺人鬼との対談:テッド・バンディの場合」(2019)も手がけている。

テッド・バンディ

▲バンディと、リズの娘モリー。劇中ではバンディが彼女をただ溺愛していたかのように描かれているが、実際は日常的に殴ったり、性的虐待を働いていた

になるべく結婚許可証を入手する。が、その数日後、些細なことで口論となりバンディが書類を破り捨て、結婚はなかったことに。それでも、リズは彼と別れられず、1972年にはバンディの子供を宿すも、バンディの意向で中絶に追い込まれる。また、これも劇中では一切触れられていないが、リズの娘モリーが7歳になった1973年ごろから、バンディはゲームとして彼女に性的虐待を働いていたそうだ。そして、翌1974年、凶行の幕が開く。

被害者女性の髪型はみなセンター分け

1974年1月、ワシントン大学4年の女子生徒が性的暴行を受けたうえ惨殺されたのを皮切りに、6月までにワシントン州で立て

▲バンディと、彼が犯行に使用した1968年製のフォルクスワーゲン・ビートル。現在、この車は米テネシー州ピジョンフォージのアルカトラズ東犯罪博物館に展示されている

続けに若い女性8人が殺害された。7月には同州サマミシュ湖州立公園の湖畔で19歳と20歳の女性が拉致、後に遺体で見つかる。この際の目撃証言によれば、端正な顔だちの30歳前後の男性が、足にギプスを付け松葉杖をつき、自分の車（薄茶色のフォルクスワーゲン・ビートル）にヨットを運んでくれるよう、片っ端から女性に声をかけていたという。

事件は大きく報じられ、犯人と思しき男の似顔絵がテレビで公開された。劇中でも描かれているが、このときリズはシアトル警察に電話をかけている。似顔絵の男が一緒に暮らすバンディとそっくりだったことに加え、自宅に不審なギプスや松葉杖が置いてあったからだ。さらに、家の駐車場には、目撃情報にもあった車のビートルが停められていた。これらのことを包み隠さず話したことが、警察

がバンディに嫌疑を持つきっかけとなる。

1974年9月、バンディはワシントン州知事の推薦状を携えて、ソルトレイクシティのユタ大学法科大学院（ロースクール）に進学。ここでも殺人を犯す。翌10月、17歳の女性を強姦後に絞殺。さらに、別の17歳の女性を殺害し遺体を山中に投棄した。

バンディの犯行は、障害者や警察官など身分を装い相手を油断させてから、殴る蹴るの暴行を働き意識を失わせてアナルセックスを行い、その後に首を絞めて殺害、死体を遠くまで運んで切断し屍姦、数日後に死体の場所に戻り、切り取った女性の口の中に射精するという鬼畜な手口が定番だった。餌食となったのは、共通して20歳前後の学生か社会人、前髪をセンターで分けているストレートロングヘアの女性。これには大きな理由がある。

ワシントン大学に通っていた1967年、バンディはダイアン・エドワーズという同じ大学の女子大生と交際を始める。サンフランシスコの名家出身の彼女は気品があり、髪を真ん中分けにする黒髪の美人だった。が、ほどなく関係は破綻する。未熟で野心に欠けたバンディに嫌気がさし、ダイアンが別れを告げた

◀バンディが最初に交際し、ふられたダイアン・エドワーズ。2年後によりを戻し婚約まで果たしたが、バンディは彼女にショックを与えるため一方的に別れを告げた

▲バンディの餌食になった犠牲者。ダイアン・エドワーズと同じく、黒髪、センター分けの女性が多い

▲バンディの元同僚で後に正妻となるキャロル・アン・ブーン(上)と、劇中で彼女を演じたカヤ・スコデラリオ。映画「テッド・バンディ」より

のだ。前述したバンディの自己変革は彼女にふられたショックがきっかけで、2年後の1969年、見違えるようになったバンディと再会したダイアンは自ら再交際を申し込み、4年の関係を経て婚約まで果たす。この時期、バンディはリズと同居していたが、密かにダイアンとも交際した。かつて自分をふったダイアンへの復讐のためだった。それが証拠に婚約が決まった直後の1973年末、彼はダイアンに一方的に別れを告げている。犯行が始まるのはこの直後で、ターゲットは彼女に似た髪型の女性に定めた。そのこだわりは異常なほどで、当初センター分けだったリズが髪を切ろうかと言い出した際には猛反対してやめさせたそうだ。

実はおまえを窒息死させようとした

バンディが最初に逮捕されたのは1975年8月16日。前年11月にユタ州で18歳の少女を襲い未遂に終わった際に乗っており、手配のかかっていたビートルで走行中のことだ。警察での取り調べを経て1976年3月、裁判で前出の18歳少女を誘拐しようとした罪で禁固刑を受け、ユタ州立刑務所に収監される。

このころ、すでに一連の殺人事件がバンディによるものと疑われていたが、リズはまだ半信半疑だった。刑務所から連日のように電話がかかってきて、バンディは自分が濡れ衣だと訴えてくる。しかし、ここで彼女はバンディとの別れを決める。彼が連続殺人鬼だと確信があったわけではない。「私を殺そうと思ったことはないの?」と聞いたところ、バンディが言った。実はおまえが酒に酔って寝ていたとき、家に煙を充満させ窒息死させようとしたことがある、と。この

テッド・バンディ

▲1976年6月、裁判の休廷中に脱走し1週間後に拘束、連れ戻された際の様子

告白で完全に気持ちが切れ、以降、彼女はバンディに会っていない。映画では、リズがその後もバンディのことを気にかけ、処刑前日には2人が刑務所で面会することになっているが、そのシーンは全くのフィクションだ。

リズに代わって、バンディを愛し支えるようになったのが、劇中にも登場するキャロル・アン・ブーン（1954年生）だ。彼女とバンディが知り合ったのは共にワシントン州緊急サービス局で働いていた1974年。すでにバンディの殺人行脚は始まっていたが、当然、彼女はそんなことは知らず、自分の起こした事件にもかかわらず積極的に捜査協力する同僚のバンディに好意を持ち、リズと破局したことがわかるや、バンディにアプローチをかける。劇中に説明はないが、彼女もまたシングルマザーで10代前半の子供を1人で育てていた。

キャロルはバンディに殺人の嫌疑がかかっていることを知っても、彼を無罪と確信し、連日のように刑務所に面会に出向く。一方、バンディは殺人事件の裁判準備中の1976年6月、コロラド州で起きていた別の未解決殺人事件の容疑で、同州ピトキンの裁判所へ移送される。が、休廷中、裁判所内の法律図書室に入室を許可され、そのまま2階の窓から飛び降り、逃亡を図る（劇中ではリズに電話をかけ、職員が目を離している最中の出来事として描かれている）。しかし、飛び降りた際に足首を痛め、1週間後に逮捕、同州グレンウッドスプリングスにある刑務所に収監される。

1年半後の1977年12月30日夜、バンディは獄中で密かに入手

◀バンディはロースクールに通っていた経験から自分の弁護を自分で務めた。左はザック・エフロンによる劇中での再現シーン。映画「テッド・バンディ」より

▼1974年11月、ユタ州のショッピングモールでバンディに声をかけられ、危うく拉致されそうになった際の様子を法廷で証言するキャロル・ダロンチ。右奥はエドワード・コワート裁判長（1979年7月28日）。この場面は劇中でも描かれている

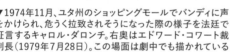

した弓鋸《ゆみのこ》で独房の天井に四角い穴を空け、そこから天井裏によじ登り、正門から脱獄。車を盗み逃走する。その後、フロリダ州タラハッシーへ移動、偽名でアパートを借り身を落ち着けた1978年1月15日深夜、大学の女子寮に侵入し睡眠中の女生徒を襲い、2人を撲殺し、2人に重傷を負わせる。翌2月9日には、12歳の少女を誘拐して性的暴行を加えながら、彼女の顔を泥につけて溺死させ、死体を小屋の下に遺棄。6日後の15日深夜、同州ペンサコーラで盗難車に乗っていたところを逮捕され、女子寮での殺人容疑でマイアミに移送された。

公判中にプロポーズし結婚

1979年6月から始まった裁判は全米で250人の記者が取材し、テレビで全国放映された。傍聴席はバンディを一目見ようとする若い女性で埋まり、彼にサインを書いてもらうチャンスを狙い大半がバンディの指名手配書を手にしていた。

5人（劇中では1人）の国選弁護人を解雇し、ロースクールに通っていた経験を活かし自分で自分の弁護を担当、無罪を訴えるバンディに女性の傍聴人たちは惚れ惚れした。当時を知る者にしかわからないが、バンディはおよそ残虐な殺人を犯すような人間には見えず、知的で論理的だったという。しかし、女子寮で殺害された被害女性の左臀部に残っていた噛み付きの痕と、バンディの歯型が一致したことが決め手となり、1979年7月、陪審員は有罪を評決、判決で死刑が下る。半年後の1980年2月、最後の犠牲者となった12歳少女殺害の罪で再び死刑。判決言い渡しの際、裁判長が口にした「我々はこの法廷で悲劇を目にした。人間性の完全なる無駄遣いだ。君は頭がいい。優秀な法律家になれたかもしれない。君は道を誤った」との言葉は、映画でそのまま再現されている。また、審理の最中、弁護人バンディの証人として証言台に座った恋人のキャロルにプロポーズし正式に結婚したのも、その後、刑務所に面会に訪れた彼女と性交し、彼女が女児を産んだのも劇中のとおりである。

▼死刑判決が出た後も、キャロル（左）は娘のローズ（中央）を連れ父親バンディのもとへ面会に訪れた

映画は、バンディが死ぬ前に30人の殺害を告白し、1989年1月24日に電気椅子で処刑されたことを字幕で示して終わる。が、劇中では語られない事実がある。

死刑判決後もバンディは無罪を主張、上訴したものの棄却される。しかし、それでもなお彼は死を受け入れることができなかった。1984年4月、刑務所の看守がバンディの独房で、弓鋸2本を発見、独房の窓に設置された鉄の棒の上下が完全に切断されているのに気づいた。バンディはこの期に及んでも脱獄を画策していたのである。

当然のように違う房に移されたが、同年10月には、当時ワシントン州で多くの売春婦が殺害され、死体がグリーン川に遺棄されていた

処刑3年前に捜査官を集め30人の殺害を告白

「グリーン・リバー・キラー」事件（後にゲイリー・リッジウェイの犯行と判明）の捜査に、連続殺人犯心理学の専門知識を有する自分が協力すると申し出る。目的は当然、死刑回避にあったが、当局はこれを拒否した。

当初、死刑は1986年に執行される予定で、このときバンディは収監されていたフロリダ州立刑務所に全米から捜査官を集め、初めて自分が犯した殺人について語り始めた。内容は曖昧ながら、これまで30人を殺害したことを供述。もっと話が聞きたければ処刑を延期するよう懇願した。

死刑執行はそれから3年後。その数日前に出した幾つかの手紙の中にリズ宛てのものもあったという。処刑翌日、バンディの死を信じない人間が多数存在していたため、新聞の一面に「殺人鬼は微笑みを浮かべ死んだ」というタイトルの下、遺体の写真が大きく掲載された。

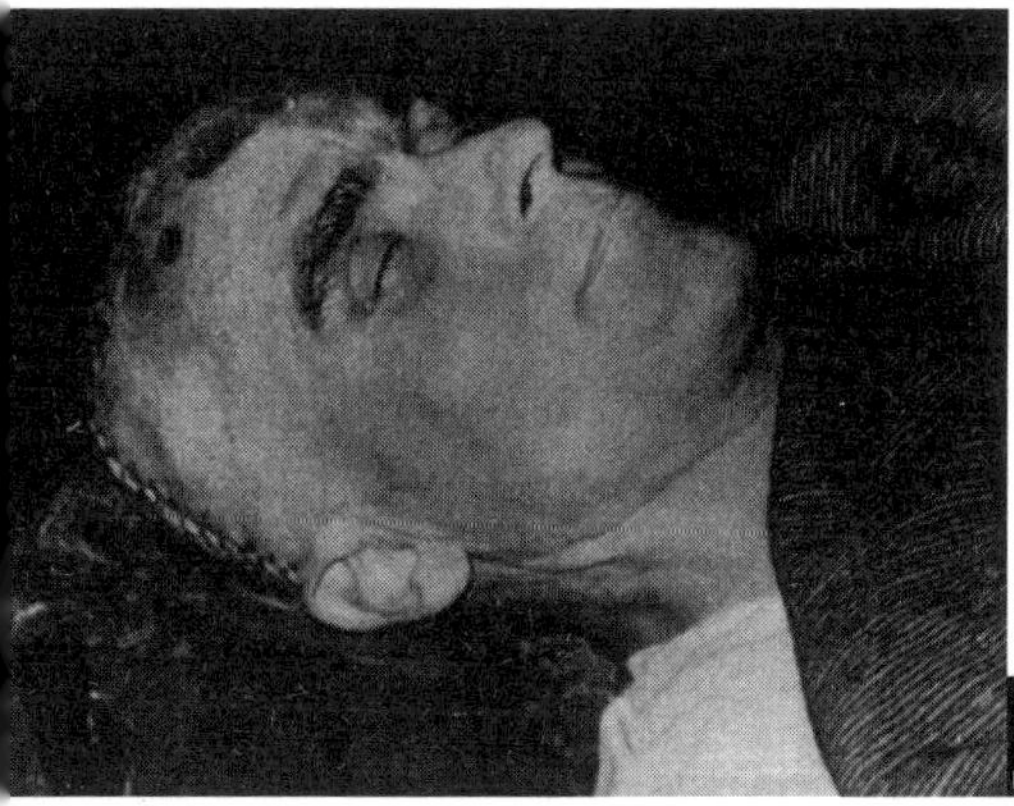

◀死刑執行翌日の1989年1月25日、新聞に掲載されたバンディの死に顔

リズはバンディと別れた5年後の1981年、回顧録『ザ・ファントム・プリンス：マイ・ライフ・ウィズ・テッド・バンディ』を出版。その後は世間から身を隠すようにワシントン州で暮らしていたが、回顧録を原作とした本映画「テッド・バンディ」が製作されるにあたり、数十年ぶりに娘のモリーと一緒にメディアのインタビューに応じ、2023年11月現在も健在である。

一方、バンディと結婚、女児を授かったキャロルは死刑判決後も夫の無実を信じ子供を連れ面会を重ねていたものの、1986年にバンディが殺人を告白したことで離婚。世間の目を避けるようにその後を生き、2018年1月、敗血症性ショックのためワシントン州の老人ホームで亡くなった。享年63だった。

▼2020年1月、メディアの取材に応じたリズ（左）と娘のモリー

目次

巻頭グラビア

第一章 衝撃

目次

第五章

闇

映画になった恐怖の実話III

TRUE STORY MOVIES

▼本書掲載の情報は2023年11月現在のものです。
▼作品解説に記された西暦は初公開年、国名は製作国を表しています。
▼本書掲載記事の大半が映画の結末に触れています。悪しからずご了承ください。

第一章
衝撃

映画「オペレーション・ミンスミート -ナチを欺いた死体-」より
©Haversack Films Limited 2021

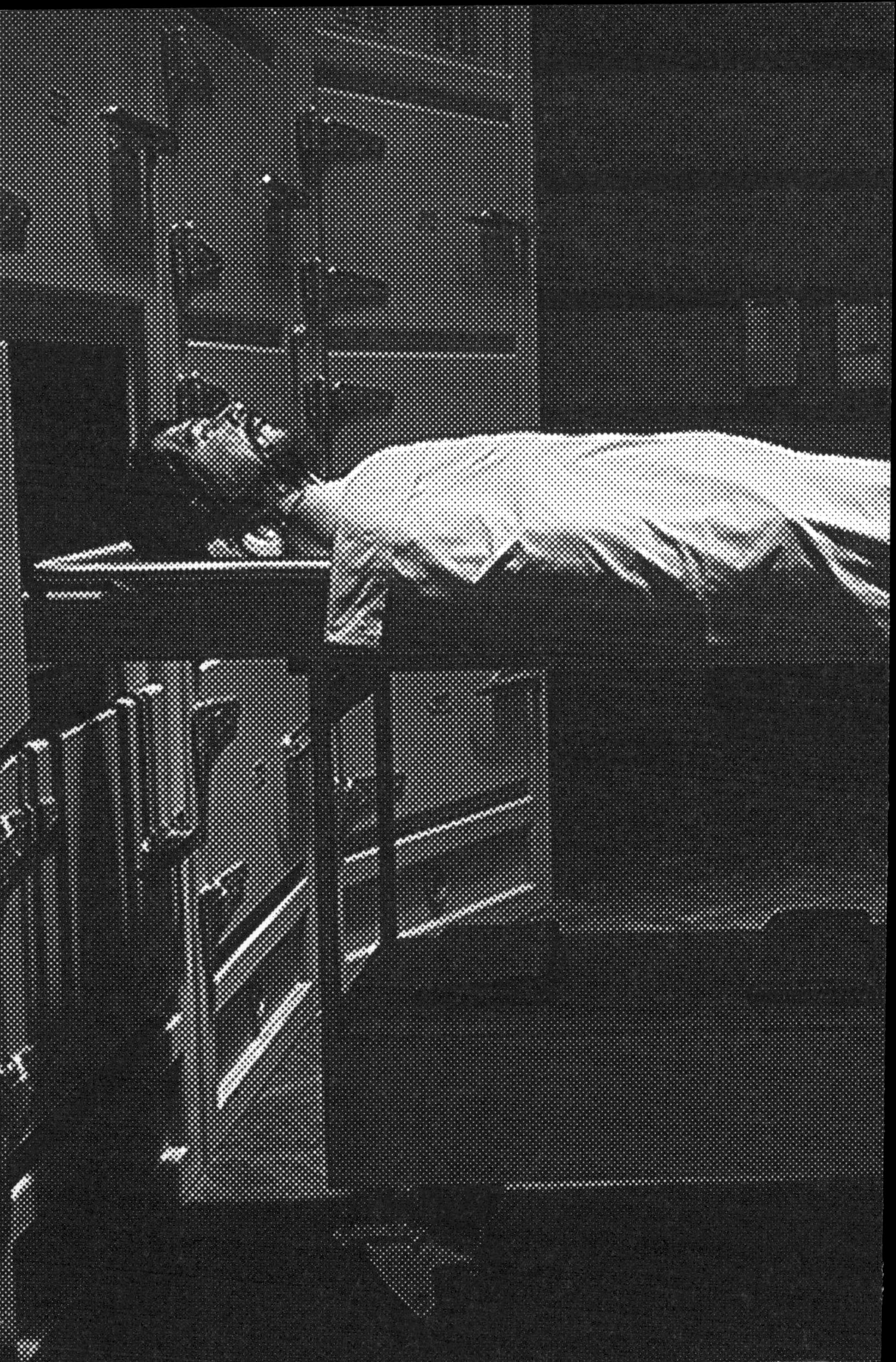

傑作犯罪アクションの元ネタ

ヒート

札付きの連続強盗犯N・マッコーリーと、シカゴ市警捜査官C・アダムソンの攻防

アル・パチーノとロバート・デ・ニーロの二大名優が共演した映画「ヒート」。ど迫力の銃撃戦や、刑事と犯罪者の奇妙な心の繋がりを描き、リアリティとエンタメ要素が詰め込まれた犯罪ドラマの傑作として名高い。が、監督のマイケル・マンが本作の着想を得た元ネタの事件は実に地味で、内容も映画とは大幅に異なる。

20年以上服役した窃盗の常習犯

物語の舞台は1990年代前半の米ロサンゼルス。ニール・マッコーリー（演：ロバート・デ・ニーロ）率いる強盗団が現金輸送車を銃で襲撃するなど手荒い手口で次々に〝山〟をこなしていく。その捜査を担当することになったのが、アル・パチーノ扮するロス市警のヴィンセント・ハナ刑事。彼はわずかな手がかりから強盗団のメンバーの尻尾を掴み、部下とともにマッコーリー逮捕に執念を燃やす。

▼ロス市警の刑事役のアル・パチーノ（左）と、凶悪な強盗犯を演じたロバート・デ・ニーロ。映画「ヒート」より

一方、実際に舞台になったのは1960年代前半のシカゴである。マッコーリーは実在の人物で1914年、アイオワ州の中流階級の家庭に生まれ育った。14歳のときに父親が亡くなり、母親と5人の兄弟を養うために退学してシカゴに移住。この頃から母親が酒浸りになり、マッコーリーも窃盗に手を染めたことで人生が狂い始める。20歳になるまでに3回も少年院送りになるも、窃盗・強盗を繰り返し、その後は20年以上刑務所暮らし。かの有名なアルカトラズ刑務所にも8年服役し、最終的にワシントン州ピュージェット湾のマクニール刑務所で1年を過ごした後、1962年に出所した。自由の身になっても彼の犯罪性は更生されておらず、シカゴで仲間を集めて深夜に事務所や倉庫に忍び込み、ドリルなどで金庫をこじ開け盗

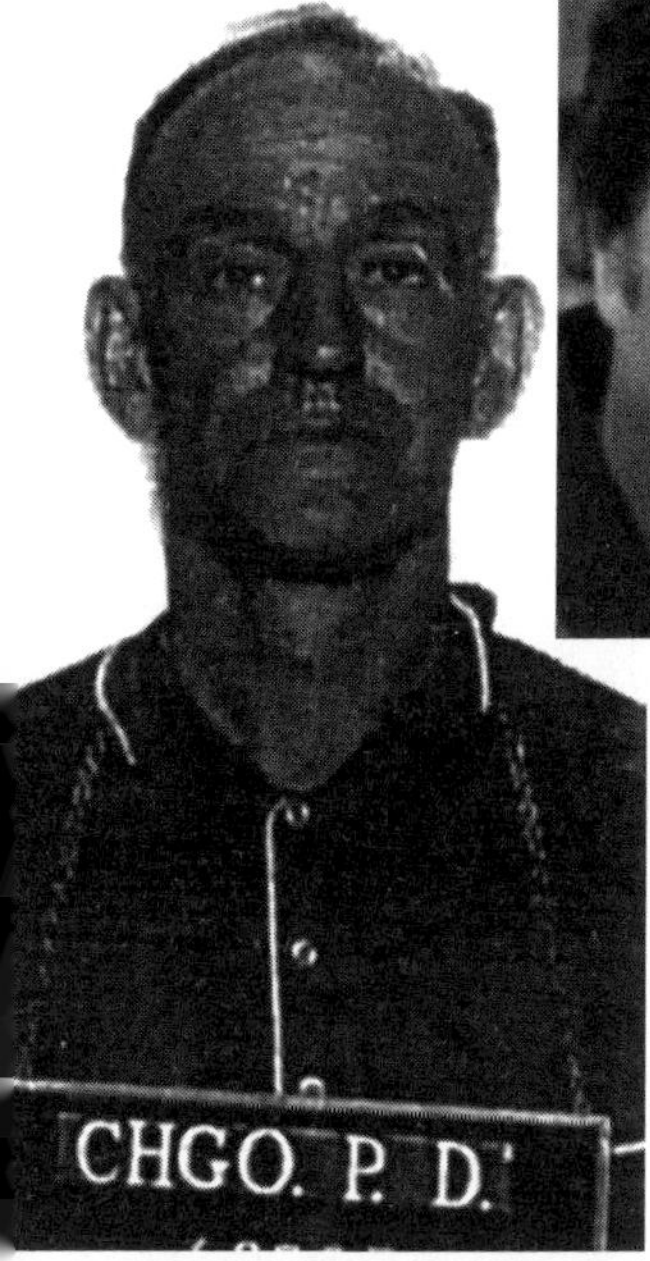

▲◀チャック・アダムソン（上）とニール・マッコーリー本人。マッコーリーの写真は、射殺される3週間前、別件で逮捕された1964年3月2日に撮影されたもの

みを働いた。なお、このときの犯罪仲間であるマイケル・パリルは劇中でトム・サイズモアが演じたマイケル・チェリトのモデルで、映画のとおり、彼は最後までマッコーリーと行動を共にすることになる。

対し、ハナ刑事のモデルになったのが、1958年からシカゴ市警に勤務していたチャック・アダムソン（1936年生）だ。マッコーリーらが犯罪を繰り返していた1963年、同警の犯罪情報分析部門（CIU）の捜査員となり、彼らの行動を監視し始める。

劇中でも描かれるように、マッコーリーの仕事は完璧だった。ターゲットにしたオフィスなど事前に入念に下見し、中のレイアウトをも完全に把握、逃走経路や手段も確保したうえで安全確実に犯行に及んでいた。ちなみに、これは映画には一切出てこない話だが、当時、シカゴではマッコーリーらの犯罪とは別に、豪邸や店舗から延べ数千万ドル相当の宝石類や貴金属が奪われる事件が連続して発生していた。そのころ最先端だったセキュリティシステムを難なく回避して侵入しているのが特徴で、内部事情に詳しい人物が関わっていると推測されていたが、1990年代末になって、かつてCIUの指揮官でアダムソンの直属の上司だったウィリアム・ハンハードが20年以上にわたって連続強盗犯の手引きをしていたことが発覚。

ヒート

1995／アメリカ／監督：マイケル・マン◉マン監督が自作である1989年のテレビ映画「メイド・イン・L.A.」をセルフリメイクしたクライム・アクションムービー。マーティン・スコセッシ監督が1990年代の犯罪映画の金字塔と絶賛している。

逮捕・有罪判決を受け、2000年から12年間服役したそうだ。

喫茶店で会話を交わした1年後に射殺

映画「ヒート」で最も有名なのは、刑事アル・パチーノが強盗犯のボスであるデ・ニーロに揺さぶりをかけるため、尾行の最中で喫茶店に誘うシーンだ。警察と犯罪者という敵対した関係ながら、彼らは互いをプロと認めあい、コーヒーを飲みながら身の上話をする。これは史実に基づいており、1963年2月、アダムソンとマッコーリーはシカゴのリンカーンアベニューの喫茶店で2人きりで話をした。もっとも、内容は私生活の話題ではなく、アダムソンの目的はマッコーリーの犯罪心理を

▲アル・パチーノとデ・ニーロが喫茶店で会話を交わす有名なシーンは史実に基づいている。映画「ヒート」より

知ることだった。後に彼が明かしたところによると、会話は以下のようなものだった。

「シカゴを去る気はないのか？」

「俺はシカゴが好きなんだよ」

「おまえだって、いつか捕まる日が来る。捕まえるのは俺だぞ」

「俺がコインの表なら、あんたは裏側。裏は必要ない」

「わかった。近いうちにまた会おう」

映画はその数日後、マッコーリーらが銀行を襲撃。白昼のダウンタウンでロス市警と激しい銃撃戦を展開し、仲間たちが銃殺されるなか、空港に逃走したマッコーリーが追いかけてきたハナ刑事に射殺されてジ・エンドとなる。このシークエンスは完全な創作だが、特筆すべきは、映画公開から2年後の1997年2月、3人の強盗犯がロサンゼルス・ノース・ハリウッドの銀行を襲撃、白昼44分間にわたり警察官と銃撃戦を展開し、犯人の2人が射殺されるという事件が起きたことだ。映画「ヒート」のクライマックスと良く似ているが、生き残った犯人の1人は後の取り調べで、本作を観て模倣したと語ったという。

▲マッコーリーらが最後に強盗に押し入ったシカゴの食料品チェーン店National（現在のSchnucks）

警察を退職後、映画業界に転身。監督マイケル・マンの仕事のパートナーに

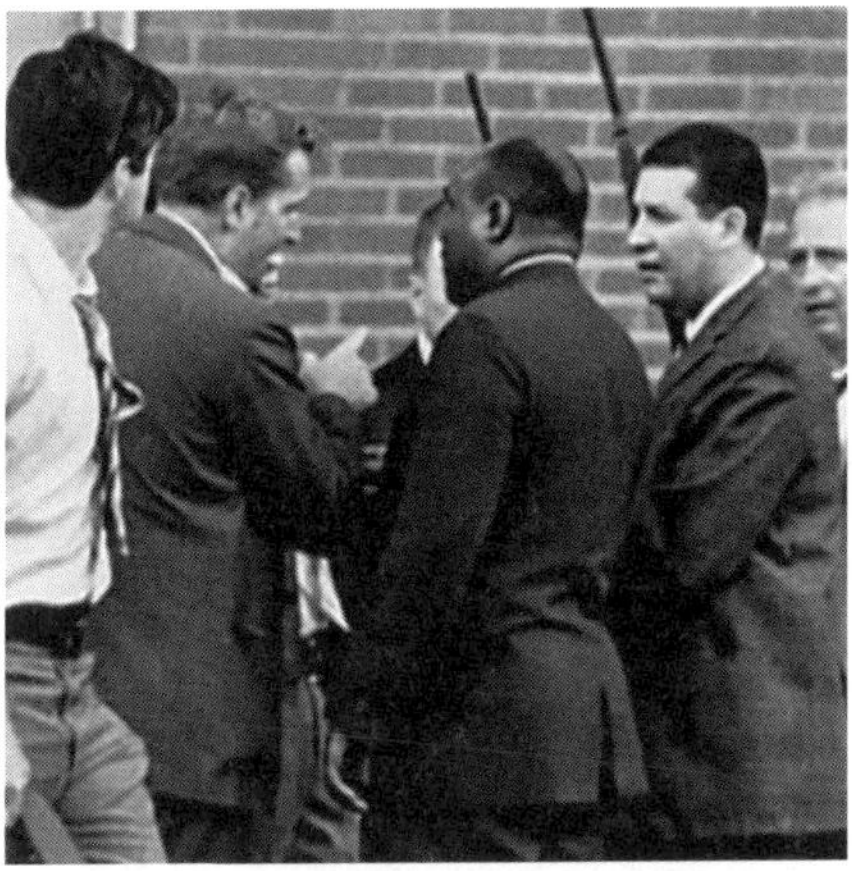

▲1964年3月25日、事件現場で捜査の指揮をとるアダムソン（左から2人目）

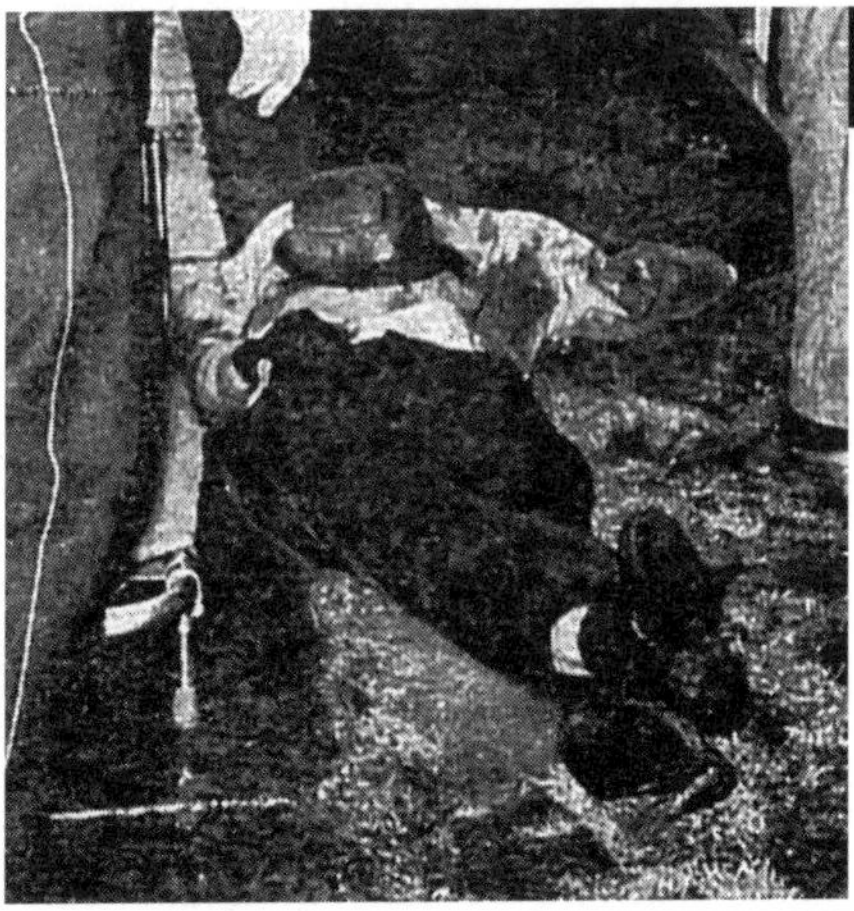

▲銃殺されたマッコーリーの遺体

実際の事件の終わりは、アダムソンとマッコーリーが対面した1年後の1964年3月25日だった。この日、マッコーリーら4人はアダムソンらロス市警に監視されていることに気づかぬまま、シカゴのシセロ・アベニュー沿いにあるスーパーマーケットに侵入。現金1万3千ドルを奪って車に乗り込んだが、駐車場の出口は警察によって封鎖されており銃撃戦となる。その過程で前出のマイケル・パリル（当時37歳）ら2人が射殺され、1人は車で逃走、マッコーリーは近くの住宅地に逃げ込んだところを追い詰められ、アダムソンと彼の同僚が発砲した6発の銃弾を受けて死亡した（享年49）。ちなみに、現場から車で逃走、翌日に逮捕されたのはチャールズ・パンティアスという当時27歳の男で、彼は劇中の主要キャストの1人、ヴァル・キルマー演じるクリス・シヘリスのモデルである。

アダムソンは事件から10年後の1974年に警察を依頼退職し、映画業界に転身。1981年の映画「ザ・クラッカー／真夜中のアウトロー」の脚本を担当するとともに、犯罪に関する専門的なアドバイザーとして協力した。本作は後に「ヒート」のメガホンをとるマイケル・マンの初監督作品で、1960年代半ば、シカゴで延べ200件以上の強盗を繰り返した実在の宝石泥棒を主人公にした犯罪映画だが、その泥棒を逮捕、刑務所に送り込んだのがほかならぬアダムソンだった。

この映画でマンと知己を得たアダムソンは、その後も「特捜刑事マイアミ・バイス」（脚本）「クライム・ストーリー」（共同プロデューサー）など、マンの作品に深く関与。1989年にマンが発表したテレビ映画「メイド・イン・L.A.」はアダムソンがマッコーリーを逮捕するまでの経緯に基づきドラマ化したもので、これが6年後、映画「ヒート」でリメイクされた。

アダムソンは本作を最後に映画業界を引退、2008年2月、肺がんでこの世を去った。親友であり良き仕事仲間だったマンは、翌2009年の監督作「パブリック・エネミーズ」で『チャック・アダムソンに捧ぐ』と彼の名を記している。

クレイグスリスト・キラー

ボストン大学医学部生、F・マルコフが起こした「クレイグスリスト」会員女性強盗殺人事件

犯行動機は現在も不明

2009年、米マサチューセッツ州ボストンで3人の女性が連続して襲われ、うち1人が殺害される事件が起きた。被害者はみな、オンラインコミュニティサイト「クレイグスリスト」の会員で、広告欄に性的なサービスを提供することを告知していた。ほどなく逮捕された犯人に世間は驚愕する。フィリップ・マルコフ、23歳。ボストン大学医学部に通う学生で、結婚間近の婚約者までいた。なぜ、優秀な医学生が強盗殺人を犯したのか。2011年公開の「クレイグスリスト・キラー」は今も明確な動機がわかっていない本事件を題材とした実録犯罪映画である。

婚約者も知らない別の顔

物語はボストン大学医学部2年生のマルコフ（演：ジェイク・マクドーマン）が、校内で医療スタッフのボランティアをしながら医学部入学を目指すミーガン・マカリスター（演：アグネス・ブルッ

▲マルコフ役のジェイク・マクドーマン（右）とマカリスターを演じたアグネス・ブルックナー。映画「クレイグスリスト・キラー」より

クナー）と知り合うところから始まる。マルコフの積極的なアプローチで2人は交際を始め、やがて同棲し婚約。マカリスターの両親も、娘が将来有望な学生と夫婦になることを大いに喜ぶ。

映画の前半で描かれる2人の幸せそうなシークエンスには、やや脚色が施されている。1986年、ニューヨーク州で生まれたマルコフは高校卒業後、ニューヨーク州立大学に入学。2005年、病院の緊急治療室でボランティアを務めていたとき、同じボランティアだった同大学4年のマカリスターと知り合う。歳は彼女のほうが2つ上で、交際もマカリスターからのアプローチで始まった。2007年、大学を卒業したマルコフが医師を目指すべくボストン大学医学部に入学したことで、2人はマサチューセッツ州クインシーの集合住宅に転居。その後も交際は順調に進み、やがて婚約。結婚式は2009年8月14日と決まり、9月にはマカリスターもボストン大学医学部に入学することになっていた。

▲フィリップ・マルコフ(左)とミーガン・マカリスター本人。人も羨む美男美女カップルだった

絵に描いたような幸福な将来が待つ2人だったが、マルコフには、周囲はもちろん、マカリスターにも知らない一面があった。劇中で描かれる、婚約者がいながら他の女性にもちょっかいを出すシーンでもわかるように、マルコフは根っからの女好きで、オンラインサイトの「クレイグスリスト」に会員登録、そこで知り合った複数の女性と密会を重ねていた。1995年に開設されたクレイグスリストは、個人間で「売ります・買います」が行える、日本におけるヤフオク！やメルカリのようなサイトなのだが、中でも人気を博していたのが「デート／恋愛」「割り切り」など出会い系のジャンル。マルコフはここの常連ユーザーで、告知の際には「拘束プレイ」「女装」など己の性癖を知らせるワードをちりばめ相手を探した。ちなみに、劇中にマカリスターと暮らす家の寝室マットレスの下から女性の大量のストッキングが見つかるシーンがあるが、そこも事実のとおりで、彼は会った女性の〝戦利品〟を持ち帰っては隠し、マカリスターの目を盗んで匂いを嗅いでいたという。

相手の体を拘束、強姦したうえで射殺

他人には知られたくない変態チックな一面があるとはいえ、マルコフの行為は決して法に触れるものではない。が、それは2009年4月、突如、犯罪へと変貌する。同月10日、マルコフはボストンのホテルの部屋で29歳の女性と会う。彼女は、クレイグスリストの

クレイグスリスト・キラー

2011／アメリカ／監督：スティーブン・ケイ◉非の打ち所がない医大生として、順風満帆な人生を歩んでいるように見えた青年の裏の顔を描いたサスペンスドラマ。元ネタになった事件が起きたボストン出身の作家、ミシェル・マクフィーが2010年に出版したノンフィクション『死とのデート：告発された「クレイグスリスト殺人者」の秘密の生活』が原作。

▶コミュニティサイト「クレイグスリスト」のトップ画面。出会い系のジャンルは2010年に廃止された

▼劇中の殺害シーン。映画「クレイグスリスト・キラー」より

▲マルコフに射殺されたジュリッサ・ブリスマン

クレイグスリスト・キラー

出会い系ジャンルに「マッサージをします」との広告を出しており、マルコフは過去の経験上、それが売春を意味することを十分承知していた。が、この日、彼は部屋に入るなり以前に購入した自動小銃で相手を脅し、猿ぐつわをかませダクトテープで体を拘束したうえで強姦。金を奪い部屋から逃走する。4日後の14日、同じくマッサージの広告で売春相手を募っていたジュリッサ・ブリスマン（当時26歳）とボストンの別のホテルで会い、またも拘束、レイプした挙げ句、今度は相手を射殺し金品を奪う。2日後の16日にも26歳の女性とホテルで密会し、銃で脅し強姦。命こそ奪わなかったものの、金を脅し取り部屋を後にした。

　足はすぐについた。ホテルの監視カメラが捉えた映像から警察は一連の事件が同一犯によるものと断定。その後の捜査で被害者全員がクレイグスリストを利用していたことを把握し、彼女らとやり取りしたメールのIPアドレスをたどったところ、いずれもボストン郊外の住宅から発信されていたことが判明する。そこに住んでいたのは、もちろんマルコフ。警察は同月20日に彼を逮捕し、部屋から犯行に使われた銃や拘束器具、テープを押収した。

　ここまで証拠が出ているにもかかわらず、マルコフは犯行を否定する。大学の教授や同級生も、あれほど優秀なマルコフがそんな事件を起こすわけがないと口を揃えた。一番信じられなかったのはフィアンセのマカリスターである。マルコフがギャンブル好きで、金に困っていたことは知っていたものの、結婚式を4ヶ月後に控え、強盗や殺人を働くなど到底考えられなかった。きっと何かの間違いに違いない。彼女の両親や友人も無実を信じて疑わなかった。

逮捕から3日後の4月23日、マルコフは収監されていたナシュアストリート刑務所で靴紐を使用して自殺を図る。未遂に終わったものの、以降、彼は24時間体制の監視下に置かれる。それからほどなくして、マカリスターが面会に訪れる。ここは映画でも描かれているが、この時点で彼女はマルコフが犯人であることを確信していた。だから聞いた。真実を話してほしい、と。対し、マルコフは言う。

▲ホテルの監視カメラが捉えたマルコフの姿

手製のメスで動脈を切り自殺

「自分の価値観が見いだせず、君のような女性に劣等感があった」

これが自白かどうかはともかく、マカリスターは彼の言葉を聞き別れを告げる。同日、マルコフは鋭利に加工されたスプーンで自殺を図るも、またも未遂。さらに結婚予定日だった8月14日には、薬を隠し持っていたのがばれている。

マルコフが本当に自殺したのは、その翌日の15日。壁のコンセントの金属片から作った鋭利なメスで首や足の主要な動脈を切り、失血死した。万一にも助からないよう、トイレットペーパーを飲み込み、ビニール袋を被りガーゼで絞めるという念の入れようだった。劇中で描かれたように、独房の壁には元婚約者のマカリスターの名前が書かれ、彼女の写真が貼られていたそうだ。

なぜ、マルコフは約束された将来を棒に振る犯行を起こしたのか。本人が命を絶った今、真相が明らかになることはない。

▲2009年6月、裁判所での罪状認否でマルコフ（右）は罪を認めず、2ヶ月後に自殺した

示談金を詐取するため家族4人で犯罪行脚

10歳の息子を実行役に全国で荒稼ぎした「当たり屋一家」事件

1969年の映画「少年」は当たり屋を生業に全国を旅する4人家族の生き様を、10歳の息子の目を通して描いた大島渚監督の傑作である。生活のため、両親のため、仕方なく犯罪に手を染める少年の姿は痛ましい限りだが、映画は公開3年前の1966年に発覚した実際の事件を題材にしており、子供を金銭目的で意図的に車にぶつけさせた悪質な犯行として、当時、大々的に報じられた。

交通事故死が年間1万2千人超えの時代

映画は監督の大島渚と脚本の田村孟が実際の事件を綿密に取材し作り上げた作品で、名前などが変更されている以外、設定も物語もほぼ史実どおりである。

家族の長である大森武夫（役名。以下同。演：渡辺文雄）は1922年（大正11年）、高知県香美郡（現・香南《こうなん》市）の農家の三男として生まれた。5歳のとき父を失い、17歳で一人で大阪へ。アンコウ（日雇い労働者を意味する関西圏の用語）に就くも、盗みを働き少年審判所へ入所した。その後、陸軍工兵として第二次世界大戦に

少年

▼左から父（演：渡辺文雄）、少年（演：阿部哲夫）、実子チビを背負う継母（演：小山明子）。映画「少年」より

▼逮捕を報じる1966年9月3日付の読売新聞朝刊。上が大森（当時44歳）、下が竹子（同27歳）

〝当たり屋一家〟大阪で逮捕

知人が隠れ家を通報

引っ越す寸前、子供も保護

全国またに47件も

出征。1942年（昭和17年）、左手及び左鎖骨に貫通銃創を受け岡山陸軍病院で終戦を迎える。戦後は四国各地で医療品の行商を生業とし、1953年に結婚。後に当たり屋の実行役となる敏男（演：阿部哲夫）が誕生するのは、それから3年後の1956年3月のことだ。

一方、劇中で小山明子演じる谷口竹子は1939年に大阪で生まれた。4歳のとき養女に出され、その後、養母が二度再婚したことで4つの家庭を転々とし、1958年、18歳のときに福井県で結婚。男児を授かった後、夫とともに大阪に戻りキャバレーに勤める。1年後の1959年、店に客として来た大森と知り合い深い仲に。夫

と子供を捨て大森と暮らすなか、1963年、大森との間に男児を出産した（劇中のチビ。演：木下剛志）。ちなみに、大森の正妻は腸結核を患い闘病中だったことに加え夫が他所に女を作ったため実家に戻り、敏男は大森が育てていた。

いわゆる〝傷痍軍人〟で、ろくに職にも就けなかった大森が当たり屋で一稼ぎしようと思いついたのは1966年初旬。劇中に説明はないが、当時は全国各地で交通事故が頻発していた。高度経済成長を背景に乗用車が一般家庭に普及する一方、歩道・信号などの整備が不十分で、車両も事故防止のための安全装置はほぼ皆無。さらにドライバーの交通安全に対する意識も低く、飲酒運転も当たり前のように行われていた。警察庁発表の資料によれば、事件前年の1965年の1年間だけで、交通事故発生件数は約57万件、負傷者約47万人、死亡者は約1万2千500人を数えた。対し、2022年はそれぞれ約30万件、約30万人、2千610人。死亡者数に限れば約8割も減少している。

こうした状況下、全国各地で故意に車にぶつかり（あるいは、衝突したと見せかけて）、治療費や慰謝料を請求する当たり屋が横行していた。警察を呼んで事を大きくするより、金で解決したほうが何かと面倒がなくて済む。運転手側に事故を起こした意識がなくと

少年

1969／日本／監督：大島渚◉1966年に発覚した家族ぐるみの当たり屋事件を題材に、全国を放浪しながら犯罪に手を染める一家の姿を、少年視点で描いたロードムービー。存在感抜群の少年を演じた阿部哲夫は当時、児童養護施設で暮らしていた素人で、本作出演後は施設に戻り、映画界とも縁を切っていたが、2021年4月、東京の映画館、シネマヴェーラ渋谷で開催された大島渚特集上映会に登壇、52年ぶりに公の場に姿を見せた。

も、路上で倒れている姿を見せることで罪悪感を持たせ金を出させる犯罪行為（詐欺罪、または恐喝罪）だ。

新聞報道などで当たり屋の存在を知った大森は、見様見真似で悪事に手を染める。といっても、車に当たるのは体に障害のある自分ではなく内妻の竹子で、そのうち敏男が当たり役となる。これは年端の行かない子供を被害者に仕立て上げたほうがより確実に金を詐取できると考えた竹子のアイデアだったが、困窮する生活を目の当たりにしていた敏男は最初は嫌々ながらも、次第に仕事と割り切って積極的に犯行に加担するようになったという。映画で描かれるように、仕事の駄賃は1回につき100円だった。

▶継母が目星を付けた車に少年が飛び込み、路上に倒れるのが定番の手口だった。映画「少年」より

何も知らない。お母ちゃんはいい人や

1966年9月1日付の読売新聞にこんな記事が掲載された。

〈7月24日午後6時ごろ、群馬県多野郡の自動車修理工・上野研二さん（仮名・34歳）が軽トラックに乗り、同県高崎市宮元町の市道を時速10キロ程度で運転中、反対方向から歩いてきた10歳ぐらいの少年が、急に上野さんの車に近より、左側ドアの引き手に腕をひっかけ転倒した。この事故で、上野さんは、幼児を抱いていた母親と称する35歳ぐらい（※実際は27歳）の女と一緒に少年を近くの病院に収容。少年は左腕と胸を打ち1ヶ月のけがと診断され、また届け出で高崎署は同夜、現場検証を行った。その直後、父親と称する男が現れ、示談金10万円を要求、上野さんは金策にかけまわり6万円を用意、翌25日午前6時ごろ、高崎駅構内で渡したが、少年は入院もせず、男と一緒だった〉

手口は概ね記事のとおりで、一家は大森の地元・高知を皮切りに、南は九州、北は北海道まで全国数十県を〝行商〟と称して周り犯行を繰り返した。劇中で竹子が口にしていたように、狙うのは「スピードを出していないライトバンか軽4、できれば車体に商店名が入った車で、ドライバーが女性」で、手頃な車が近づいてきた途端、敏男が路上に倒れ、そこにチビを抱いた竹子が現れ激昂、運び込まれた病院に大森が登場し、竹子の不注意を咎めドライバーに罪悪感を植え付けたうえで、約10万円程度の示談金をせしめるのが通常のやり方だった。さらにあくどいのが、事前に大森が敏男に意図的に1週間程度の打撲を負わせ、傷を診た医師が怪しまないよう偽装工作を図っていた点だ。この場面は劇中でも再現されているが、敏男は病院でウソをつくのが苦痛で、あるとき本当に怪我を負った際には、演技をしなくて済むことに心から安堵したそうだ。ちなみに、この間、敏男が当たり屋行為に嫌気がさし何度も家から逃げ出したものの、結局行き場がなく一家のもとに戻ったことも、竹子が敏男の継母であることにコンプレックスを抱いていたのも劇中で描かれるとおりである。

事件の終わりはあっけなかった。1966年8月、ここ数ヶ月で

◀鳥取県で犯行を働き、警察の現場検証に立ち会った際の様子。左から2人目が父。中央が少年と継母。この写真が新聞に掲載され、多くの情報が寄せられた

出所後、父は失踪、継母は子宮がん、弟は交通事故で死亡。少年は長距離トラックの運転手に

全国で似たような親子連れが犯人と思われる当たり屋被害が発生していることを新聞が報道。紙面に、鳥取県で現場検証に立ち会った際の一家の写真が掲載されたことで、警察に相次いで情報が寄せられ、同年9月2日深夜、大阪で大森（当時44歳）と竹子が逮捕、敏男とチビ（同3歳）が保護される。このとき、彼らはすでに当たり屋家業から足を洗い大阪市西成区の文化住宅に居住、暮らしをリセットしたばかりだった。

西成警察署に逮捕・連行された大森と竹子は当初、曖昧な供述を繰り返していたものの、最終的に、これまで全国で47件、現在の貨幣価値で約500万円を詐取していたことを自供する。一方、敏男は劇中のとおり「何も知らない。車にぶつかったことはない」と犯行を否定、竹子が指示役だったことを問われた際には「お母ちゃんはいい人や」と継母をかばったという。しかし、敏男もまた数日後には真実を告白。「両親に言われて当たった。最初にやったときは怖かったが、5、6回やると慣れて車に触れる前に倒れ、ほとんど怪我はしなかった」と供述したそうだ。

映画は、警察に伴われ一家が現場検証に向かう列車のシーンで終わる。報道によれば、刑期は不明ながら大森は出所後、行商をしながら24歳年下の女性と暮らしたものの、生活は長続きせず行方不明に。竹子は37歳で子宮がんで死去。チビは親族に引き取られたが、職業訓練校に通っていた16歳のときに交通事故死。敏男もまた事件後、親族のもとに身を寄せ、中学校卒業後に運送会社に就職、長距離トラックの運転手になり、14歳年上の女性と結婚し家庭を持ったそうだが、現在の消息は伝わっていない。

捕われた女

逮捕のきっかけは人質になった女性の説得だった

米アトランタ・フルトン郡裁判所、銃乱射4人殺人事件

2015年のアメリカ映画「捕われた女」は、裁判所で判事らを殺害した脱走犯に自宅アパートで人質に取られた女性が、犯人を説得し投降させるまでの経緯を描いたサスペンスドラマだ。作品は2005年に米ジョージア州アトランタで実際に起きた殺人事件を題材としているが、人質女性と犯人の交流が主軸で、犯行や裁判の詳細な経緯については説明されていない。

我が子に会いたいがため法廷で凶行に

事件を起こすブライアン・ニコルズ（演：デヴィッド・オイェロウォ）は1971年、メリーランド州ボルチモアの中流家庭に生まれた。同州カッツダウン大学でアメフトの選手として活躍し、1995年にジョージア州でヒューレット・パッカード社に就職。順調にキャリアを歩んでいたものの、7年間交際していた元恋人女性が別れた直後に教会の牧師の男性と付き合っていることを知り激怒、2004年末に彼女を誘拐・監禁・強姦した罪で逮捕される。

2005年3月11日朝、審理を受けるため同州フルトン郡裁判所

▶人質のアシュリー・スミスを演じたケイト・マーラ(左)と犯人ブライアン・ニコルズ役のデヴィッド・オイェロウォ。映画「捕われた女」より

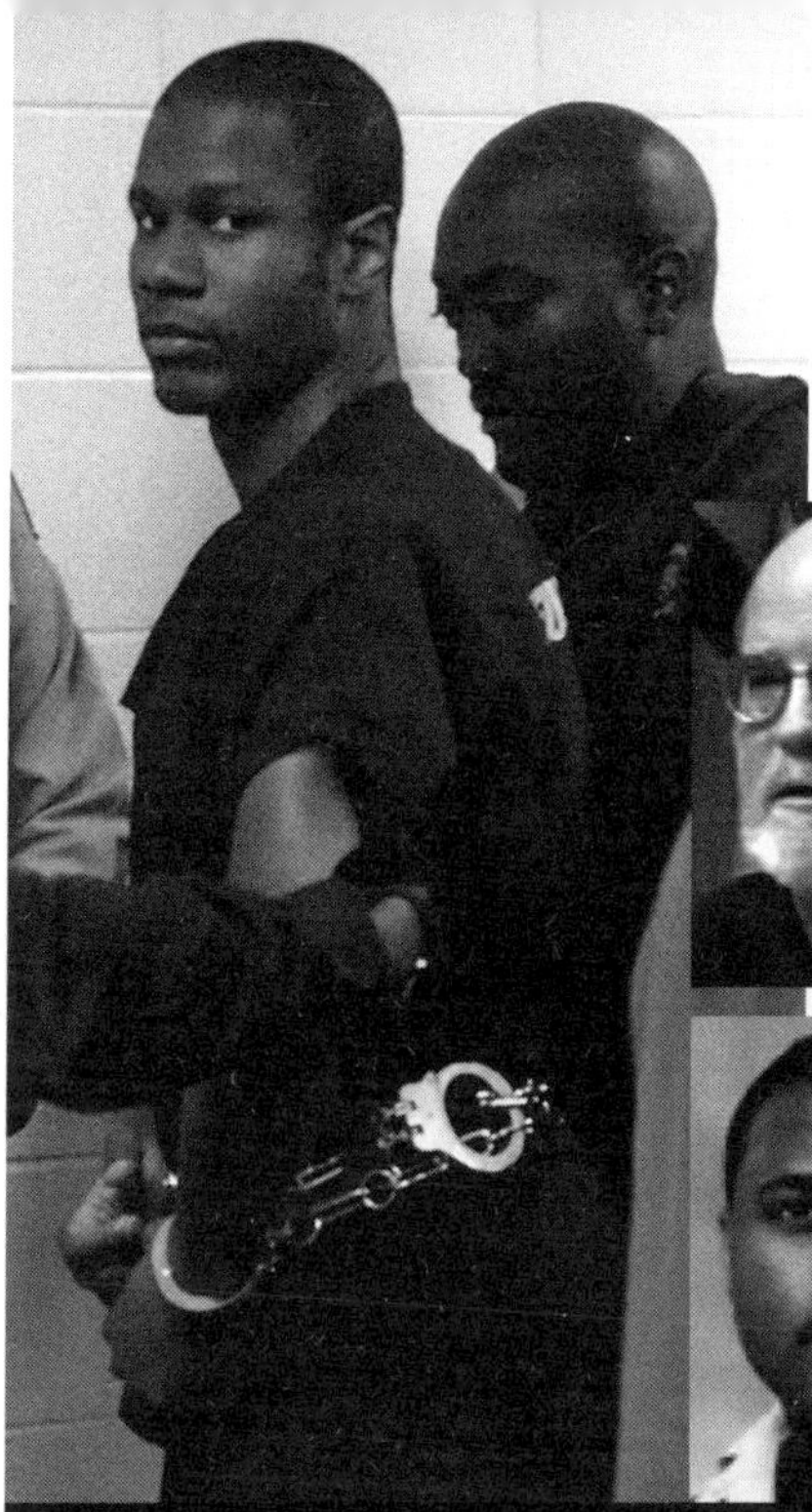

◀ブライアン・ニコルズ本人（左・逮捕時）
▼犠牲者の4人。ローランド・バーンズ判事（上段左）、法廷記者のジュリー・ブランドー（同右）、ホイト・ティーズリー巡査部長（下段左）、移民・関税執行局職員デビッド・ウィルヘルム（同右）

に出向いたとき、ニコルズは警護担当の保安官代理の女性から手錠を解かれた瞬間、彼女を殴打し銃を奪う。その後、法廷に押し入り銃を乱射、ローランド・バーンズ判事（当時64歳）と法廷記者のジュリー・ブランドー（同46歳）を殺害し、さらに法廷の廊下でホイト・ティーズリー巡査部長（同43歳）を射殺、裁判所の建物から脱走する。犯行動機は、3日前に当時交際していた女性との間に子供が生まれたことを知り、どうしても我が子に会いたいと思ったからだったという。

　裁判所内での連続殺人という前代未聞の事態に、警察は近隣エリアに非常線を張るとともに、ニコルズを重要指名手配犯に指定。有力な情報提供に6万5千ドル（当時のレート約660万円）の報奨金をかけテレビで公開捜査を行うが、ニコルズは盗難車を何度も乗り換え、幹線道路を避けて逃走する。

　日が変わった12日午前1時半ごろ、ジョージア州グウィネット郡ダルースで、新築予定の我が家を見に来たICE（移民・関税執行局）職員のデビッド・ウィルヘルム（同40歳）とトラブルになり射殺。その後、タバコを買ったコンビニからの帰りに自宅アパート玄関で鍵をさしこもうとしていたアシュリー・スミス（同26歳）を背後から銃で脅し、屋内に監禁する。午前2時30分過ぎのことだ。

　劇中のとおり、当時、彼女はペイジ（同5歳）という娘を持つシングルマザーだった。2001年に薬物トラブルをめぐる殺人事件で夫を亡くし、以来、覚醒剤の常用者に。ペイジとの同居は許されず、普段、愛娘は叔母のもとで暮らしていた。

捕われた女

2015／アメリカ／監督：ジェリー・ジェームソン◉2005年に米アトランタで起きた法廷内殺人事件を題材に、脱走犯と人質になった女性の運命を描く。実際に犯人に監禁されたアシュリー・スミスが2010年に出版した回顧録『Unlikely Angel』が原作。

捕われた女

◀▼スミス本人と、ニコルズの人質となった自宅アパート

全ては神から始まる。あなたではない

ニコルズはスミスを延長コードとマスキングテープで拘束したうえで、自分の正体を明かした。恐怖に怯えるスミスにニコルズは麻薬を持っていないか、と尋ねる。対し、スミスが隠し持っていた覚醒剤を与えたのは劇中のとおりで、あくまでニコルズの興奮を抑え、我が身を守るためだった。実際、覚醒剤を鼻から吸引したニコルズは徐々に落ち着きを取り戻し、スミスの拘束を解き、生まれたばかりの子供のことなど身の上話をするようになった。対し、スミスも夫が過去に殺害されたこと、覚醒剤のせいで過去に交通事故を起こし大怪我を負ったこと、未だドラッグをやめられない苦悩などを口にし、必死にニコルズの信頼を得ようと努める。

映画のキーワードとも言える『目的主導の人生』の一節を、スミスがニコルズに読み聞かせたのも事実だ。これはキリスト教牧師のリック・ウォーレンが2002年に出版した聖書学習本で、1ヶ月前にクリスチャンの叔母からスミスが譲り受けたものだった（劇中では、薬物依存症回復支援グループの女性からもらったことになっている）。もっとも、映画のようにニコルズのほうから頼んだわけではなく、実際には、少しでも彼の気分を落ち着かせるため、また時間稼ぎのためにスミスがニコルズの了承を得たうえで朗読した。

「全ては神から始まる。あなたではない。あなたの家族や仕事、壮大な夢や野心より尊い。神に与えられたものを最大限にいかそう」

これを黙って聞くニコルズ。そしてスミスは自首を勧める。何も答えないニコルズ。そして朝、スミスは彼にパンケーキを食べさせ10時ごろに家を出る。娘と会う約束があったからだ。劇中のス

▲スミスがニコルズに読み聞かせた『The Purpose Driven Life（目的主導の人生）』

ミスが確信していたように、ニコルズは彼女を止めなかった。そのまま、スミスは911に通報、警察がアパートを取り囲み、11時24分にニコルズが両手を上げて家から出てきて投降する。ちなみに、映画ではこのとき、スミスが現場に戻り、警察に促されニコルズにマイクで投降するよう呼びかけているが、そのような事実はない。一方、これも劇中に説明はないが、スミスは犯人逮捕に大きく貢献したとして、提示額より多い7万2千500ドルの報奨金を受け取った。

映画は、スミスが事件後に薬物を絶ち2007年に再婚したこと、ニコルズが終身刑になったことを字幕で告げて終わる。事実そのとおりなのだが、ニコルズに下された判決は大きな物議をかもした。

2005年時点で、アメリカ全50州のうち死刑を実施していたのは半分の25州。事件が起き裁判が開かれたジョージア州も後者で、検察は当然のように死刑を求刑した。身勝手な理由で何の落ち度もない4人を殺害し、さらに元恋人への誘拐・強姦罪などを加えれば、量刑は死刑が相当である。対し、ニコルズの弁護側は心神喪失を理由に無罪を主張。極刑を念頭に置いたうえでの、せめてもの弁明だと誰もが予想した。しかし、2008年12月13日、フルトン郡の大陪審が最終的に下した判決は仮釈放のない終身刑。陪審員12人のうち9人が死刑を選択したものの、残り3人が終身刑が相当と判断した。日本では多数決で刑が確定するが、ジョージア州は全員一致がルールで、1人でも反対意見があれば死刑にならないのだ。

この結果を受け、世論が紛糾する。4人を殺害して終身刑という判例が出た限り、今後、同じような残虐な殺人事件が起きても死刑にできないのではないか。死刑に関する考え方はそれぞれだが、いずれにしろニコルズの刑は確定。現在、彼はジョージア診断分類州立刑務所に収監されている。ちなみに、本事件では犠牲者のバーンズ判事とジュリー・ブランドーの遺族がフルトン郡に対して民事訴訟を起こし、同郡がそれぞれに500万ドルを支払うよう命令する判決が下されている。

陪審員12人のうち3人が死刑に反対し終身刑に

◀審理に挑むニコルズ
▼裁判で、バーンズ判事が射殺された際の様子を再現する検察

ロード・オブ・カオス

ブラックメタルバンド「メイヘム」メンバー、自殺・放火・殺人事件

悪魔崇拝主義を標榜した4人組の真実と嘘

2018年公開の「ロード・オブ・カオス」は、ブラックメタルのパイオニアとされるノルウェーのバンド「メイヘム」のメンバーが実際に起こした連続放火・殺人事件の真相に迫る実録作品だ。映画は事件にいたる過程を克明に追っているが、『真実、嘘、そして実際に起こったことに基づいている』とのサブタイトルどおり、どこまで本当でどこからが虚構なのかを区別するのは難しい。

ライブ中に豚の首を客席に

映画の舞台は1987年のノルウェーの首都オスロから始まる。主人公は19歳のユーロニモスことオイスタイン・オーシェト（1968年生。演：ロリー・カルキン）で、彼は1年前にギタリストとして参加したバンド、メイヘムの活動に夢中だった。

ユーロニモスが目指していたのは北欧に端を発し、後に世界に広まったブラックメタルと呼ばれるアングラ音楽である。金切り声のようなボーカル、音を強めに歪ませたギターでのトレモロ、そしてサタニズムや黒魔術の反キリストを強く打ち出した歌詞。ユーロニ

▲劇中の「メイヘム」メンバー。左からデッド役のジャック・キルマー、ヘルハマー役のアンソニー・デ・ラ・トーレ、ユーロニモス役のロリー・カルキン、ネクロブッチャー役のジョナサン・バーンウェル。映画「ロード・オブ・カオス」より

モスも胸までの長髪を黒く染め、悪魔崇拝をアピールしていた。

1983年に結成したもののメンバーが定まらなかったメイヘムが本格的に動き出すのは、デッドことペル・イングヴェ・オリーン(1969年生)がボーカルとして加入する1988年からだ。映画で描かれているように、彼は実際に十字架に磔《はりつけ》にしたネズミの死骸とデモテープを同封、ユーロニモスに郵送してきた筋金入りの〝変人〟だった。また、映画で詳細は語られていないが、デッドは少年期に学校でいじめに遭い、10歳のときに暴行を受けて脾臓が破裂。奇跡的に蘇生・回復したものの、この際の臨死体験により、死に取り憑かれていた。それがためか、ライブ中に自分の腕をナイフで切り刻み、己の血を観客に浴びせたのも、豚の首を客席に投げ込んだのも全て劇中のとおりである。

後にドラムのヘルハマーは、デッドについて「とても奇妙な性格で抑鬱的、憂鬱、そして暗かった」と証言しているが、どうやらデッドは「コタール症候群」(自分がすでに死亡している、存在しない、腐敗しているという妄想的信念を抱く精神障害)だったらしい。劇中では描かれていないが、飢えによる苦痛を得ようと絶食し、肌を青白くするためメンバーに自分を土に埋めるよう頼み、葬儀の予告が書かれているTシャツを着用した。また、死者としてステージに上がりたいと公言、しかも服が腐敗して〝墓〟の香りがするように、ライブ前は自分のステージ衣装を土に埋めていたというのだから徹底している。さらには、ツアー中に鳥の死骸を見つけると、それをポリ袋に入れて持ち歩き、「死臭を伴って歌うため」ライブ直前に死骸の臭いを嗅いでいたらしい。

▼1990年ごろの実際の「メイヘム」。
左から、デッド、ヘルハマー、ユーロニモス、ネクロブッチャー

そんなデッドが、ナイフで手首と首を切り裂いたうえ、頭をショットガンで撃ち抜き自殺するのは1991年4月8日(享年22)。遺体を見つけたのはデッドと同居していたユーロニモスだ。劇中のとおり、彼は警察に通報する前に写真を撮影し、後にバンドのアルバムジャケットに使用する。一般常識からは外れているが、映画は、バンドや自分に箔を付けるための行動にすぎない、とユーロニモスを好意的に描く。

しかし、実際の彼は邪悪な一面があり、バンドを神格化するため

ロード・オブ・カオス

2018/イギリス・スウェーデン・ノルウェー/監督:ヨナス・アカーランド◉ブラックメタル黎明期の中核的存在だったノルウェーのバンド「メイヘム」の放火や殺人にいたる狂乱の青春を描いた実録作品。マイケル・モイニハン&ディードリック・ソーデリンドが著したノンフィクション『ブラック・メタルの血塗られた歴史』が原作。

▲ヴァーグ（左）とユーロニモス

▲自殺したボーカルのデッド。「コープスペイント（死化粧）」を使った初のブラックメタル・ミュージシャンとして知られている

か、しばしばデッドに自殺を勧めていたのをメンバーに目撃されている。事件当日、ユーロニモスが出かけてデッドを１人にしたのも、自殺を促すためだったのではないかと推察されている。また、映画では触れられていないが、当時顔見知りで、後にユーロニモスを殺害するヴァーグ・ヴィーケネス（１９７３年生）が、まるで自殺を促すかのようにデッドに散弾銃の銃弾を送り付けており、実際にデッドはその弾で亡くなった。

事件終結後もバンド活動は継続中

デッドの死後、ベースのネクロブッチャーが脱退し、バンドは空中分解するも、１９９２年にセッション・メンバーとしてボーカルのアッティラ・シハー（１９７１年生）と、前出のヴァーグがベー

自殺したボーカルの遺体写真をアルバムジャケットに使用

▲1993年にリリースされた海賊盤。ジャケットにはユーロニモスが撮影したとされるデッドの自殺体写真が用いられている

スとして加入。と、教会への放火事件が相次ぐようになる。

メディアは「悪魔崇拝集団」（ブラックメタル・マフィア）のインナーサークル（内部メンバー）による犯行と、おどろおどろしくセンセーショナルに報道した。実際は彼らのファンによる悪ノリだったのだが、メディアは「ユーロニモスがデッドの飛び散った脳をスープにした」「デッドの割れた頭蓋骨の欠片を集めてネックレスにした」など嘘八百の与太話を広め、ユーロニモスを意図的に否定せず、カリスマ性を高めようとした。

これに強い対抗意識を抱いたのがヴァーグで、彼はユーロニモス

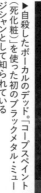

より自分のほうが凄いと、１９９２年６月６日、古いキリスト教の教会に火をつける。映画では明確に描かれていないが、実はヴァーグはユーロニモスに恋心があり、その気持ちを告白することさえ叶わなかったことへの当てつけだったらしい。そして、１年後の１９９３年８月10日、オスロのユーロニモスのアパートで彼を刺殺。映画はここで終わるが、逮捕されたヴァーグには、翌１９９４年、教会への放火（立件されたのは４件）と殺人罪で当時のノルウェーでの最高刑（懲役21年）の判決が下った。動機について本人は、ユーロニモスが遅かれ早かれ自分を殺そうとするだろうから自分を守るためにやったと供述。現在に至るまで正当防衛を主張している。推測では、あくまでブラックメタルはアンダーグラウンドであるべきと主張するユーロニモスに対し、大手音楽レーベルと契約したいヴァーグとの不仲が原因のようだ。

　ヴァーグの逮捕にともない、彼とともに教会放火を行っていた仲間が芋づる式に摘発。一連の騒動は決着したが、実際は映画で描かれたより凶悪で、１９９２年から１９９５年にかけてノルウェー全土で28の教会への放火、違法薬物使用、拷問を伴う儀式があったことが確認されている。

▼ユーロニモス殺害容疑で裁かれるヴァーグ（左から2人目。オスロの裁判所にて1994年5月13日撮影）

　事件後、ヴァーグは獄中で音楽を作り続け、オーディニズム、哲学、神話に関する本や記事を執筆。約15年の服役を経て、２００９年に出所すると、フランスに移住して活動を再開したが、彼の思想は伝統主義、反自由主義、ナショナリズム、外国人排斥へと傾き、２０１４年にはユダヤ人とムスリムに対する人種差別を扇動したとして、フランス当局から告発され、有罪判決を受けている。

　一方、メイヘムは、ユーロニモス殺害事件により解散状態となったものの、１９９４年にドラムのヘルハマーを中心に再結成。５月には、ユーロニモスが立ち上げたレーベル「デスライク・サイレンス・プロダクション」から１９９２年ごろに録音された１stアルバム「De Mysteriis Dom Sathanas」をリリース、ブラックメタル史に名を刻む大傑作と評され、以後も、メンバーを替えながら活動を続け、２０２３年には日本公演も果たしている。

▼現在のメイヘム。写真中央のネクロブッチャー（ベース）はデッドが自殺した1991年にバンドを脱退するも、1994年に復帰

NASA女性宇宙飛行士、リサ・ノワック事件

痴情のもつれで元不倫相手の恋人を襲撃

ルーシー・イン・ザ・スカイ

ナタリー・ポートマンが、W不倫の果てに相手の男性に暴行を働く女性宇宙飛行士を演じた2019年公開の「ルーシー・イン・ザ・スカイ」。映画は2007年に実際にNASA（アメリカ航空宇宙局）を舞台に起きた不倫スキャンダルを題材としているが、設定やストーリーは大幅に脚色されている。

ずるずると続いたW不倫の関係

物語は、主人公ルーシーが初の宇宙滞在ミッションを終え帰宅したところから始まる。優しい夫ドリューと、同居する姪のアイリスの3人暮らし。暮らしに何の問題もなかったが、宇宙での体験から世界観が変わり、刺激を求めるように同僚の男性飛行士で二児の父であるマークとの浮気にハマる。しかし、女好きなマークは訓練生のエリンにも手を出しており、それを知ったルーシーは激しい嫉妬で精神を崩壊させていく。

ルーシーのモデルになったリサ・ノワックは1963年、米ワシントンD.C.で生まれた。1969年、6歳のときにアポロ11号の月面着陸をテレビで見てから宇宙に強いを憧れを持つようになり、

▲主人公を演じたナタリー・ポートマン。映画「ルーシー・イン・ザ・スカイ」より

▲事件を起こしたリサ・ノワック本人
（事件1年前の2006年撮影。当時42歳）

高校を首席で卒業後、メリーランド州アナポリスの海軍兵学校に入学。テストパイロットとして1千500時間の経験を経て、1996年に念願のNASAの宇宙飛行士として採用され、テキサス州ヒューストンのジョンソン宇宙センターに配属となる。

スペースシャトルの搭乗者として初めて宇宙で滞在したのは入局11年目の2006年7月。映画とは違い、このとき彼女は、1988年に結婚した、兵学校の同級生の夫リチャードとの間に3人の子供（1992年に男子、2001年に双子の女子）がいた。マークのモデルになった年下のウィリアム・オーフェライン（1965年生まれ）と知り合うのは、NASAに入る1年前の1995年。同じ飛行訓練に参加していたことから会話を交わすようになり、ウィリアムが初の宇宙ミッションをこなした5ヶ月後の1999年5月ごろから不倫関係に陥った。映画と同様、ウィリアムも既婚者で2

児の父親だったが、関係はだらだらと続き、それはNASAの中でも公然の秘密となっていく。そして2005年に2人が密会していることを示すメールをウィリアムの妻が発見し、同年5月にオーフェライン夫妻は離婚（劇中では何らかの理由で別居していることになっている）。アパートで1人暮らしを始めたウィリアムのもとへ、リサは足繁く通った。ちなみに、劇中でルーシーの夫はNASAの広報官を務めていることになっているが、実際の夫リチャードは1998年に海軍飛行士官を退いた後に就職した民間の航空宇宙会社から派遣される形で、妻リサや、その不倫相手のウィリアムが所属するジョンソン宇宙センターでミッション管制センターの飛行管制官として働いていた。当然、噂は耳に入ってきて夫婦間でもトラブルに発展、2001年ごろには別居状態となっていた。

対し、劇中では、マークとエリンの仲を疑ったルーシーが夫に一方的に「好きな人ができた」と宣言、姪と一緒に家を出ていき暴走する姿が描かれる。しかし、現実は違う。姪は架空の人物で、リサは家族とも離れて暮らしていたため、ほぼ自由の身。そんな彼女をウィリアムは離婚して1年半、リサが初の宇宙ミッションを経験して3ヶ月後の2006年10月ごろから避けるようになった。存在が重くなってきたのが一つ、大きいのは新しい女ができたことだ。そ

ルーシー・イン・ザ・スカイ

2019／アメリカ／監督：ノア・ホーリー◉実在のNASAの宇宙飛行士リサ・ノワックが起こした事件を題材に、宇宙に魅せられた主人公が地球に帰還後、精神を病み、不倫の果てに取り返しのつかない罪を犯す姿を描く。ナタリー・ポートマンの狂気に満ちた演技が話題に。

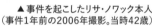

▶リサの長年の不倫相手だったウィリアム・オーフェライン本人（上。事件当時41歳）と、リサに襲われたウィリアムの新しい恋人コリーン・シップマン（同32歳）

れがエリンのモデルになったコリーン・シップマン（1974年生）である。2人がどんなきっかけで深い関係になったのかは定かではないが、彼女は劇中のようにNASAの訓練生ではなく、フロリダ州パトリック空軍基地で技師として働く女性だった。

1千500キロを紙おむつ携帯で爆走

映画の主人公ルーシーは、態度が冷たくなったマークのパソコンを無断で開き、メールの履歴から彼がエリンと交際しており、22時間後にサンディエゴ空港で密会する約束を交わしていることを把握。姪とともに2千200キロの道のりを車で飛ばし、空港駐車場でマークに虫よけスプレーを噴射する。現場に居合わせたエリンには、マークは悪い男でこの攻撃はあなたを守るためでもあると言い訳をするも、姪の通報で駆けつけた警察により逮捕される。

実際の事件も、メールの盗み読みが発生の端緒だった。2006

年末、リサはウィリアムに連絡を取り続けていた。彼の携帯電話はいつも留守電だった。当然ながらウィリアムは意図的に無視していたのだが、数多く残されたメッセージを聞き覚悟を決め、対面で別れを告げる。これからは友達でいよう。その言葉にリサは頷き、実際、2人はその後、チャリティの自転車レースに参加するため一緒にトレーニングに励むようになる。ウィリアムには望むべく形での関係解消だった。

だが、リサはウィリアムが一方的に別れを切り出してきたことに納得できずにいた。そこで、彼の留守中に合鍵を使いアパートに侵入、パソコンのメールを盗み見て、初めてコリーンの存在を知る。ショックと嫉妬と憎悪が体中を駆けめぐるなか、部屋の中からフロリダ州オーランド空港までの航空券を購入したレシートを発見した。ウィリアムがコリーンに会いに行くために買ったのは間違いない。飛行機到着は2007年2月5日の午前1時5分。ここに押しかけ、2人に危害を加えよう。リサの常軌を逸した行動が始まった。

同年2月4日深夜、彼女は夫リチャード所有の車に1人で乗り、勤務地のヒューストンからフロリダ州オーランドまで約1千500キロ（大阪〜札幌間に相当）の道路を爆走する。車に積み込んだのは、催涙ガス、空気銃、ナイフ、金槌、ゴムチューブなどの凶器と変装用のカツラ、フード付きトレンチコート、そして紙おむつ。おむつは途中でトイレ休憩を一切挟まないためで、この決意からもリサの狂気がうかがい知れる。

空港には日付が変わった5日の午前0時過ぎに着いた。車を止め、変装を終えた後、空港ロビーでコリーンを待ち構える。後の証言によれば、ウィリアムを迎えに来たところを誘拐、彼女だけに危害を加える計画に変更したそうだ。飛行機到着は予定より大幅に遅れた。コリーンは一向に姿を現さない。3時15分、ようやく飛行機が着き、乗客がロビーに顔を見せ始める。そこに写真でしか見たことのないコリーンの姿があった。なぜか、ウィリアムは一緒じゃない。そのまま尾行し、コリーンが駐車場で車に乗ったところで窓を叩き、ドアを数センチ開けさせたうえで、その隙間から催涙スプレーを噴射した。コリーン自らの通報により、リサが現行犯逮捕されるのは、それから数分後のことだ。

裁判所は2万5千500ドル（当時のレートで約300万円）でリサの保釈を認めたものの、リサが今後コリーンやウィリアムに接近することを禁じ、所在を確認するためにGPS装置を足首に装着することを命じた。一方、NASAは同年3月7日付けで彼女を解任。最終的に裁判で殺人未遂と誘拐未遂の罪で有罪判決が下ったものの、1年間の執行猶予付きで、リサが収監されることはなかった（2009年11月）。

映画は事件から3年後、ルーシーが養蜂農場で働き、心の安定を取り戻したシーンで終わる。そこには夫の姿もあり、明るい未来さえ予感させる。が、実際には、リサと夫リチャードは事件から1年4ヶ月後の2008年6月に正式に離婚。リサは海軍で仕事を与えられていたものの、2010年には退職し、その後、テキサス州の会社で働きながら静かに暮らしているという（2017年時点。2023年11月現在、存命）。

片や、ウィリアムも事件後にNASAを退職しコリーンと結婚。子供にも恵まれ、現在はアラスカ州で夫婦ともどもフリーライター兼写真家として働いているそうだ。

▲2007年2月5日、オーランド国際空港の監視カメラが捉えた、変装しロビーをうろつくリサ
▼公判に臨むリサ。精神鑑定の結果、事件当時、強迫性パーソナリティ障害を患っていたと診断された

殺人未遂と誘拐未遂の罪で有罪判決が下るも執行猶予に

10歳の少年2人が犯した戦慄の犯行

英リバプール2歳男児、ジェームス・バルジャー誘拐暴行殺害事件

1993年、イギリス・リバプールで衝撃的な事件が起きた。当時2歳の男児がショッピングモールで10歳の少年2人に誘拐、暴行を受けた後、生きたまま線路に放置され轢死させられたのだ。2018年の映画「Detainment（拘束）」は加害少年の供述テープに基づき、取り調べの様子を忠実に再現した30分の短編作品だが、製作にあたり遺族の了承を得なかったとして猛抗議を受けている。

悲惨な家庭環境で育った2人が意気投合し

イングランドの北西部、マージーサイド州カークビーに住む2歳の男児ジェームス・バルジャーが、母親デニスに連れられリバプールのニュー・ストランド・ショッピングセンターを訪れたのは1993年2月12日のことだ。15時40分ごろ、精肉店で買い物をするため母親はジェームスを店の前で待っているよう言いつける。十数分後、レジで会計を済ませ店を出ると、なぜか息子がいない。母親は慌てて辺りを捜すもジェームスは見つからず、直ちに警察に失踪届を提出した。

Detainment（拘束）

▲通行人（左）に声をかけられる劇中のカットは事実に基づいており、犯人の2人はジェームスと一緒にいるところを38人に目撃されていた。中央左から順にヴェナブルズ役のイーリー・ソラン、ジェームス役のケイレブ・メイソン、トンプソン役のレオン・ヒューズ。映画「Detainment」より

手がかりはすぐに見つかる。警察がショッピングモールの監視カメラを確認したところ、同日15時42分に、ジェームスが1人の少年と手を組みモールの外に出ていく姿が映っていた。監視カメラは、その数時間ほど前から2人の少年がモール内をうろつき、人を物色するような姿も捉えており、警察はこの映像をテレビで公開。視聴者からの情報提供で、2人が地元の小学校に通うジョン・ヴェナブルズとロバート・トンプソン（共に1982年、リバプール生）と特定し彼らを別々の警察署に勾留、事情を聞く。

　本作はこの際の様子を描写したもので、劇中のとおりヴェナブルズは頑なに関与を否定、手を繋いだ男児は自分の弟だとすぐにわかるウソをついたり、時折泣きわめいて捜査員を翻弄した。一方、トンプソンは男児を連れ去ったのはヴェナブルズで、その後のことは一切知らないと供述。

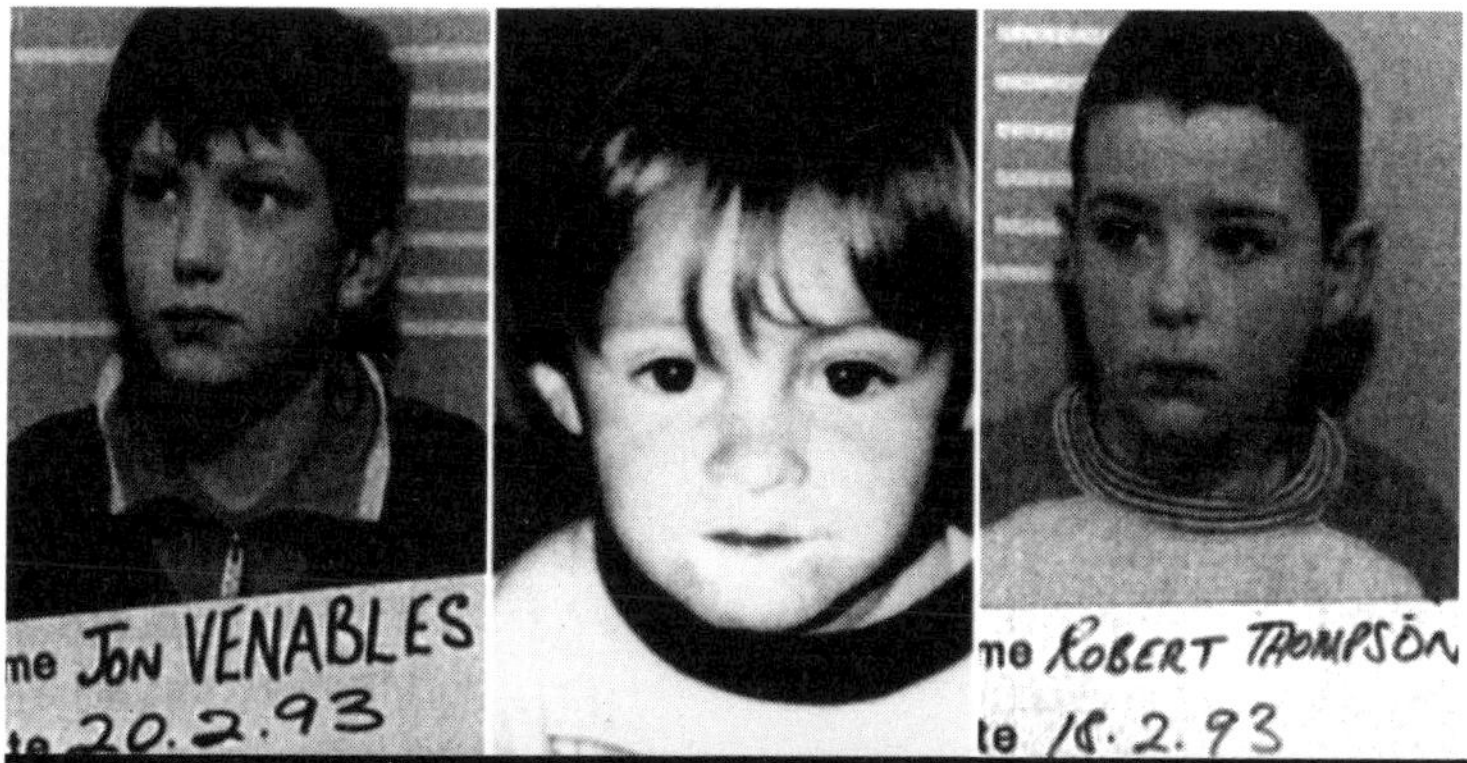

◀警察署内で撮影されたジョン・ヴェナブルズ（左）とロバート・トンプソン（右）のマグショット。中央が2人に誘拐・殺害されたジェームス・バルジャー

映画は2人の取り調べを中心に時折、犯行シーンを短いカットバックで挟むだけで詳細はあえて語らないが、実際の犯行はおぞましいものだった。

　トンプソンは7人きょうだいの末っ子で、両親ともにアルコール依存症だった。父親は母親や子供たちに暴行・性的虐待を繰り返し、トンプソンが5歳のときに蒸発。年上のきょうだいからもたびたび暴行を受けていた彼は一時、児童保護施設に預けられ、自殺未遂を起こしたこともあった。ヴェナブルズに出会ったのは事件2年前の1991年。彼の両親も早く離婚し、その後母親が育児を放棄するとヴェナブルズに情緒障害が現れ、ハサミで自分の腕や身体を切りつける自傷行為を繰り返すようになった挙げ句、小学校の同じクラスの生徒を絞め殺そうとする事件を起こし学校を転校、その転校先がトンプソンの通う小学校だった。悲惨な家庭環境で育ったもの同士、打ち解けるまでに時間はかからず、学校をサボってはツルんで遊び回った。

　1993年2月12日も学校に行かなかった2人はショッピングモールに出かけ、プラモデルの塗装用塗料の青色と、電池1パッケージを万引きした。そして1人で精肉店の前にいたジェームスを誘拐、4キロほど離れた街外れの貨物線の線路まで連れていき、ズボンと

Detainment
（拘束）

2018／アイルランド／監督：ヴィンセント・ランベ◉日本未公開。10歳の少年2人が2歳の男児を惨殺し、イギリスはもちろん世界を震撼させたジェームス・バルジャー事件を題材に、犯人の2人が警察で受けた取り調べの様子を描いた社会派ドラマ。遺族から非難されたものの作品は高い評価を受け、第91回アカデミー賞の最優秀実写短編映画賞にノミネートされた（受賞はならず）。

▼1993年2月12日、リバプールのショッピングモールの監視カメラが捉えた映像。手前の2人が手を組みモール外へ出ようとするヴェナブルズと被害者のジェームス。そのすぐ前の黒い服の男性がトンプソン

パンツを脱がし、陰茎をいじくり回し、万引きした青い塗料をぶちまけた。さらに2人はジェームスに石やレンガを投げつけ、最後に重さ10キロの鉄板で頭部を何度も殴打。その後、ジェームスの口に、盗んだ電池を詰め込み、ウォルトン・アンド・アンフィールド駅近くの線路上に放置する。ほどなく列車が通過し、ジェームスの胴体は真っ二つに切断。その無惨な姿が発見されるのは、失踪3日目の2月14日のことである。

釈放後、児童ポルノ所持で再逮捕

ヴェナブルズとトンプソンは、警察から、被害者の顔面に塗られ

▶ジェームスの無惨な轢死体が見つかったリバプールのウォルトン・アンド・アンフィールド駅近くの線路(1993年2月14日)

列車に轢かれるよう、生きたまま線路上に遺棄

Detainment (拘束)

たものと同じ青ペンキが服に付着していたこと、靴にも血痕が付着しており、それがDNA鑑定でジェームスの血液と一致したことを突きつけられると、観念したように犯行を自供する。が、肝心の動機については曖昧な供述を繰り返すだけだった。ただ、後の調べで彼らが事件の少し前に1991年の映画「チャイルド・プレイ3」を観たことが判明。殺人者の魂を持った人形チャッキーが人間を惨殺していく人気ホラーシリーズ3作目のラストシーンで、チャッキーは青い塗料をかけられ、遊園地の列車に轢かれて死んでしまう。2人がこの場面を真似て「お遊び」でジェームスを惨殺した可能性は高いと言われている。

メディアは事件を大々的に報じた。逮捕時点こそトンプソンを「子供A」、ヴェナブルズは「子供B」と表記していたものの、裁判が近づくと英国法務省は事件が世間に与えた重大性を鑑みて、2人の顔写真・経歴・本名の公開を許可。イギリス社会は、これほど残酷な事件をまだ10歳の子供が犯したことに大きな衝撃を受ける。

1993年11月1日に始まった公判は、家庭裁判所ではなく成人の被告が審理を受ける南セフトン治安判事裁判所で実施された。ヴェナブルズとトンプソンの両被告は警察での供述を翻し、起訴内容である殺人、誘拐の容疑を否認したが、同月24日、下った判決は有罪。裁判所は「比類のない邪悪で狡猾、野蛮な犯罪」として懲役8年を宣告、後に世論に後押しされる形で15年に変更される。2人の年齢、生育環境を鑑みれば、日本だと少年院送りとなるところだが、当局は一切の情状酌量を認めず、彼らを別々の厳重警備施設に入れ、定期的な精神治療と教育を受けさせる。

しかし、事件から6年後の1999年12月、ヨーロッパ人権裁判所が「トンプソンとヴェナブルズへの裁判と判決は不当」との判決を下し、英国高等法院も減刑するとして、2人は2001年6月に釈放される。当然、プライバシー保護のため彼らの情報は秘匿されたが、メディアは2人の現在を追って暴露合戦を展開。その過程で、2012年8月、スコットランドに住む当時36歳の男性が身元を隠し名前を変えたトンプソンであるとの根も葉もない報道が出て、誹謗中傷を受けた男性が自殺するという悲劇も発生した。

イギリスメディアの報道によれば、釈放後、トンプソンは世間に溶け込めず麻薬を乱用、さらに窃盗行為を働き再逮捕されたが、現在は身元を隠したうえで会社員として働き、正式な妻もいるという。対し、ヴェナブルズは出所7年後の2008年に麻薬所持や暴行容疑で再逮捕、2年後の2010年には児童ポルノ画像を自宅に隠し持っていたとして三度逮捕され、2年の禁固刑を受けている。さらに2017年に、またも児童ポルノ所持の容疑で捕まり投獄された。このとき、被害者ジェームスの母親デニスは自身のツイッターに「ほらみろ、またやったでしょ」と投稿したそうだ。

息子を殺された彼女は事件後、夫と離婚し、別の男性と再婚し新しい家庭を築いた。が、心に負った傷は癒えておらず、2018年映画「Detainment」が公開された際には、事前に何の連絡も受けていなかったとして猛抗議。2019年1月、本作が第91回アカデミー賞の最優秀短編実写映画賞にノミネートされたことを知ると、オスカーの検討対象から除外するよう約23万人の署名を集め、同作監督のヴィンセント・ランベに送りつけた。対し、ランベは表現の自由を理由に、抗議を受けつけなかった。

▼息子の死を受け、悲痛な面持ちでメディアの取材に応じる父ラルフ(左)と母デニス。夫妻は事件後、ほどなく離婚し、それぞれ別の家庭を持った

▲2019年、事前に何の相談もなかったとしてテレビで映画を非難するデニス

ミセス・ハリスの犯罪

痴情のもつれの果てに待っていた最悪の結末

名門校の校長ハリスが恋人の心臓専門医を射殺した本当の理由

2005年の米テレビ映画「ミセス・ハリスの犯罪」は、名門女子校の女性校長が年上の男性医師と恋仲になり、やがて彼を殺害するまでの経緯を描いたサスペンスドラマだ。中年男女の痴情のもつれの果てに待っていた最悪の結末。映画は、1980年にアメリカで実際に起き、そのスキャンダルな内容からメディアがこぞって報じた、ある殺人事件を題材としている。

男が自分より20歳以上年下の女に心変わり

物語は、いきなり殺人の場面から始まる。1980年3月10日夜、医師ハーマン・ターナウアー（1910年生。当時69歳。演：ベン・キングズレー）の家に、恋人のジーン・ハリス（1923年生。同56歳。演：アネット・ベニング）が訪れる。つれないターナウアーの態度をさんざん愚痴った後、ハリスは思いつめたようにピストルをこめかみに当てる。慌てて止めるターナウアー。2人が揉み合ううち、銃が暴発しターナウアーの腕に命中。大変なことをしてしまったと、ハリスは改めて自殺を図るべく銃の引き金を引くが、な

▲主演のアネット・ベニング（右。ハリス役）とベン・キングズレー（ターナウアー役）。映画「ミセス・ハリスの犯罪」より

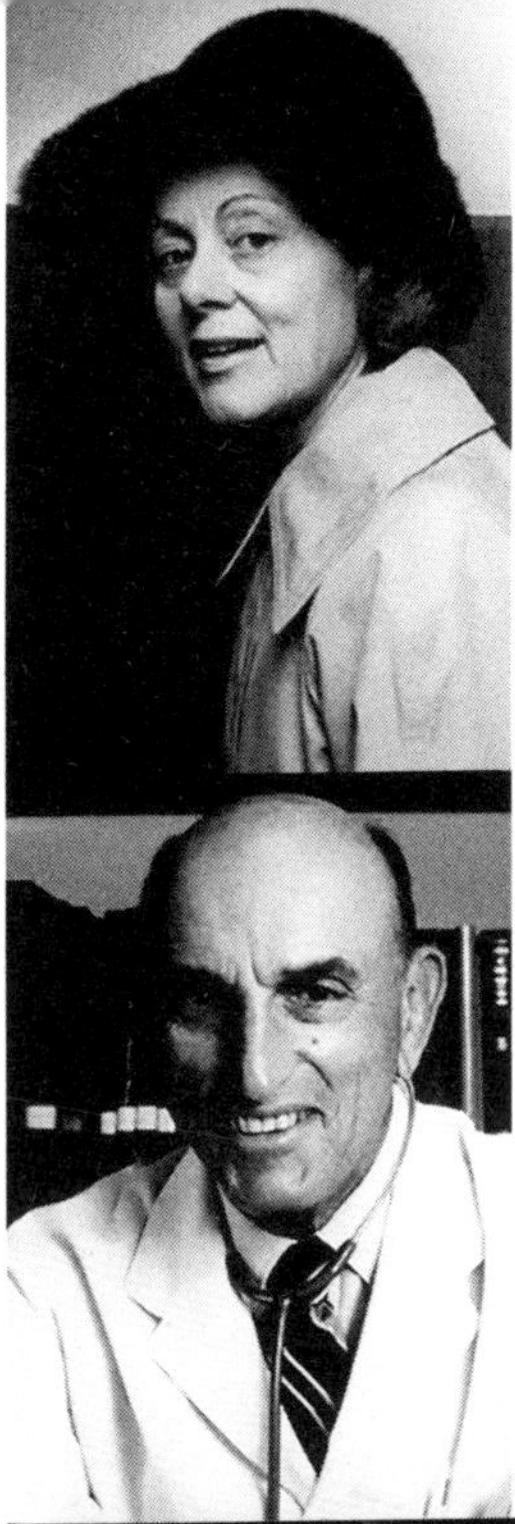

◀ジーン・ハリス(上)とハーマン・ターナウアー本人

ぜか弾が出ない。血を流しながらハリスから銃を取り上げようとするターナウアー。再び揉み合いとなり、今度は弾が彼の腹部を貫く。ハリスは警察と救急に連絡するも、ターナウアーは搬送先の病院で息を引き取る。なぜ、こんなことになったのか。映画はここから回想シーンとなる。

2人が知り合ったのは、事件から14年前の1966年12月。当時、ハリス（同43歳）は離婚したばかりで、ペンシルベニア州フィラデルフィアで高校教師を務めながら男児2人を育てていた。友人に誘われニューヨークのディナーパーティに出かけたその日、彼女は運命の相手となるターナウアー（同56歳）と出会う。ニューヨークで病院を経営していた独身の心臓専門医。頭は禿げ上がっていたものの、知的でユーモアのある彼にハリスは惹かれ、ほどなく恋仲となる。ターナウアーがダイヤモンドの指輪を渡しハリスにプロポーズする劇中シーンは、1967年の実際のエピソードだ。ハリスは2人の息子を転校させたくないと一度断るが、ターナウアーの熱意に押され申し出を承諾する。しかし、ほどなくターナウアーは考え直しプロポーズを撤回。関係が終わりになってもおかしくなかったが、この時点でハリスのほうがターナウアーに夢中になっていた。

ターナウアーはいわゆる独身貴族で、ニューヨークの社交界では名うてのプレイボーイとして知られていた。劇中でも、過去に彼と関係を持った女性たちがターナウアーについて語るシーンがあるが、抱いた相手は数知れず。ハリスも彼が大の女好きとはわかっていたものの、本命は自分と信じ、週末のたびにターナウアーの自宅へ通い、時に2人で世界各地を旅行する日々が10年近く続いた。

1975年、ターナウアーはニューヨーク医科大学の臨床医学教授に就任。確固たる地位を築く。一方、ハリスも1977年、バージニア州マクリーンにある上流階級向けの名門女子校、マデイラ・スクールの校長の任に就く。教育者としての実力が認められた栄転だったが、成績向上を望む生徒の親からの圧は想像以上で、彼女はそのプレッシャーから安定剤が欠かせなくなる。

もうひとつ、このころハリスには大きな悩みがあった。ターナウアーが自分の病院で看護師兼秘書として働く女性リン・トライフォロス（生年不明。演：クロエ・セヴィニー）と深い仲になっていたのだ。自分より20歳以上年下のシングルマザー（二度離婚歴あり。劇中では女児2人の母だが、実際は男児2人）で、仕事でも毎日、

ミセス・ハリスの犯罪

2005／アメリカ／監督:フィリス・ナジー◉「アメリカン・ビューティー」(1999)などで知られるアネット・ベニングと、「ガンジー」(1982)でアカデミー主演男優賞を受賞したベン・キングズレーが共演した、実話を基にした恋愛サスペンス。アメリカのテレビ局HBOが製作したテレビ映画で、日本では劇場公開されていない。

接する間柄。単なる愛人ではないとハリスが疑ったように、ターナウアーはしだいにハリスを避け、パーティなどには常にリンを同行させるようになった。ハリスは心を病み、そのうち自殺をほのめかす言葉を口にし始める。

弾が残っていたのに、なぜ自殺しなかったのか

劇中では詳しく描かれないが、ハリスは嫉妬でリンに嫌がらせの電話をかけたり、自分の宝石を彼女が盗んだかのようなデマを流した。そんな噂を聞き、ますますターナウアーの心はハリスから離れていく。さらに、１９７８年にターナウアーが出版し、約５４０万部の大ベストセラーとなったダイエット本『スケアズデール・メディカル・ダイエット』が追い打ちをかける。印税は１千１００万ドルにも上り、著者ターナウアーは世界的名声を獲得。実は本の執筆にあたってはハリスも協力していたが、彼女への謝礼はわずか４千ドルだった。一方、リンは本の口絵にターナウアーと共に掲載され、彼がゲスト出演するテレビやラジオのトーク番組にも頻繁に同行。

▲ターナウアーの新しい恋人となったリン・トライフォロス本人

▲ターナウアーが1978年に出版し、一大ベストセラーとなったダイエット本『The Complete Scarsdale Medical Diet』。事件を受け再び注目を浴びたが、内容は内臓疾患の患者のために脂肪や塩分などを控えさせるという医学的なアドバイスをまとめたものに過ぎず、今では全く評価されていない

もはやターナウアーの気持ちは完全にリンに移っていた。

それを悟ったのだろう。１９８０年3月10日夕方、ハリスは車を５時間走らせ、以前から護身用に所持していた回転式拳銃を手に、ニューヨーク州ウエストチェスター郡スカーズデールのターナウアー家を訪れる。劇中では描かれないが、この日、彼は自宅でパーティを開催し、そこにはリンも参加していた。ハリスが到着したのは21時過ぎ。パーティ客は帰宅しており、早寝が習慣だったターナウアーはすでに床についていた。

ほどなく銃声と悲鳴が聞こえ、それを聞きつけた使用人が部屋に駆け込むと、瀕死の状態で倒れているターナウアーの姿が。通報を受けた警察が現場に急行してまもなく、車で逃走していたハリスが戻ってきて自分が撃ったことを自供。ターナウアーは同日深夜に息を引き取った。

同年11月から始まった裁判で、ハリスは映画の冒頭のように、自

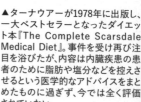

殺するつもりでターナウアー宅を訪れ、揉み合いのうち銃が暴発したと、事故死と無罪を訴えた。法廷でも、淑女として振る舞うハリスは多くの陪審員から、プレイボーイの医師に裏切られた女性として同情を集めた。しかし、検察は本件が間違いなく殺人であると強く主張する。ターナウアーが撃たれた後も銃に弾が残っていたにもかかわらず、なぜハリスは自殺しなかったのか。銃の暴発で4発もの弾が当たるだろうか。しかも、その中の一発が背中を撃ち抜いているのはなぜか。決定打となったのは、犯行当日、ハリスがターナウアーに出した手紙だった。そこで彼女は、リンのことを「邪魔な売女」と蔑み、彼女への不平や嫉妬、ターナウアーへの激しい怒りを便箋12枚に書き綴っていた。

1981年3月、陪審員は第2級謀殺罪で有罪を評決。言い渡された量刑は懲役15年以上の不定期刑だった。

ニューヨーク州のベッドフォードヒルズ刑務所に収監されたハリスは教育者としての才能をいかんなく発揮し、受刑者が出所後に生活するための道を説き、自伝を含む3冊の書籍を出版した。1992年に恩赦を受け釈放。映画公開から7年後の2012年、コネチカット州の老人施設で死去した（享年89）。一方、リンは事件後に病院を辞め鉄鋼会社に転職、2020年にこの世を去ったと伝えられている。

▲事件の舞台となったターナウアーの自宅
▼殺人罪で起訴され出廷するハリス（中央）

恋敵への恨み辛みを綴った手紙が有罪の決定打に

イギリス海軍情報部が世紀の大ウソを立案・実行

死体を別人に仕立て上げ ヒトラーを騙しきった 驚愕のミンスミート作戦

第二次世界大戦中の１９４３年４月、スペインの海岸に男の死体とブリーフケースが流れ着いた。ケースの中には、イギリス海軍将校の写真付きの身分証と、連合国軍が近くドイツ攻撃の足がかりとしてギリシャの沿岸に上陸するとの機密情報が記された書類が入っていた。これをイギリスの諜報機関による罠とも知らず、ギリシャに兵を集結させたドイツ軍を尻目に、連合国軍はイタリア・シチリア島に侵攻。大きな成果を挙げ、その後の戦局を有利に進めることになる。２０２１年公開の映画「オペレーション・ミンスミート－ナチを欺いた死体－」は、イギリスが仕かけた驚愕の謀略計画「ミンスミート作戦」の顛末を史実に基づいて描いた戦争ドラマである。

作戦のアイデアは「００７」の生みの親が提供

物語の舞台は１９４２年秋のイギリス。当時、第二次世界大戦のヨーロッパ戦線はナチス・ドイツの破竹の勢いが止まり、連合国軍と一進一退の切迫した局面を迎えていた。連合国軍は、ドイツと同じく敵対国であるイタリアのシチリア島を制圧することでヨーロッ

オペレーション・ミンスミート

－ナチを欺いた死体－

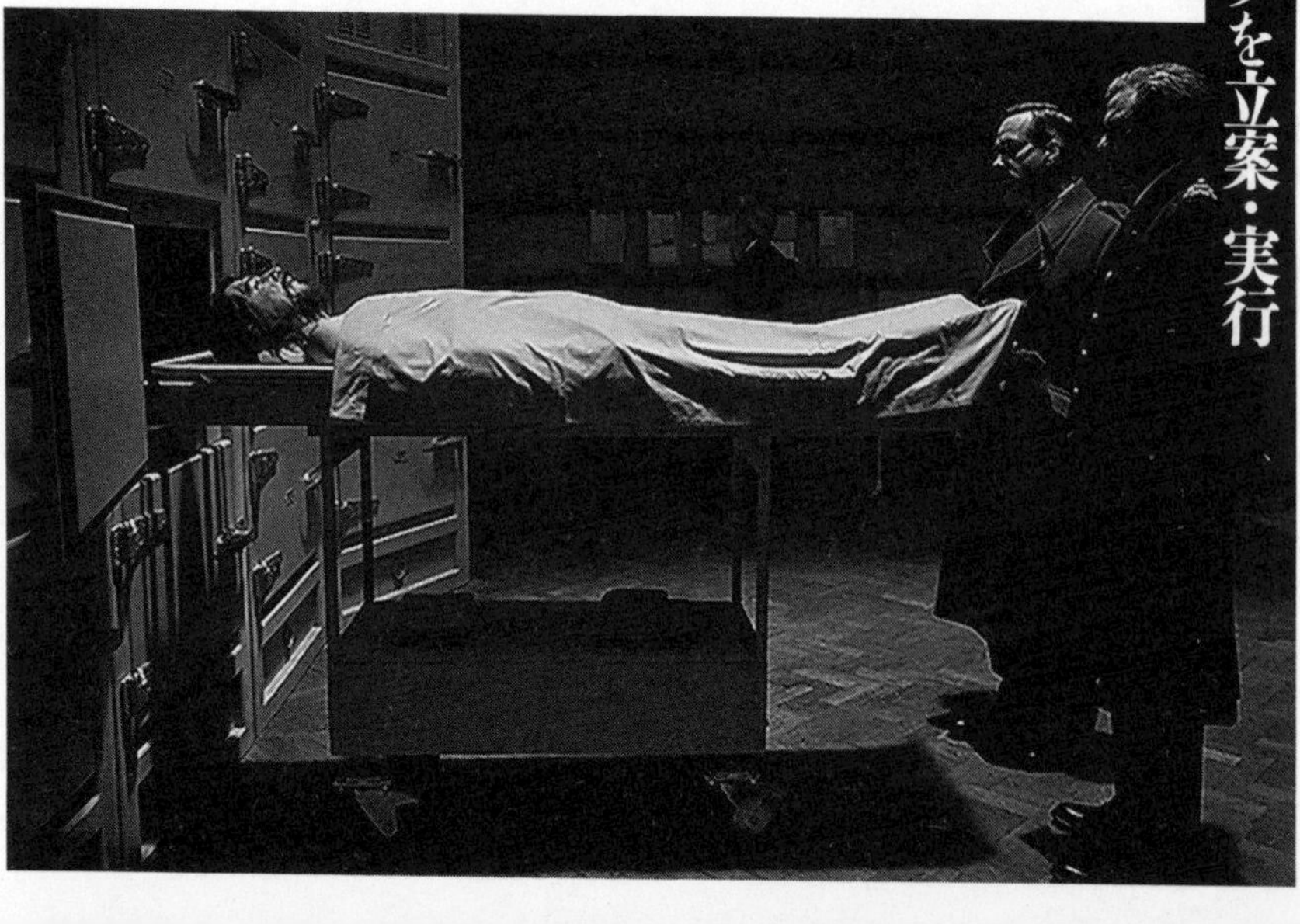

▶作戦に使用する死体を冷凍庫に入れる劇中シーン。映画「オペレーション・ミンスミート－ナチを欺いた死体－」より

パ大陸への侵攻が可能になると考えていたが、ドイツ軍もシチリアが連合国軍の次なる攻撃目標であることは明確に承知し、大量の兵士を送り込んでいた。

　そんななか、ヨーロッパ連合国軍の要、イギリス軍で一つの戦略が浮上する。ドイツ軍に別の場所を攻撃すると偽の情報を信じ込ませたうえでシチリアを攻撃してはどうか。時のイギリス首相、ウィンストン・チャーチル（1874年生）は謀略作戦に大きな関心を示し、すぐに実行に移すよう指示。その任務を担ったのが本作の主人公であるイギリス海軍情報将校のユアン・モンタギュー少佐（1901年生。演：コリン・ファース）と同空軍将校のチャールズ・チャムリー大尉（生年不明。演：マシュー・マクファディン）だ。

▲モンタギュー少佐を演じたコリン・ファース（左）と、チャムリー大尉役のマシュー・マクファディン。映画「オペレーション・ミンスミート -ナチを欺いた死体-」より

▲ユアン・モンタギュー（左）とチャールズ・チャムリー本人。写真は1943年4月17日、死体のスコットランド移送に同行した際に撮られたもの

　劇中に詳しい説明はないが、モンタギューはケンブリッジ大学とハーバード大学で学んだ秀才で、1924年に弁護士資格を取得。数多くの訴訟を担当した後、1938年にイギリス軍に入隊し、海軍本部の諜報機関である海軍情報部（NID）で辣腕を振るっていた。一方、チャムリーは空軍に入隊したものの、視力が悪かったことからイギリス国内の治安維持を担当する情報機関MI5に出向。上層部の命を受け、1942年10月に謀略作戦チーム「20委員会」（20は二重スパイの意）のリーダーとなったモンタギューの右腕として任務に就くことになる。

　2人が考えたのは、死体に偽装書類を持たせドイツを欺く作戦。具体的には、ギリシャ上陸という偽の文書を持ったイギリス人将校が飛行機事故に遭い墜落、海中で低体温症に陥り溺死し、当時中立的立場にあったスペインの海岸で流れついたところを発見させ、ドイツを撹乱しようというものだ。劇中でも描かれるとおり、もともとこのアイデアは1939年から海軍情報部に勤務し、20委員会のメンバーでもあったイアン・フレミング（1908年生。演：ジョニー・フリン）が提案したものとされる。このフレミングこそ後に世界を熱狂させる『ジェームズ・ボンド』シリーズの生みの親で、

オペレーション・ミンスミート
-ナチを欺いた死体-

2021／イギリス／監督：ジョン・マッデン◉第二次世界大戦中に大成功を収めたイギリス軍による奇想天外な欺瞞作戦の行方を、実話に基づいて描いたスパイサスペンス。2010年にイギリスの作家、ベン・マッキンタイアが著したノンフィクション『ミンスミート作戦　第二次世界大戦の流れを変えた真実のスパイ物語』が原作。作戦名に付けられた「ミンスミート」とは、イギリスで生まれた、ドライフルーツやリンゴ、ナッツなどを、砂糖やスパイスと一緒にラム酒やブランデーに漬けて煮込んだものを指す。

情報部員だった当時、彼が残した「トラウトメモ」と呼ばれる文書には、54ものスパイ作戦が記されていたそうだ。ちなみに、同シリーズの有名なキャラクターであるボンドの上司「M」はこの映画にも登場する海軍情報部の部長、ジョン・ヘンリー・ゴドフリー中将（１８８８年生。演：ジェイソン・アイザックス）がモデルである。

ウィリアム・マーティンという名の架空の将校

当初「トロイの木馬作戦」と呼ばれ、後に「ミンスミート作戦」と改名されたこの極秘プロジェクトは、慎重にも慎重を要した。戦争で敵を欺くスパイ戦が駆使されるのは常識。今回も、ドイツ側に、彼らが「全くの偶然ながらも確実に」死体を発見し、それをスペイン当局を介してドイツ情報部が検分し、本当に飛行機からの墜落事故で溺死したイギリス人将校が機密書類を所有していたと思わせる自然な状況を作らなければならない。

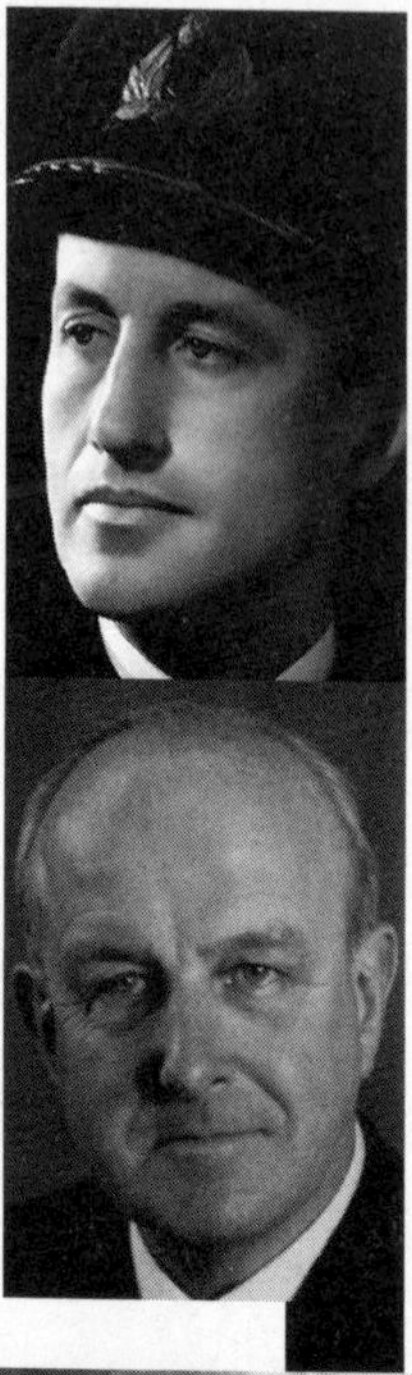

▶後にスパイ小説『ジェームズ・ボンド』シリーズで大ヒット作家となるイアン・フレミング(上)もイギリス海軍情報部に所属、作戦のアイデアを提供した。下は当時の情報部長で、ボンドの上司「M」のモデルにもなったジョン・ヘンリー・ゴドフリー

▲ミンスミート作戦を実行した20委員会のメンバー。前列、右から2番目がチームを率いたモンタギュー

オペレーション・ミンスミート ―ナチを欺いた死体―

１９４３年２月、作戦チームの仕事は、まず相手を欺くに適した死体を探すところから始まった。望ましいのは兵役年齢に達した、溺死したと思える無傷の男性の遺体。モンタギューはロンドンの著名な検視官ベントレー・パーチェス（１８９０年生。演：ポール・リッター）に依頼し、ほんの数日前に死亡したばかりの住所不定、34歳の路上生活者、グリンドゥール・マイケルの死体を入手する。死因は殺鼠剤を飲んだことによる自殺で、肺の中には滲出した体液が溜まっていた。溺死とも整合性が取れるピッタリの死体である。

モンタギューとチャムリーは、この死体をウィリアム・マーティンという架空の海兵隊将校に仕立て上げる。設定は１９０７年にウェールズで生まれた、イギリス軍統合作戦司令部所属の少佐。「マーティン」は当時、イギリス海兵隊にほぼ同じ階級に数人の同名者がいたため選ばれた名字で、仮にドイツ軍が名簿を調べても見つけにくいだろうとの狙いがあった。さらに、身分証を作るため、マイケルに似た外見の男性の写真を探し貼り付けた。この写真、映画ではロジャー・ディアボーンという名の軍曹（演：ローン・マクファディエン）の顔が使われているが、実際には当時ＭＩ５に所属して

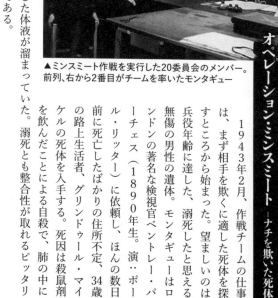

いたロニー・リード大尉（1914年生）のものだったと言われている。

さらに、モンタギューたちは、マーティン少佐という人物にリアリティを持たせるため、彼が所持していた（という設定の）ブリーフケースに様々な仕掛けを施す。一つは彼がパムという女性と交際しており、彼女の写真をバッグの中に持っていた事実作り。この写真には、当時、MI5で事務員を務めていたジーン・レスリー（1923年生。演：ケリー・マクドナルド）が海辺で撮った挑発的な

◀架空の将校マーティンの恋人としてブリーフケースの中に入れられた「パム」の写真。作戦当時、MI5の事務員だったジーン・レスリーが自身の写真を提供した。レスリーはシチリア侵攻に参加した男性兵士と結婚、2012年に88歳で亡くなった。下は劇中で彼女を演じたケリー・マクドナルド。映画「オペレーション・ミンスミート -ナチを欺いた死体-」より

スナップがあてがわれた。映画では、レスリーが写真を提供する条件として自分も作戦チームに加えてくれるよう要望、モンタギューがこれを許可し、後に彼との間にロマンスが生まれることになっているが、この辺りの描写は完全な創作。ただ、モンタギューは当時19歳で美貌の彼女にほんのり好意を抱いており、軍内部のパーティでは嬉しそうにレスリーとダンスを踊っていたそうだ。

ブリーフケースには他にも、パムがマーティン宛てに書いたラブレター、マーティンが彼女に贈った婚約指輪の宝石店からの請求書、映画館のチケットの半券、使用済みのバス乗車券、超過引き出しの返済を求める銀行支店長からの催促状など、マーティンがどこにでもいる少し金にルーズな男を演出するための所持品が用意された。

そして、最も重要なのが、ドイツを欺くための書類。劇中に詳しい説明はないが、書類は2通用意され、1つはイギリス陸軍参謀次長からイギリス中東軍司令官に宛てたもので、もう1つは統合作戦軍司令官からイギリス地中海艦隊司令官に宛てたもの。そこには「連合軍は北アフリカからシチリア島に上陸しようとしているが、これはおとり作戦であり、本命はギリシャ攻撃とサルディニア（イタリア半島西方、コルシカ島の南の地中海に位置する島）占領にある」という重要な偽の軍事機密が記された。

ラブレターに挟んだまつ毛の有無で成否を確認

マーティン（マイケル）の遺体は2ヶ月間、冷凍保管された後、戦闘服を着せ鋼鉄製の円筒ケースに収納。1943年4月中旬、MI5の専属ドライバーであるジョック・ホースフォール（1910

オペレーション・ミンスミート ―ナチを欺いた死体―

死体に戦闘服を着せ作戦決行

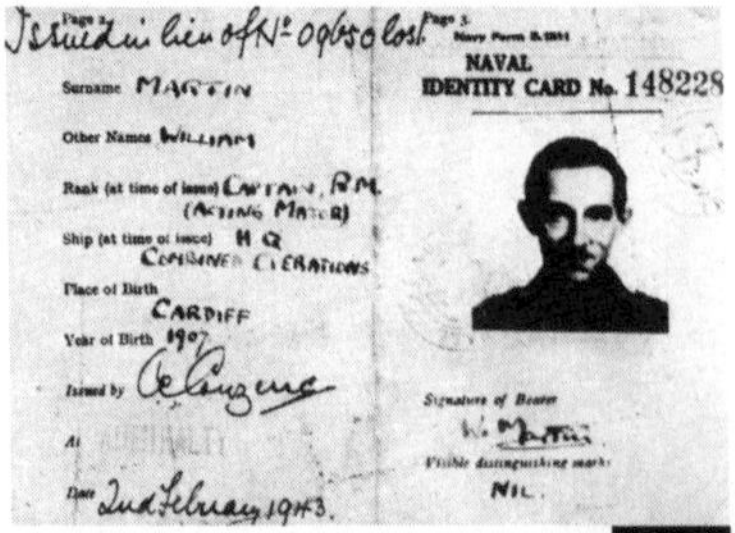

▲架空のイギリス海軍少佐、ウィリアム・マーティンの身分証

▲戦闘服を着せられウィリアム・マーティン少佐として円筒ケースに入れられるグリンドゥール・マイケルの遺体

▶死体を車で運んだMI5の専属ドライバー、ジョック・ホースフォール。写真はスコットランドまで行く途中に撮られたもので、彼が足を乗せているのが死体の入ったケース。ホースフォールは1949年にレース事故で死亡した(享年39)

年生。演：マーク・ボナー）がスコットランドまで車で運び、そこからビル・ジュエル中尉（1913年生）が船長を務める潜水艦「セラフ」へ移送された。セラフは19日に出港、海中を進み30日にスペインのウエルバという港町の沖合に到着する。同日午前4時30分、ジュエル中尉は遺体の入ったケースをデッキまで運び、マーティンに救命胴衣とブリーフケースを装着させた後、海に投棄する。劇中では描かれないが、このときジュエル中尉らは賛美歌39番を読み上げ、マーティンを哀悼するとともに作戦の成功を祈ったそうだ。

海流によって沿岸まで運ばれた死体が、地元の漁師によって発見されるのは、それから5時間後の30日午前9時30分頃。通報によって現場に駆けつけたスペイン当局による所持品のブリーフケースの検分により、死体の身元がイギリス海軍のウィリアム・マーティン少佐で、彼はイギリス軍の通信士としてジブラルタルへ向かう飛行機に搭乗中に墜落。溺死したと推定される。腐敗が始まっていた死体はすぐに埋葬され、ブリーフケースとマーティンの所持品はマドリードの陸軍参謀本部に引き渡された。ブリーフケースの中には極秘事項を記した書簡が含まれており、スペインはイギリス大使館にマーティン少佐の死とブリーフケースの存在を連絡。イギリス大使館はすぐにその返還を求めたが、スペインはその前にドイツ国防情報部のスペイン支部にも報告していた。同部はただちに書

箇を写真撮影し、あたかも何も開けていないかのように再封をして、スペイン側に返送、最終的にイギリスに戻される。モンタギューらはこの経緯をスペインに配した複数のスパイから知り得ていたが、問題はドイツが文書を読んだかどうか。そこで、確認したのがラブレターだ。劇中でも描かれるとおり、モンタギューらは事前にラブレターに折り目を付け、そこに女性のまつ毛を挟み込んでいた。それが失くなっていれば、ドイツ側が書類に目を通した可能性大。果たして、戻ってきたラブレターからはまつ毛が消えていた。

この機密書類はヒトラー自身も読み、当初は情報がウソではないかと疑っていたと言われる。が、最終的にヒトラーは「(ギリシャの)ペロポネソス半島とサルディニア防衛を他の作戦全てに優先させよ」と地中海のドイツ全軍に指令。そこに連合国軍はおらず、情報がウソだったことを知るが時すでに遅し。かねてから準備を進め

◀死体をスペインの海岸まで搬送、投棄した潜水艦「セラフ」。先頭の制帽の男性が船長のビル・ジュエル中尉

▲1943年7月10日、ドイツ軍の裏をかき、イタリア・シチリア島に侵攻する連合国軍

ていた連合国軍は1943年7月10日、シチリア占領作戦「ハスキー作戦」を始動し、不意打ちを食らったドイツ軍とイタリア軍をわずか1ヶ月で撤退に追い込んだ。全て、ウソのような本当の謀略計画、ミンスミート作戦の成果である。

作戦を指揮したモンタギューは戦後、イギリス海軍の艦隊法廷判事を務め1953年にはミンスミート作戦の回顧録を出版。1975年に判事を退官し、1985年7月、84歳でこの世を去った。一方、相棒のチャムリーは1952年までMI5に所属し、1982年6月に死亡(享年不明)。このとき81歳だったモンタギューは、『タイムズ』紙にチャムリーへの追悼文を寄稿したそうだ。

第二章

悪夢

映画「ウルフクリーク 猟奇殺人谷」より

テキサスタワー乱射事件、恐怖の99分間

元優等生が高さ90メートルから無差別に狙撃

「500ヤード離れた柱の陰の男を撃ち抜いたチャールズ・ホイットマンはどこで射撃を習った？　もちろん海兵隊だ！」

スタンリー・キューブリック監督の映画「フルメタル・ジャケット」（1987）で、海兵隊の鬼軍曹が新人隊員に檄を飛ばす有名な台詞に登場するチャールズ・ホイットマン。1966年夏、高さ90メートル強の展望台から銃を乱射し、15人を殺害した凶悪犯である。1975年公開の「パニック・イン・テキサスタワー」は、アメリカ犯罪史上に刻まれるこの惨劇が始まり終息するまでの99分間を、史実に偽りなく描いたサスペンス映画の傑作である。

16歳でリスの目を正確に撃ち抜く射撃力

映画は、若き日のカート・ラッセル演じるホイットマンが犯した凶行の顛末をつぶさに描写しているものの、事件に至る過程についての説明はほとんどない。

ホイットマンは1941年、フロリダ州レイクワースで3人兄弟の長男として生まれ育った。幼い頃から頭脳明晰で、6歳のときに調べた知能指数は139（平均は118）。さらにピアノの才能も

パニック・イン・テキサスタワー

▶ホイットマンを鬼気迫る芝居で演じたカート・ラッセル。映画「パニック・イン・テキサスタワー」より

◀チャールズ・ホイットマン本人と、事件の舞台となったテキサス大学の本部棟、通称テキサスタワー（手前の建物）

示すなど、将来を有望視される少年だった。12歳のときにはボーイスカウトで21個もの技能賞を得て、最高ランクであるイーグルスカウトに昇進したものの、父アドルファスは権威主義者で、自分のことを「サー」を付けて呼ばせ、何かミスを犯すやホイットマンはもちろん弟たち、母マーガレットに容赦なく殴る蹴るの暴力を働いた。絶対服従の父に連れられ、ホイットマンら兄弟は銃を手に、機会あるごとに狩りへ出かけた。ホイットマンはここで射撃の腕を磨き、16歳のときには、遠く離れた位置からリスの目を正確に撃ち抜くまでに上達する。

高校時代も成績優秀でクラスの人気者。卒業後は誰もが優秀な大学に進学するものと思っていたが、ある日、酒に酔って帰ってきたところを父に殴られ、家のプールに投げ込まれたことをきっかけに、父に黙って海兵隊に入隊する。１９５９年7月、18歳のときだ。

赴任地であるグアンタナモ湾の海兵隊基地でも、彼は非凡な才能を見せる。特に射撃の腕前がずば抜けており試験で２５０点中２１５点を獲得。18ヶ月間の任務を終えると、大学を卒業し士官になることを希望し、海兵隊の奨学金プログラムに応募。筆記試験で良好な成績を収めたため、１９６１年9月、後に惨劇の舞台となるテキサス州のテキサス大学オースティン校に入学し、機械工学を学ぶ。

５ヶ月後の１９６２年2月、キャンパスで知り合った2歳年下で教育学専攻のキャスリーンと交際を始めるも、時を同じくして成績低迷を理由に奨学金が打ち切りとなり、海兵隊に呼び戻される。同年8月、キャスリーンと結婚。海兵隊では模範的な隊員という評判を得る一方、奨学金を打ち切られたことに落胆し、ギャンブル場に入り浸っては高利貸しに借金を作った挙げ句、仲間の海兵隊員を脅迫。

パニック・イン・テキサスタワー

1975／アメリカ／監督：ジェリー・ジェームソン◉1966年にテキサス大学オースティン校で起きた銃乱射事件に基づいた実録ドラマ。日本ではテレビで「最新！日本未公開傑作選」の第1弾として放映された。本事件は1993年のマイケル・ダグラス主演の映画「フォーリング・ダウン」のモチーフに、また2016年のアニメ映画「テキサスタワー」の題材にもなっている。

▼ホイットマン一家。後列左から父アドルファス、長男チャールズ。前列左から三男パトリック、母マーガレット、次男ジョン

▶▼ホイットマンは21歳のとき19歳のキャスリーンと結婚したが、4年後の犯行前夜、自らの手で殺害した

軍法会議にかけられ30日間の禁錮、90日間の重労働、上等兵から降格を科せられる。

１９６４年12月、海兵隊を名誉除隊。テキサス大学オースティン校に復学し今度は建築工学を学ぶも、学費を稼ぎながらの勉学は難しく、現実から逃避するようにドラッグ依存に。追い打ちをかけるように、父の暴力に耐えかねた母が別れを決意し、１９６６年5月に正式に離婚。それでもしつこく復縁を迫る父の様子を見て、ホイットマンの様子がよりおかしくなる。毎日のように頭痛を訴え、周囲に暴力をふるい始めたのだ。異常行動は本人も自覚しており、妻の勧めもあったことから精神科でカウンセリングを受けるも、診断は特に異常なし。症状は改善されないまま、夏を迎える。

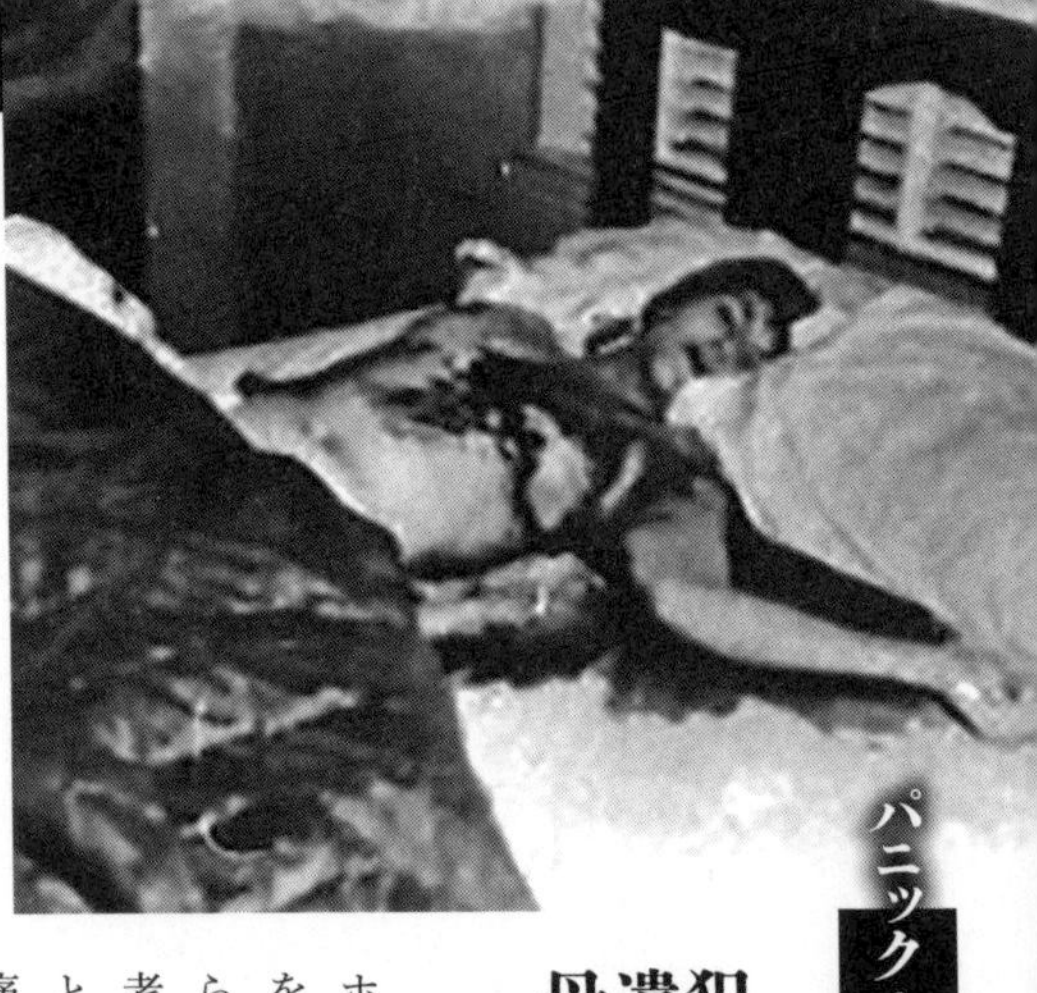

パニック・イン・テキサスタワー

犯行前夜、遺書を書いた後に母と妻を殺害

１９６６年7月31日夜、ホイットマンは自室で遺書を綴る（映画はこの辺りから始まる）。自分が異常な考えにとりつかれていることと、ますます激しくなる頭痛の原因を探るため自分が死んだ後に検視を行うこと、さらに遺書には妻と母を殺害することなどが理路整然と記されていた。そのとおり、彼は日が変わった8月1日の午前0時過ぎ、母のアパートに車で向かい刺殺。その後、自宅に戻り、夜勤のアルバイトを終えベッドで眠っていた妻の心臓を3回刺して殺害する。遺書によれば、動機は「妻と母をこの世の苦しみから解放させたい」というもので、すでにホイットマンは大量殺戮を計画しており、その加害者遺族として彼らが世間から辱めを受けないよう事前に葬ったようだ。

同日午前9時、銀行で金を下ろし、何軒かの銃砲店でライフルや拳銃、約７００発の銃弾を買い揃えた後、自宅に戻り、飲食物や双眼鏡、ラジオ、トイレットペーパーなど籠城に備えた生活必需品と共に車に積み込み、テキサスタワーに向かう。

その日は雲ひとつない快晴で、気温が37度にも上昇した真夏日だった。午前11時25分、テキサス大学本部棟の職員専用駐車場に到着。銃器類を入れたトランクを台車に乗せ、時計台に上るエレベーターへ。途中ですれ違った警備員には「研究資材を届けに来た」と説明した。

劇中では、この後、27階で降り、時計台のある28階には階段で上り、そこで遭遇した受付係の中年女性を「命が惜しければすぐにここを去れ」と強引に追い返してから狙撃の準備を整えることになっている。しかし、実際には、ホイットマンはまずこの女性を殺害した後、時計台のスペースに入り込んだ。また、これも劇中では描かれてないが、準備の途中で1組のカップルとも遭遇している。2人がホイットマンに微笑むと、彼も微笑みを返した。人を殺した直後である。ホイットマンが

◀ホイットマンが立てこもった、事件当日の時計台の展望デッキ。時計の文字盤下の白い硝煙は狙撃した瞬間を捉えたもの

彼らを殺害してもなんらおかしくなかったが、なぜか彼は2人を撃たなかった。このため、後に彼らは「オースティンで最も幸運なカップル」と報道されることになる。

その後、時計台への階段に通じるガラス戸を机で封鎖し、いよいよ犯行を開始しようとしたそのとき、机をどかし扉をこじ開けようとする者が現れた。展望デッキに上がろうとやってきた家族連れ6人組である。今度は容赦なかった。ホイットマンは彼らに向け銃を乱射し2人を殺害、4人に重軽傷を負わせる。

〝邪魔者〟を消し、凶行の準備は完全に整った。このときホイットマンがいたのは、高さ93メートル、幅2メートルほどの回廊式のスペース。石灰岩の手すり壁には各面に3ヶ所ずつ四角い穴が空けられており、普段はそこからオースティンの街を一望できる観光スポットだが、このシチュエーションがホイットマンにとっては好都合だった。穴を銃眼に、360度自由に、しかも自分の姿を見せることなく狙撃できるのだ。実はホイットマンは、ここが理想的な要塞になることを犯行の5日前、弟のジョンと共に見学と称して訪れ下見、確認していた。

ベトナム反戦運動のパフォーマンスと勘違い

狙撃が始まったのは午前11時45分。ホイットマンの放った銃弾はまず妊娠8ヶ月の女子学生の腹部に命中した。幸い彼女は一命を取り留めたが胎児は死亡。次に女子学生を助けようと走り寄った男性、新聞配達員の少年、3人の学生が命を落とす。続いて数学講師や平和部隊訓練生が射殺され、さらには、電気修理工にプールの監視員

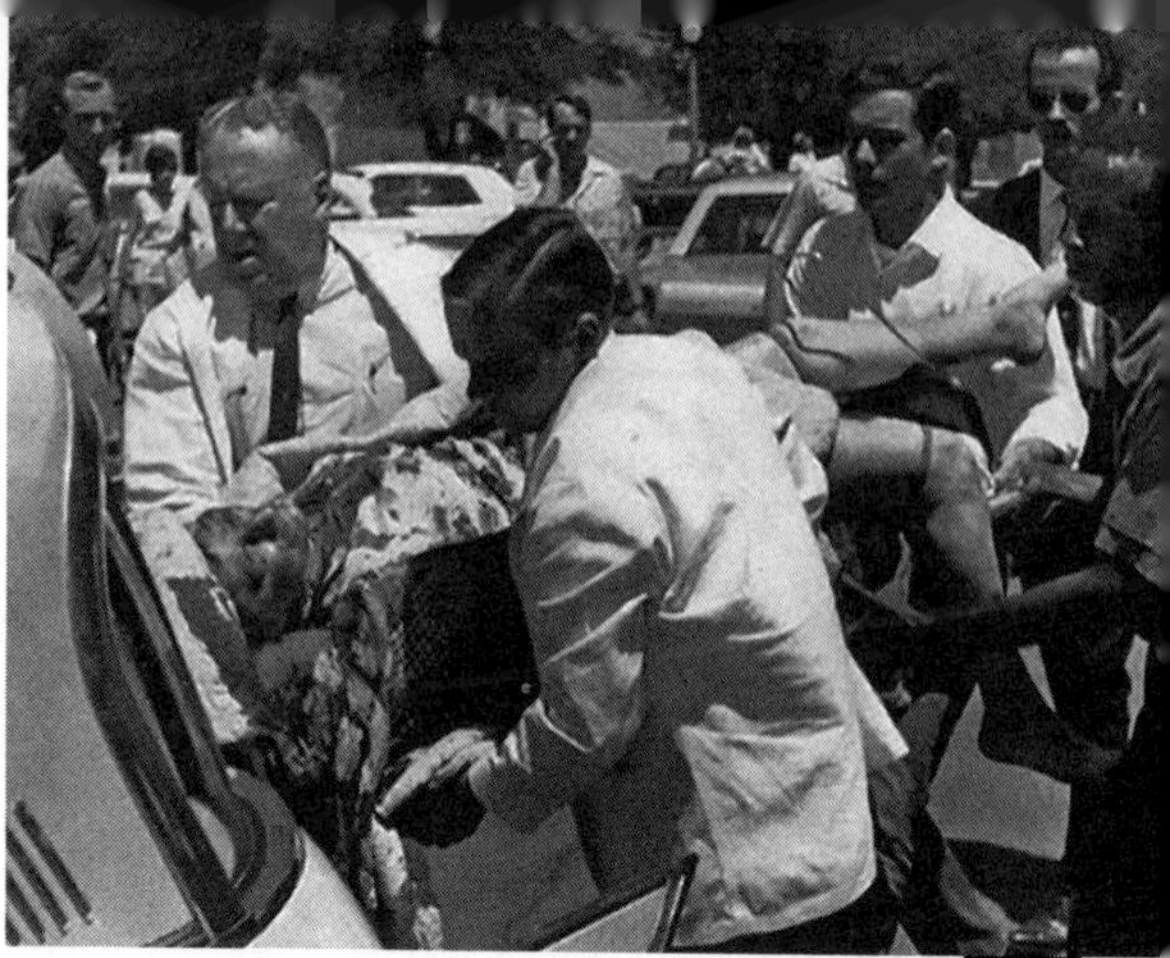

▲阿鼻叫喚と化した現場

とそのガールフレンド、近所の公立校の教師、生徒2人らが殺害された。

地上の人々は当初、何が起きているのかわからなかった。いきなり周囲の人間が倒れていく。距離がありすぎて銃声も聞こえない。当時は全米各地でベトナム戦争への反対運動が激化していたころということもあり、中には反戦のパフォーマンスと勘違いした人もいるらしい。が、それは芝居ではなかった。現に血みどろの人々が至るところに転がっている。現場は一瞬でパニックと化した。

地元のオースティン警察に第一報が入ったのは、狙撃開始から8分後の午前11時52分。すぐに現場に急行し、何者かがテキサスタワーの屋上から無差別に銃を乱射していることは確認できた。が、そこから500メートルも離れた場所にいた人が被弾し、さらに最初に現場に到着した警察官の1人が鉄板を盾に近づこうとしたところ、そのわずか15センチの隙間を弾丸が通り体に命中した。犯人が射撃

▲即死した13人。この他に胎児1人、2001年に事件の後遺症で当時23歳の男性学生が死亡。また31人が重軽傷を負った

のプロであることは明白。また、狙撃犯が何人いるかも地上から把握できず、容易に近づくことはできなかった。

そこで、警察は劇中でも描かれるとおり軽飛行機を飛ばし、上空から応戦する。しかし、ホイットマンは銃弾を2発、機体に命中させ、飛行機は退去を余儀なくされる。ただ、飛行機を使ったことにより、犯人が1人で、若い男性であることは目視で確認できた。

13時前、一瞬の隙をぬって、ラミロ・マルティネス（当時29歳）、ヒューストン・マッコイ（同26歳）、ジェリー・デイ（年齢不明）の警察官3人と、民間人のアレン・クラム（同40歳）がテキサスタワー内に潜入する。劇中のとおり、マルティネスはこの日、非番だったがラジオで事件を知り身重の妻の反対を押し切り現場に駆けつけた。また、クラムは空軍に12年間勤務したことのあるテキサスタワー内の書店の経営者で、事件が発生し人々を安全な場所へ誘導するうち仕事場に戻れなくなり、自ら警察に協力を申し出ていた。

4人はエレベーターで27階へ上がった後、そこから時計台に通じる階段を上りバリケードのガラス戸を排除、時計台へ繋がる扉を慎重に開けた。

オースティン警察の銃弾を浴び即死

最初に展望スペースに足を踏み入れたのはマルティネスとクラムである。このとき、幸いなことにホイットマンがいたのは、侵入地点とは真逆の場所。２人は左右に分かれホイットマンに接近する。果たして、先にクラムがホイットマンと対峙し、咄嗟に発砲。

銃声を聞き、マルティネスが急いで駆けつけると、片膝をつきクラムを睨みつけるホイットマンがいた。ほどなくマッコイも現場に到着し、彼らはリボルバーが空になるまでホイットマンを撃ち続けた。死亡が確認されたのは13時24分。最初の発砲から99分後のことだ。

ホイットマンの遺体は本人の希望どおり検視に回され、解剖の結果、脳幹上部にクルミ大の腫瘍が発見された。これが攻撃中枢の扁桃体を刺激した可能性は大きいが、犯行との因果関係は認められていない。また、犯行の舞台となったテキサスタワーの展望デッキは事件後に閉鎖され、銃撃痕の補修を経て１９６８年に観光用に再開したものの、４件の飛び降り自殺が発生。１９７５年に再度閉鎖され、ステンレスの格子といった保安上の改善が施された後、１９９９年に再オープンした。

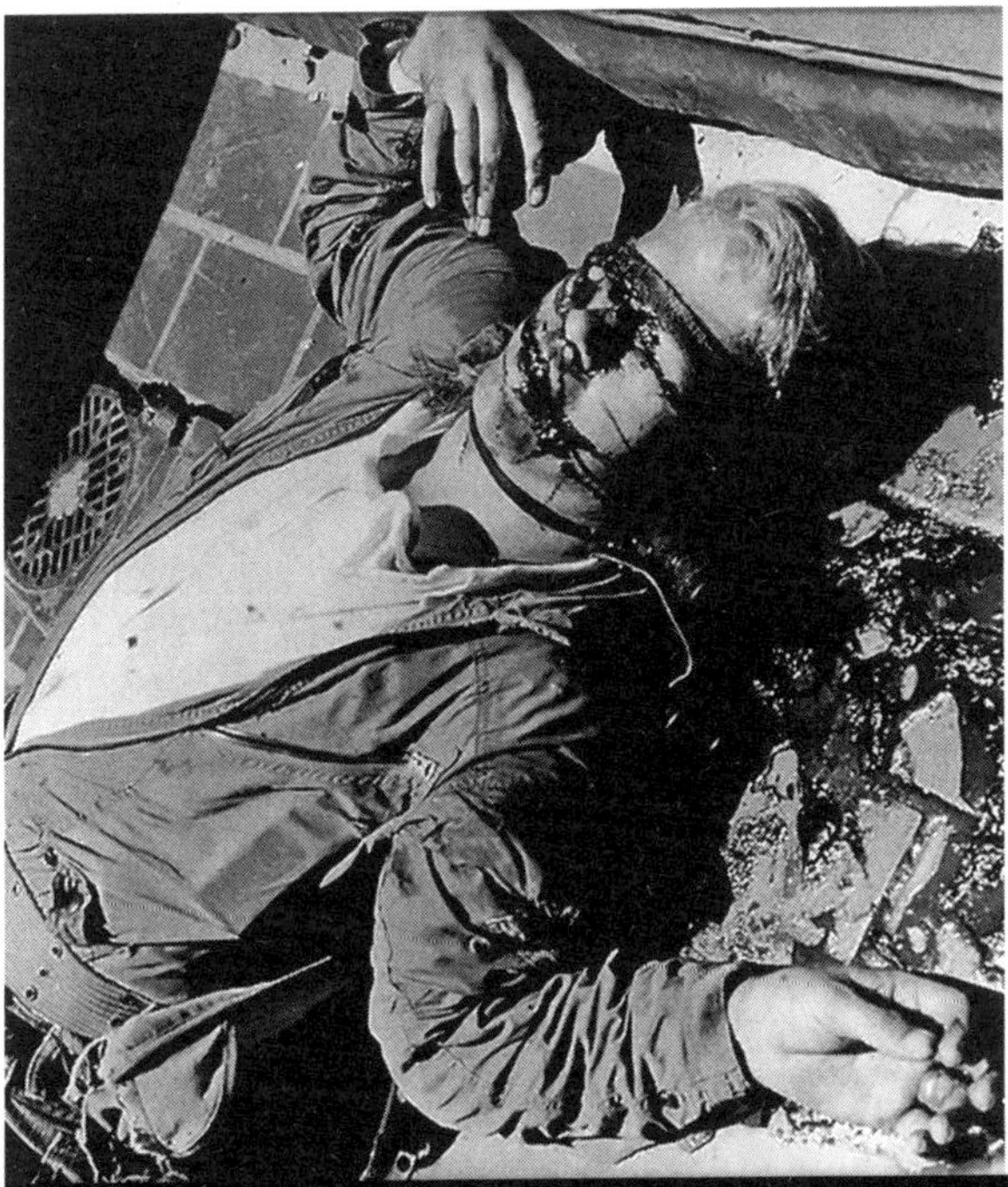

▼射殺されたホイットマンの遺体。享年25

▲事件解決に尽力した4人。左からテキサスタワー内の書店経営者のアレン・クラム、オースティン警察のラミロ・マルティネス、ヒューストン・マッコイ、ジェリー・デイ。クラムには最高市民賞、警察官3人には名誉勲章が授与された

ヒトラーのための虐殺会議

大量殺戮の話し合いを疑う者は誰一人いなかった

「ヴァンゼー会議」でユダヤ人絶滅を決定したナチス高官15人の末路

第二次世界大戦中、ナチス・ドイツがユダヤ人などに対して組織的に行った絶滅政策・大量虐殺、いわゆる「ホロコースト」による犠牲者は約６００万人と言われる。彼らの多くは集団で絶滅収容所へ送られ、まるで機械処理のごとくガス室で殺害された。２０２２年のドイツ映画「ヒトラーのための虐殺会議」は１９４２年1月、ナチスの高官15人が集まり、ユダヤ人の絶滅方法について議論した「ヴァンゼー会議」の様子を描いた歴史ドラマだが、会議に出席したメンバーの多くが、その後、悲惨な末路をたどったことには一切触れられていない。

処刑の効率性、精神的負担の軽減を最優先に

映画は１９４２年1月20日、ベルリン郊外の高級住宅地ヴァン湖（ヴァンゼー）の畔にあるナチス親衛隊所有の別荘に、親衛隊の幹部ら7人と、外務省や法務省など各省の事務次官ら8人が集合するところから始まる。参加者は図版のとおりで、議題は「ユダヤ人問題の最終解決策」。つまり、ユダヤ人の絶滅についての具体的手段

▲映画「ヒトラーのための虐殺会議」より

を話し合い、全体の意見として統一させるのが目的だった。

　劇中に詳しい説明はないが、1933年にドイツの政権を掌握したアドルフ・ヒトラーはアーリア人こそが知的で優秀な人間とする優生思想に取り憑かれ、劣等人種とみなしたユダヤ人を徹底的に弾圧、最終的に殲滅することを政策に掲げた。ドイツ国内のユダヤ人から公民権を奪った1935年のニュルンベルク法の制定から始まり、1938年11月に突撃隊がユダヤ人の居住地域を襲撃した「水晶の夜」事件、1939年9月のポーランド侵攻により始まった第二次世界大戦以降は「ゲットー」と呼ばれる狭い区域にユダヤ人を隔離する一方、ソ連や占領下の東ヨーロッパでユダヤ人に対する組織的な虐殺を繰り返した。が、ドイツ政府は、広大な占領地域に分散し居住する多数のユダヤ人を絶滅させるために必要な、官僚組織の協調体制を確立できずにいた。省庁によって、ユダヤ人抹殺の優先順位が違ったからだ。そこで、改めてユダヤ人絶滅を最優先事項とすることを認識させ、複雑に絡み合う官僚組織が協同して最終的解決を実行できるよう開催されたのが、このヴァンゼー会議だ。

　メンバーを招聘し、会議を主宰したのは、ユダヤ人問題の最終的解決を任務とする国家保安本部で事実上の長官職にあったラインハルト・ハイドリヒ親衛隊大将（1904年生。当時37歳）。ハイドリヒはまず、親衛隊中佐のアドルフ・アイヒマン（1906年生。同35歳）の口から、現時点でヨーロッパ全土に約1千100万人のユダヤ人がいることをメンバーに説明させる。内訳は多い順に、ソ連約500万人、ウクライナ約300万人、ポーランド約230万人。彼らをゲットーに収容した後、収容所へ移送して処刑すると話すハイドリヒに、ニュルンベルク法の作成に携わった内務省次官のヴィルヘルム・シュトゥッカート（同39歳）が疑問を呈す。半分違う人種の血が入ったユダヤ人も対象となるのか。4分の1の場合はどうか。彼らを最終解決の対象とみなすのはおかしいのではないか。

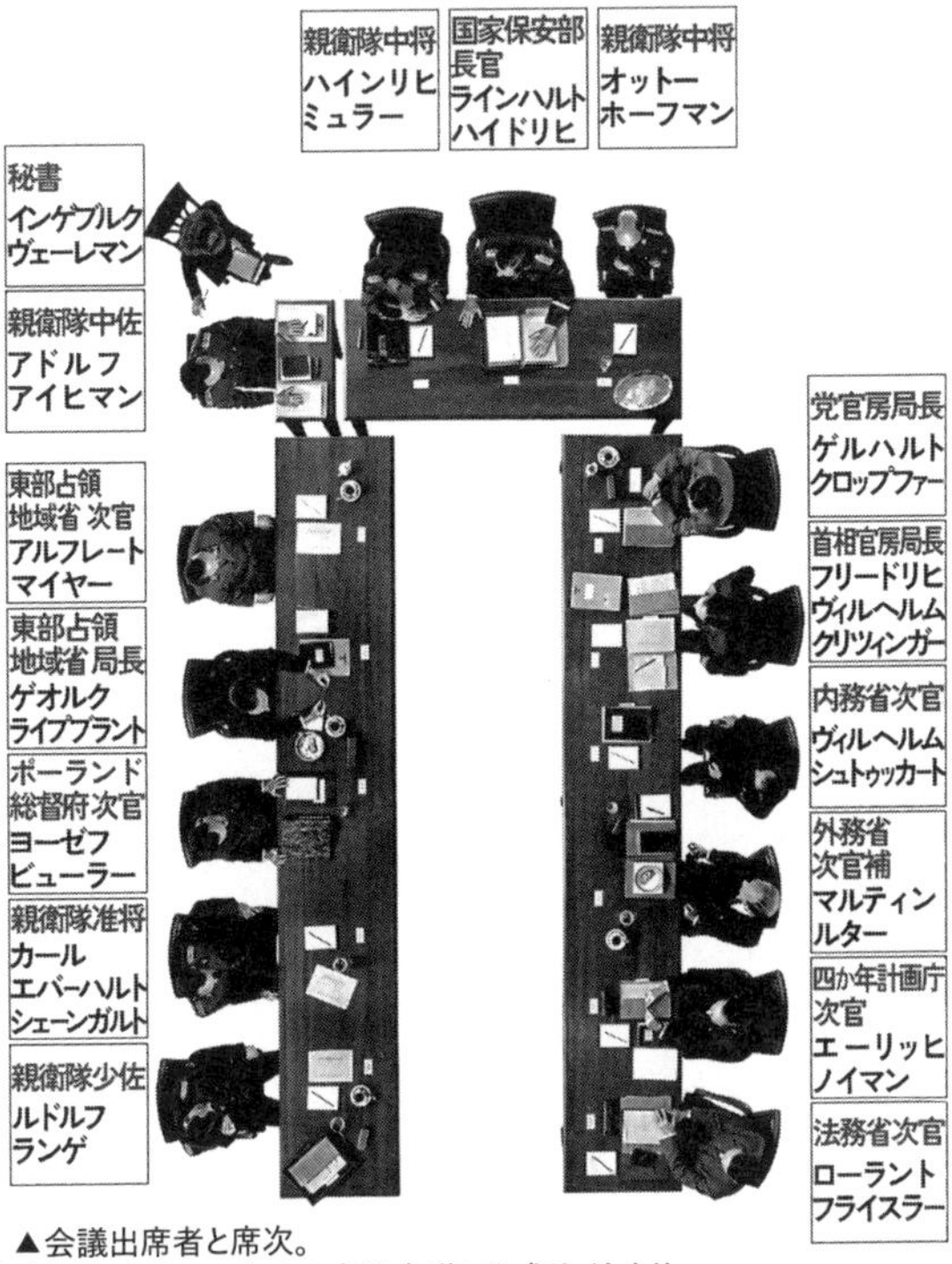

▲会議出席者と席次。
映画「ヒトラーのための虐殺会議」公式サイトより

ヒトラーのための虐殺会議

2022／ドイツ／監督:マッティ・ゲショネック◉1942年､15人のナチスドイツ政権の高官が会同してヨーロッパのユダヤ人の移送と殺害について分担と連携を討議したヴァンゼー会議を､アドルフ・アイヒマンが記録した議事録に基づいて映画化。出席者たちがユダヤ人問題と大量虐殺についてまるでビジネスのように話し合う異様な光景を淡々と描き､観る者に大きな衝撃を与えた。

▲議長を務めたラインハルト・ハイドリヒ親衛隊大将(上)と、演じたフィリップ・ホフマイヤー。映画「ヒトラーのための虐殺会議」より

シュトゥッカートはユダヤ人の定義が曖昧だとして異議を唱えたが、その意見はハイドリヒに一蹴される。ユダヤの血が少しでも混じっていれば、ユダヤ人であると。

映画を見ればわかるように、この会議は話し合いではなく、ハイドリヒが予め決めた絶滅計画を役人に報告・承認させる場だった。それは会議の後半、個別の質問に移った際、首相官房局長のフリードリヒ・ヴィルヘルム・クリツィンガー（同51歳）が処刑の方法を尋ねる場面にもよく表れている。彼は、バビ・ヤールでの処刑（1941年9月、ナチスの特殊行動部隊であるアインザッツグルッペンがウクライナ・キーウ近郊のバビ・ヤール峡谷において2日間で約3万4千人のユダヤ人を銃殺した事件）の報告を聞くと、銃で1千100万人のユダヤ人を殺害するのはあまりに時間がかかるし、何より処刑に立ち会うドイツ軍人に精神的負担をもたらす危険があると、銃殺という処刑手段を案ずる。

対し、ハイドリヒに促されアイヒマンが「T4作戦」をモデルにガス室での処刑を考えていると返答する。これはヒトラーの命令で、

ヒトラーのための虐殺会議

1939年夏から2年間、〝社会に不必要〟な精神障害者や身体障害者15万人〜20万人を強制的に安楽死させた戦慄のプロジェクトで、その殺害方法はシャワー室に偽装したガス室に対象者を入れ、一酸化炭素ガスを注入するというものだった。これなら、軍人の負担も軽減できるし殺害も効率的、すでに各収容所にガス室を建設中と言うアイヒマンの説明に、クリツィンガーはもちろんメンバー全員が納得し会議は終わる。時間にして約90分だった。

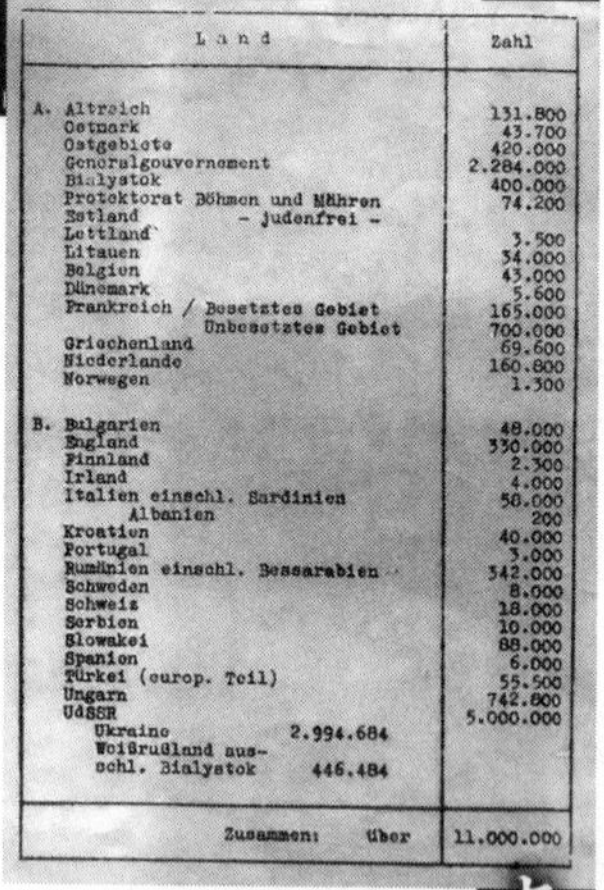

Land	Zahl
A. Altreich	131.800
Ostmark	43.700
Ostgebiete	420.000
Generalgouvernement	2.284.000
Bialystok	400.000
Protektorat Böhmen und Mähren	74.200
Estland - judenfrei -	
Lettland	3.500
Litauen	34.000
Belgien	43.000
Dänemark	5.600
Frankreich / Besetztes Gebiet	165.000
Unbesetztes Gebiet	700.000
Griechenland	69.600
Niederlande	160.800
Norwegen	1.300
B. Bulgarien	48.000
England	330.000
Finnland	2.300
Irland	4.000
Italien einschl. Sardinien	58.000
Albanien	200
Kroatien	40.000
Portugal	3.000
Rumänien einschl. Bessarabien	342.000
Schweden	8.000
Schweiz	18.000
Serbien	10.000
Slowakei	88.000
Spanien	6.000
Türkei (europ. Teil)	55.500
Ungarn	742.800
UdSSR	5.000.000
Ukraine 2.994.684	
Weißrußland ausschl. Bialystok 446.484	
Zusammen: über	11.000.000

▲会議に提出された、国別のユダヤ人の数を記録した文書

ハイドリヒは暗殺、アイヒマンは絞首刑に

この映画が恐ろしいのは、一見、普通のビジネス会議のようで、内容はユダヤ人の大量虐殺の具体的手段。そのことに誰一人として何の疑問も抱いていないことを描写している点だ。さほどに、ナチス・ドイツは独裁者ヒトラーの危険思想に染まっていた。

ヴァンゼー会議が終わってからナチスの狂気は本格的に稼働する。わずか1ヶ月後の1942年2月からヘウムノ絶滅収容所でチクロンBを使ったガス殺が始まり、翌3月にはアウシュビッツ絶滅収容所、7月にはトレブリンカ絶滅収容所でも大量虐殺がスタート。悪

夢のホロコーストは1945年1月27日、ソ連軍がアウシュビッツを解放する寸前まで続く。

　その残虐行為に対する代償は大きかった。会議から4ヶ月後の1942年5月27日、イギリスとチェコスロバキア駐英亡命政府の命を受けたチェコ軍人2人が、プラハ市内でハイドリヒの乗るベンツに暗殺目的で手榴弾を投げ爆発させる。ハイドリヒは車から飛び降り銃で応戦したが、6月4日に負傷による感染症で死亡。その報復として、ヒトラーは6日後の6月10日から11日にかけ、暗殺部隊を匿ったという理由でプラハ近郊のリディツェ村を襲撃、住民200人を射殺している。

　また、アイヒマンはヴァンゼー会議後、親衛隊ゲシュタポ・ユダヤ人課課長としてヨーロッパ各地からユダヤ人をポーランドの絶滅収容所へ列車輸送する最高責任者に就任。1944年末までに約500万人のユダヤ人を絶滅収容所へ送り込んだ。1945年5月のドイツ降伏後、進駐してきた米軍によって拘束されるも、偽名を用いて正体を隠したうえで収容所を脱出。西ドイツ、イタリアに潜伏した後、1950年に元ナチス党員を中心としたドイツ人の主な逃亡先となっていたアルゼンチンのブエノスアイレスに渡り、約10年にわたり偽名で工員やウサギ飼育農家など様々な職に就く。しかし、1960年5月、逃亡したナチ戦犯の追及を続けていた西ドイツの検事から情報を受けたイスラエル諜報特務庁（モサド）がブエノスアイレス市内で逮捕。身柄を移されたイスラエル・エルサレムで裁判にかけられ、1961年12月に死刑判決。翌1962年6月1日、絞首刑に処された（享年56）。

　会議に参加した他13人のその後については、次ページを参照いただきたい。

▲上は議事録作成担当のアドルフ・アイヒマン（左）と、彼の秘書で速記係のインゲブルク・ヴェーレマン（会議開催当時22歳）。ヴェーレマンは1945年から1948年までソ連に抑留された後、ドイツでカメラマンとなり、2010年9月に91歳でこの世を去った。下はアイヒマンを演じたヨハネス・アルマイヤー（左）と、ヴェーレマン役のリリー・フィクナー。映画「ヒトラーのための虐殺会議」より

会議出席者15人のうち9人が暗殺、自殺、死刑に

左が本人、右が劇中のキャスト

ハインリヒ・ミュラー（演：ジェイコブ・ディール）

国家保安本部ゲシュタポ局長／親衛隊中将

1900年生。1934年に親衛隊に入隊。国家秘密警察局に配属され、保安警察本部内の政治警察長官代行となる。1938年、ナチ党に加入し、翌1939年に国家保安本部ゲシュタポ局長に就任。国家保安本部による犯罪的政策のほぼ全てで指導的な役割を果たす。ヒトラーが自殺した直後の1945年5月1日を最後に失踪。自殺した可能性大。

オットー・ホーフマン（演：マルクス・シュラインツァー）

親衛隊人種・植民本部／親衛隊中将

1896年生。1929年にナチ党に加入し、1931年に親衛隊に入隊。1940年から1943年にかけて、ポーランドとソ連の領域におけるゲルマン化政策に指導的役割をもって参画。ヴァンゼー会議では「混血児」の断種措置を強く主張した。1948年、人種・植民本部裁判で懲役25年の判決を受けるも1954年に釈放。1982年死亡。享年86。

カール・エバーハルト・シェーンガルト（演：マキシミリアン・ブリュックナー）

ポーランド総督府保安警察・保安部司令官／親衛隊准将

1903年生。1922年にナチ党と突撃隊に加入し、1933年から1935年、ビーレフェルト、ドルトムント、ミュンスターの州警察の指揮官を歴任。1941年2月より、占領下ポーランドにおけるポーランド人とユダヤ人に対する弾圧と絶滅作戦に参加する。1946年5月、イギリス軍の裁判で死刑判決を受け処刑された。享年43。

ゲルハルト・クロップファー（演：ファビアン・ブッシュ）

ナチ党官房局長／親衛隊准将

1905年生。1933年にナチ党と突撃隊に加入。1935年に副総統ルドルフ・ヘスの事務所のスタッフに。またこの際に上司のヘスと同様に親衛隊の名誉隊員となり親衛隊上級大佐、1944年には親衛隊中将に昇進。戦後、戦犯として逮捕されたが、証拠不十分で釈放された。その後、税務アドバイザーとなり1987年に死去。享年81。

ルドルフ・ランゲ（演：フレデリック・リンケマン）

ラトビア全権区保安警察・保安部司令官／親衛隊少佐

1910年生。1933年に突撃隊、1936年に親衛隊に加入。1941年、主に敵性分子を殺害することを目的とした特別攻撃部隊アインザッツグルッペンの指揮官となり、ラトビアの首都リガ郊外で約3万5千人のユダヤ人を虐殺、ハイドリヒから高い評価を得る。敗戦が決定的となった1945年2月23日、連合国軍の手に落ちる前に自殺。享年34。

エーリッヒ・ノイマン（演：マティアス・ブントシュー）

四か年計画庁次官

1892年生。1934年にナチ党に加入、1935年末にプロイセン国務省に勤務し、1936年10月からはナチ党の大幹部ヘルマン・ゲーリング（1946年10月自殺）が指揮を取る四か年計画（失業の解消とドイツの富国を目的とした経済復興政策）当局で辣腕を振るう。終戦後に抑留されたが、病気のため1948年初めに解放。1951年死去。享年58。

▲映画「ヒトラーのための虐殺会議」より

ヴィルヘルム・シュトゥッカート（演：ゴーデハート・ギーズ）

内務省次官

1902年生。1922年にナチ党に加入、弁護士としてナチ党の法律アドバイザーの一人となり、1935年には反ユダヤ主義法「ニュルンベルク法」の作成に携わった。戦後、逮捕・抑留され、連合国側の大臣裁判で懲役3年10月の判決を受ける。1953年11月、イスラエル諜報特務庁（モサド）が交通事故を装い暗殺した。享年50。

アルフレート・マイヤー（演：ペーター・ヨルダン）

東部占領地域省次官

1891年生。1928年にナチ党に加入。1941年から（ヨーロッパの）東部占領地域省次官として、政治・行政・経済の三部門を管轄。ソ連占領地域の搾取と略奪、特にユダヤ人の弾圧と殺害に大きく関与した。ヴァンゼー会議出席後の1942年11月より占領地のノルウェーへ赴任し全国防衛委員長官に就任。1945年4月11日、自殺。享年53。

ローラント・フライスラー（演：アルント・クラヴィッター）

法務省次官

1893年生。1922年に法学博士号を取得し法律事務所を開設。1925年にナチ党に加入、党の顧問弁護士となる。ヴァンゼー会議7ヶ月後の1942年8月、反ナチス活動家を裁く特別法廷「人民法廷」の長官に就任、不当な見せしめ裁判で数千人に死刑判決を下す。1945年2月3日、裁判中に法廷が米軍の空襲に遭い死亡。享年51。

フリードリヒ・ヴィルヘルム・クリツィンガー（演：トーマス・ロイブル）

首相官房局長

1890年生。第一次世界大戦従軍を経て1938年、ナチ党に加入し首相官房局長に就任。1939年から1940年にかけて「民族を害する分子」に対する政令と、ユダヤ人移送の際に財産没収を法的に裏付けた帝国市民法の第II施行令の作成に参画。1945年5月、イギリス軍が逮捕、裁判にかけられたが、1947年4月に病死。享年57。

ヨーゼフ・ビューラー（演：サッシャ・ネイサン）

ポーランド総督府次官

1904年生。1933年、ナチ党に加入。1939年にポーランド・クラクフ総督府内の局長、翌1940年に総督府次官に就任。ポーランド住民に関するあらゆる犯罪と、ユダヤ人の大量虐殺に関与する。ニュルンベルク裁判で上司のポーランド総督、ハンス・フランクの弁護側証人として出廷した後、ポーランドへ引き渡され、裁判所から人道に対する罪で死刑判決を受け、1948年8月に処刑。享年44。

マルティン・ルター（演：ジーモン・シュヴァルツ）

外務省次官補

1895年生。1932年にナチ党に加入し、1936年に外務省内のナチ党特別課長、1941年に省内の局長に就任。外務省代表としてヴァンゼー会議に出席した後は、ユダヤ人住民を絶滅収容所へ送り込むためにドイツの衛星国や同盟国に対する外交工作を行うことを主たる任務とした。1945年5月13日、心臓発作で死去。享年49。

ゲオルク・ライプブラント（演：ラファエル・シュタホヴィアク）

東部占領地域省局長

1899年生。1933年、ナチ党に加入し外交支部の東方局長に就任。1941年から1943年にかけて、ウクライナ、オストランド、コーカサス地域を管轄。この職権においてユダヤ人虐殺にも深く関与した。戦後、逮捕され裁判にかけられるも不起訴に。1982年6月死去。享年82。

エベレスト3D

背景にガイド会社の金儲け主義と、アマ登山家の油断が

1996・エベレスト大量遭難事故の悪夢

1996年5月、世界最高峰の山、ヒマラヤ山脈のエベレスト（標高8千850メートル）で登山家8人が嵐に見舞われ死亡する事故が起きた。2015年公開の映画「エベレスト3D」はこの山岳大量遭難事故をほぼ史実に基づいてドラマ化した作品だが、悲劇の背景に、金儲けと人間の傲慢さがあったことにはほとんど言及されていない。

1990年ごろから観光登山が主流に

映画の冒頭で少し説明されるように、エベレストは1953年5月にニュージーランドの登山家、エドモンド・ヒラリー（1919年生）と、ネパール人のシェルパ（エベレスト南麓に住む少数部族で、一部の男性が荷物を運ぶなど登山に欠かせないサポートの職に就いている）であるテンジン・ノルゲイ（1914年生）が初登頂に成功、それに続く経験豊富な登山家や国家的プロジェクトの挑戦が終了して以降は観光登山が主流となった。プロの登山家が世界のアマチュア登山家に向け「公募隊」を募り、高額の参加費を条件に山頂まで案内するというもので、1990年代以降、欧米を中心に

▲メインキャストの3人。左から顧客ベック・ウェザーズ役のジョシュ・ブローリン、ガイド会社MMの隊長スコット・フィッシャー役のジェイク・ギレンホール、AC社の運営者ロブ・ホール役のジェイソン・クラーク。映画「エベレスト3D」より

◀世界最高峰のエベレストには過去70年間で6千人超が登頂。一方で、300人以上が命を落としている

数多くの山岳ガイド会社が設立される。本作の主人公、ロブ・ホール（事故当時35歳。演：ジェイソン・クラーク）も、そんな山岳ガイドビジネスを本職とするニュージーランドの登山家で、１９９０年に七大陸最高峰登頂に成功、翌１９９１年にガイド会社「アドベンチャー・コンサルタンツ（ＡＣ）」を設立、１９９６年までに39人の〝顧客〟をエベレスト登頂に成功させていた。

同年初頭、ＡＣは新たに公募隊への参加を１人６万５千ドル（当時のレートで約７００万円）で募り、これに１９９５年に公募隊に参加したものの途中で登頂を断念したアメリカ人郵便局員のダグ・ハンセン（同47歳。演：ジョン・ホークス）、七大陸最高峰のうち六峰に登頂していた日本人登山家の難波《なんば》康子《やすこ》（同47歳。演：森尚子）、アメリカ人病理学者ベック・ウェザーズ（同49歳。演：ジョシュ・ブローリン）、その他、世界的ベストセラーで後に映画化された『イントゥ・ザ・ワイルド／邦題：荒野へ』の著者であるジョン・クラカウアー（同42歳）、カナダの心臓専門医のスチュアート・ハッチスン（同34歳）ら８人が応募する。みな登山の経験は豊富だったが、８千メートル級の峰を経験した者はほとんどいなかった。

標高８千メートルは登山用語で「デス・ゾーン」と呼ばれる危険地帯だ。空気中の酸素濃度は地上の約３分の１。酸素ボンベなしで長時間滞在すると身体機能の悪化や意識の低下が起こり、最終的には死に至るとされる。そのため、参加者８人は、１９９６年３月よりネパールの標高約５千４００メートルのベースキャンプを拠点に、ロブやＡＣのガイドであるマイク・グルーム（同37歳。オーストラリア人。演：トーマス・ライト）やアンディ・ハリス（同31歳。ニュージーランド人。演：マーティン・ヘンダーソン）らの指導のもと、約１ヶ月間、低酸素への耐性訓練や、登頂に必要なクレバス（氷床や雪上に現れる大きな割れ目）を梯子で歩く練習などに励む。

劇中の登場人物が多すぎてわかりにくいが、このときベースキャンプは、ロブとは旧知の仲で、登山ガイド会社「マウンテン・マッドネス（ＭＭ）」の筆頭ガイドを務めるアメリカ人登山家スコット・フィッシャー（同40歳。演：ジェイク・ギレンホール）の公募隊の顧客やガイド、シェルパ18人、他に台湾からの登山隊、南アフリカからの登山隊ら30数名でひしめいていた。エベレストへの登頂

エベレスト3D

2015／アメリカ・イギリス・アイスランド／監督：バルタザール・コルマウクル◉1996年にエベレストで実際に起きた大量遭難事故を映画化したサバイバル・アドベンチャー。人間が生存できないとされる死の領域「デス・ゾーン」で散り散りになる登山家たちの運命を描く。1998年の映画「エベレスト」でも本事故が扱われている。

は天候の関係から毎年5月が通例ながら、この年は特に登山者が多く、劇中では触れられていないが、顧客の中には本来登山には不必要な大量の資材を持ち込んだり、密かに性交渉を持つ男女もいたらしい。

▶一番下が出発地点のベースキャンプ。難波康子の遺体はCamp4の近くで発見された
▲AC隊のメンバー。丸で囲った人物が犠牲者で、左からダグ・ハンセン、アンディ・ハリス、ロブ・ホール、難波康子。この記念写真は劇中でも再現されている

守られなかった登頂リミット

話し合いのうえ、ＡＣ隊とＭＭ隊は行動を共にすることになり、5月10日午前0時、ベースキャンプを出発する。ロブがメンバーに厳命したのは、スケジュールを考慮した14時までの下山だった。

劇中に詳しい描写はないが、エベレストへの道のりは予想外のトラブル続きだった。一行は午前6時ごろ、標高８千３５０メートルに位置する「バルコニー」と呼ばれる通過ポイントに到達したものの、固定ロープが設置されておらず、約1時間の作業を強いられる。7時半ごろ、ベック・ウェザーズが目の不調を訴え下山を申し出た。しかし、ロブはこれを認めず、隊が下山する予定の14時まで、ここで留まるよう指示し、ベックもこれに従う。11時過ぎ、標高８千７５０メートルの「ヒラリー・ステップ」という通過ポイントにも固定ロープは設置されておらず、そこでも約1時間の予定外作業に入る。時を同じくして、登山者の増加に伴う渋滞が発生し、ここでＡＣ隊のスチュアート・ハッチスンを含む顧客3人が14時までの下山は不可能とチームから外れる。実に賢明な選択だった。

しかし、ＡＣ隊の他のメンバーは引き返す予定の14時から1時間後の15時ごろ、あいついでエベレストへの登頂を果たす。劇中に説明はないものの、ロブが時間の約束を反故にしたのは、顧客が大金を払い、かつ登頂達成を強く希望したためで、それはまた会社の実績、今後の顧客獲得にも直接つながるからだ。が、このビジネス優

先の考えが悲劇を招く。

映画でも描かれるように、顧客のダグ・ハンセンが山頂に向かう途中で疲れ一行に付いていけなくなる。ロブは下山するよう諭すも、ダグはあきらめない。昨年も登頂を断念させていることもあり、ロブはダグを引き連れ、どうにか山頂にたどりつく。そこで待機すること1時間。17時ごろに南峰を下るとき、天候が悪化し時速110キロのブリザード（猛吹雪）が発生。ダグの体力は限界に達し、意識が朦朧としている。ロブは無線でガイドのアンディ・ハリスを呼び、酸素を補給するよう指示するも、アンディは酸素ボンベが空だと騒ぐ。このシーン、映画を観ていてもよくわからないが、すでにアンディも低酸素症で判断力が低下しており、酸素が充填されたボンベを手にしていながら、全てのボンベの表示が空であるとパニックを起こしていたのだ。その後の下山途中で、ダグはクレバスに滑落して死亡、アンディも行方不明となり（滑落死の可能性大）、ロブは嵐の中で1人で取り残される。

◀AC隊を引率したロブ・ホール（上）とMM隊のリーダー、スコット・フィッシャー本人。スコットは酸素補給なしでエベレストに登頂したことで有名

一方、難波康子はガイドのマイク・グルームらと、途中で留まっていたベックを引き連れ7千800メートルの第4キャンプ付近まで下ったものの、夜、いったん収まっていたブリザードがまた激しさを増すなかで仲間とはぐれ、下山ルートを喪失。空になった酸素ボンベを必死に吸うなど精神も不安定となり、ベックとともに置き去りとなる。翌5月11日朝、前日に登頂をあきらめた医師のスチュアートがシェルパとともに難波とベックのもとに赴く。2人はまだ呼吸していたものの、刺激には全く無反応。スチュアートは彼らが助からないものと判断し救助を断念、キャンプに戻った。難波はそれからまもなく息を引き取る。

MM隊のスコット・フィッシャーの遺体が発見されたのも、この日の早朝である。劇中では一切描かれていないが、MM隊では初参加のロシア人男性ガイドがまともに任務を果たさず、隊長のスコット自ら体調不良者をベースキャンプに送り返すなど、登頂前すでに彼の体は疲労困憊を極めていた。加えて、顧客の女性が数度にわたり無酸素登頂を要請（エベレストでは酸素補給なしの登頂が栄誉とされる）、スコットがこれを強く却下したため、隊の中には険悪な空気が流れていたという。そんななかでブリザードに遭遇し、スコットは1人だけ遭難。救助に向かった台湾登山隊のシェルパが彼を発見した際、顔、指、かかとに酷い凍傷を負い、すでに虫の息だったため、救助隊は同じ場所にいた台湾隊の隊長のみを救出。夕方、MM隊のガイドが赴いた際には、スコットはすでに凍死していたという。

エベレストに登ったことは人生最大の誤り

5月12日午前9時ごろ、ロブからベースキャンプに無線連絡があり、ダグ・ハンセンが滑落したこと、アンディ・ハリスが消息不明

▲ロブと妻のジャン。死を悟ったロブが無線電話で妻と最後の会話を交わすシーンは事実に基づいている。左上はジャンを演じたキーラ・ナイトレイ。映画「エベレスト3D」より

になったこと、酸素ボンベの圧力調整弁が凍りつき酸素が吸引できないこと、手足が凍傷にかかり下山困難であることを伝えてきた。昼ごろ、第4キャンプを経由して国際電話にて妊娠中の妻ジャンと会話を交わす。ここは映画でも再現されているとおり、死を覚悟したロブは妻に「アイ・ラブ・ユー」と告げ、すでに生まれてくる子供が女の子と知らされていたため、娘にサラと名付けるよう頼み、自ら電話を切った。その後も本人との無線は通じていたが、夕方には途絶え、このとき息を引き取ったものと思われる。

映画は最後、奇跡的な生還を果たすベックの姿を描く。劇中で、彼の生存は救助隊から無線でキャンプに知らされることになってい

▲デス・ゾーンで見つかったロブ（上）とスコットの遺体。回収に危険が伴うため現在も放置されている

るが、実際は12日の昼ごろ、自力で第4キャンプにたどり着いた。しかし、低体温症のためにテントの中で何度も意識を失う様子を見たメンバーはやはり回復の見込みがないと判断し、そのまま置き去りにする。が、夜が明けた13日朝、1人で下山の準備をするベックを確認し、メンバーは驚愕。助けを借りながら6千メートルまで下山したところで、遭難を知った彼の妻が母国アメリカの大統領、ビル・クリントンに陳情し、最終的にヘリコプターで救助される。もっとも、ベックは凍傷で右肘の先と左手の指の大半と鼻、両足の一部を損失。帰国後、再建手術を施した。

劇中に説明はないが、この日（5月10日）のエベレストでは、チベットから登頂する北稜ルートでもインド・チベット国境警察隊（ITBT）が遭難。隊員3人が頂上付近で死亡している。その際、ITBTの隊長は、同時期に登峰した福岡チョモランマ峰登山隊（日本人2人、シェルパ3人）が遭難者を視認したにもかかわらず、救助せず登頂を優先させたとして非難した。

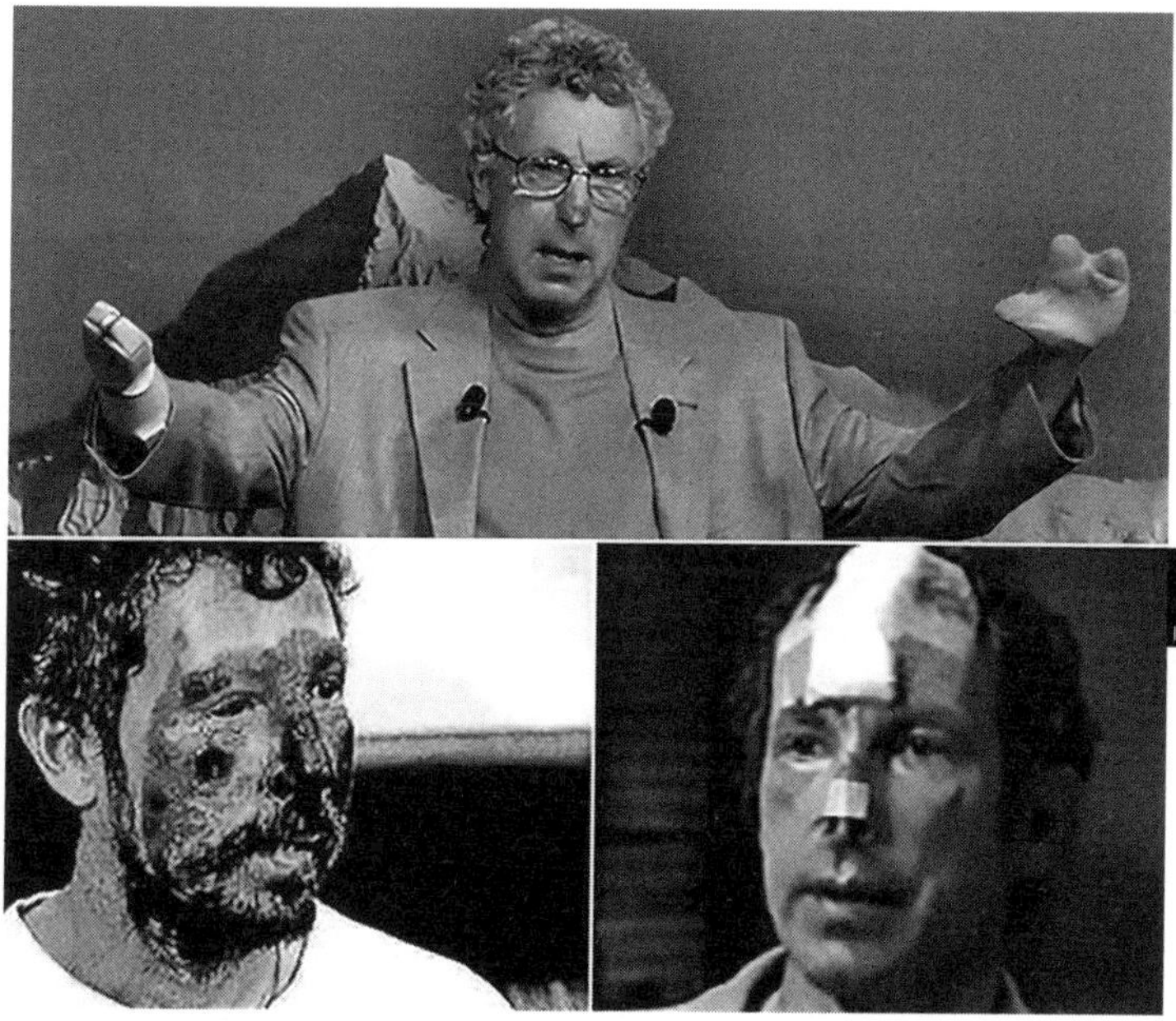

▲生還を果たしたものの身体の一部を失ったベック・ウェザーズ。上は手術後の写真

奇跡的に生還したものの、左手指の大半と鼻を欠損

金儲けとエレベスト登頂を甘く考えていたために起きた未曾有の遭難事故。無事に生還した作家のジョン・クラカウアーは事故翌年の1997年に『空へ ——エヴェレストの悲劇はなぜ起きたか』を出版。2015年のインタビューで「エベレストに登ったことは、私が人生で犯した最大の誤りだった。本当に後悔している。私は今もPTSD（心的外傷後ストレス障害）に苦しんでいる。もし過去に戻って人生をやり直すことができたとしても、私は決してエベレストには登らない」と答えている。

逮捕当時48歳のシリアルキラーが起こした凶行

豪ベラングロ州立公園、バックパッカー7人連続殺害事件

観光のためオーストラリアに訪れたイギリス人女性バックパッカーのリズとクリスティ。地元の青年と大陸の旅を楽しんでいたところ、国立公園の隕石を見た直後に車が故障してしまう。そこに、カウボーイハットを被った人の良さそうな中年男性ミックが登場。車を修理してくれるという彼に付いていったまでは良かったが、実はこの男、連続殺人鬼で、女性2人は無惨にも殺害されてしまう――。

2005年公開の「ウルフクリーク 猟奇殺人谷」は旅先で出会った親切そうな男がシリアルキラーだったという単純明快な恐怖を描いたスリラー映画の傑作である。殺人描写のリアルさもあいまって観る者を絶望に落としこむ本作は、実際にオーストラリアで起きたバックパッカー連続殺害事件をモチーフに制作された。

白骨化した遺体が次々と

物語の舞台は1999年の西オーストラリアだが、実際の事件は1992年9月20日、豪ニューサウスウェールズ州ベリマのベラングロ州立森林公園で始まる。この日の朝、公園内をジョギング中の

ウルフクリーク
猟奇殺人谷

▲劇中でイギリス人女性パッカー、クリスティを演じたケスティー・モラッシ。映画「ウルフクリーク 猟奇殺人谷」より

地元住民が遺体を発見した。通報を受け現場を捜索した警察は翌朝、別のもう1体を見つける。両方ともすでに白骨化していたが、歯科記録から遺体の身元は5ヶ月前の同年4月、オーストラリアにバックパッカー旅行に訪れたまま行方不明になっていたイギリス人女性のジョアン・ウォルターズ（当時22歳）とキャロライン・クラーク（同21歳）と判明。検視の結果、ウォルターズは刃物で胸や首、背中を15回刺され、クラークは頭部に10発の銃弾を受けていることがわかった（映画はこの事件を題材にしている）。

1年後の1993年10月、同公園内でジェイムス・ギブソン（同19歳）とデボラ・エベリスト（同19歳）のオーストラリア人バックパッカー男女カップルのミイラ化した遺体が発見される。2人は3年半前の1990年3月、シドニー北部のガルストン渓谷で目撃されたのが最後の姿で、ギブソンは背中と胸の刺し傷が心臓と肺まで到達、エベリストは頭部を殴られ頭蓋骨2ヶ所が折れていた。翌11月1日、1991年1月にシドニーからメルボルンに旅立って以降失踪していたドイツ人女性のシモーネ・シュミドル（同21歳）の白骨遺体を発見。遺体のそばに衣服が落ちていたが、それは彼女のものではなく、2日後に遺体で見つかった同じくドイツ人女性のアンジャ・ハブシード（同20歳）の衣類と判明。その傍らには恋人のガボール・ノイゲバウアー（同21歳）の白骨遺体も転がっており、ハブシードは首を切断され、ノイゲバウアーは頭部を銃で6発撃たれていた。

刺殺、銃殺、撲殺など殺害手口は様々ながら、犠牲者がみな若いバックパッカーで、いずれも遺体発見現場でキャンプした形跡があったことなどから、警察は同一犯による連続殺人事件と推定。捜査を開始すると、ほどなくイギリス在住のポール・オニオンズ（同24歳）という男性から有力な情報が寄せられる。なんでも、1990年1月25日、シドニー周辺でバックパッカーをしていたとき「ビル」と名乗る男の車に拾われたという。しばらくは雑談を交わしていたが、突然、銃を突きつけられ、死にものぐるいで車外に脱出。たまたま通りかかった車に救われたそうだ。オニオンズは報道で事件を知り、ビルが事件に関連しているのではないかと電話をかけてきたのだが、まさにそのビルこそがバックパッカーを狙った連続殺人鬼、アイヴァン・ミラット（同48歳）だった。

◀遺体が発見されたベラングロ州立森林公園の入り口

家宅捜索で凶器の銃、被害者の衣服などを発見

ミラットは1944年、後に犯行現場となるベラングロ州立森林

ウルフクリーク
猟奇殺人谷

2005／オーストラリア・アメリカ／監督:グレッグ・マクリーン◉1990年代前半、オーストラリアで実際に起きた猟奇殺人を題材としたサイコホラー。2013年、ドイツ人カップルが殺害された事件をモチーフに、続編の「ミック・テイラー 史上最強の追跡者」が公開された。

◀犠牲者。上段左からジョアン・ウォルターズ、キャロライン・クラーク、ジェイムス・ギブソン、デボラ・エベリスト。下段左からシモーネ・シュミドル、アンジャ・ハブシード、ガボール・ノイゲバウアー。一番右は難を逃れ警察に有力な情報を提供したポール・オニオンズ

公園があるニューサウスウェールズ州で、14人きょうだいの下から5番目として生まれた。一家は貧しかったが、ハンティングが盛んなオーストラリアでは家に銃やナイフがあるのは当たり前。ミラットは幼いころから武器の扱いに慣れ親しみ、時に動物を殺害するなど残虐な一面を見せた。中学卒業後、窃盗や強盗を繰り返し20代半ばまでに約5年を刑務所で暮らし、1971年、2人のバックパッカー女性を強姦し、逮捕されるも不起訴に。1975年、30歳のときトラック運転手となり、2年後にイギリス人バックパッカーの女性2人を拾いレイプ。またも不起訴となったことで、彼は徐々に凶悪さを増していき、やがて鬼畜な連続殺人に手を染める。

ミラットの手口で特筆すべきは、相手を簡単に殺さなかったことだ。劇中の犯人がそうだったように、路上でヒッチハイカーを拾い、雑談を交わしながらベラングロの森に連れていく。そこで、キャンプファイヤーを楽しみ、和やかな雰囲気になったところで本性を現す。1990年3月に殺害したとみられるオーストラリア人カップルの場合は、3人でキャンプを楽しんでいる最中、突然、銃を取り出し、切り株に置いた空き缶に弾を撃ち込んだ。当初、カップルはミラットが銃の腕を自慢したいだけかと思ったが、鳴り響く銃声と確実に弾を命中させる彼の姿にだんだん恐怖を覚え、その場から逃

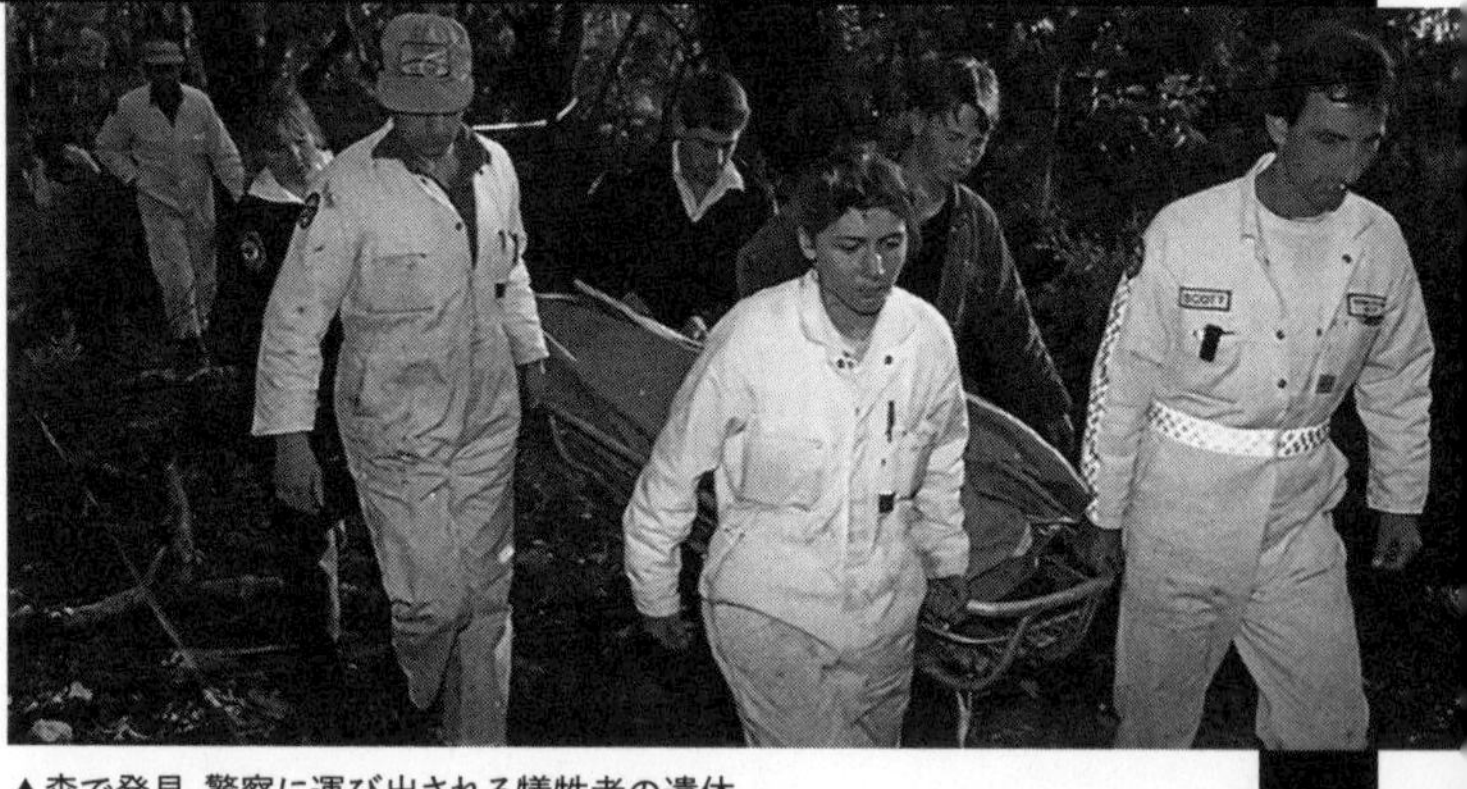

▲森で発見、警察に運び出される犠牲者の遺体

げ出そうとした。が、ベラングロ州立森林公園はシドニーから南西に140キロの広大な森。その全てを知りつくしたミラッドにすぐ見つかり惨殺された。また、最初に遺体が見つかったイギリス人女性2人は、遺体に残った傷と、現場に残されていたミラットが吸ったタバコの本数から、長時間、拷問を受けた後に殺された可能性が高いこともわかっている。被害者が悶え苦しむ姿を十分堪能してからとどめを刺す。快楽殺人鬼の典型だった。

しかし、前出のオニオンズの情報提供によりミラットは捜査線上に浮かび、犯行現場付近に土地を所有していること、最初の遺体が発見された直後に本人所有のトラック（日産サファリ）を売却していることなどから、警察は1994年5月22日に彼の自宅を50人態勢で取り囲み屋内を捜索する。結果、犯行に使用した22口径ライフル銃、被害者の衣服・キャンプ用具・カメラが見つかり、逮捕・身柄を拘束した。

7人の殺害容疑で起訴されたミラットの裁判は同年10月24日に始まった。しかし、ミラットは動かぬ物的証拠、彼の犯行を認める200人以上の証言を前にしても無罪を主張し続ける。曰く、自分の実の弟が真犯人だというのだ。それを裏づける証拠はどこにもなく、1996年7月27日、シドニーのニューサウスウェールズ州最高裁判所は仮釈放のない終身刑を宣告（オーストラリアに死刑制度はない）。服役後も無罪を訴え続けたミラットは、獄中でハンガーストライキを行ったり、脱走を試みたり、剃刀の刃やホッチキスの針を飲み込んで自殺を図るなどしたが、2019年10月27日、食道がんで死亡した（享年74）。

▼殺人鬼のアイヴァン・ミラット本人（上）と、劇中で犯人を演じたジョン・ジャラット（役名はミック・テイラー）。映画「ウルフクリーク 猟奇殺人谷」より

被害者が悶え苦しむ姿を堪能してからとどめを

クロールスペース

シカゴ「殺人ホテル」事件 H・H・ホームズ、

美人の女性ばかり、一説には200人が犠牲に

自分が大家をしているアパートに美女だけを入居させては換気ダクトの中を這いずり回りながら覗き見する中年男。気に入った女性は話し相手として舌を切断して監禁し、入居女性を訪ねアパートに近づく男を捕まえては殺して目をえぐり指を切断、コレクションとしてホルマリン漬けに。やがて、男はナチスの拷問器具を開発していた父親譲りの技術と医者だった頃の知識で、美女たちを血祭りにあげていく——。

1986年のアメリカ映画「クロールスペース」は、異常な癖を持った殺人鬼の狂気の様を描いたスプラッターホラーだ。主人公ガンサーを演じたクラウス・キンスキーの鬼気迫る演技には背筋が凍るが、このキャラクターには2人の実在のモデルがいる。

1人目は、19世紀末のアメリカ・シカゴでホテルを経営していたH・H・ホームズ。客室は気密になっており、金持ちの客が投宿すると毒ガスを送り込み殺害。金品を奪っては、死体を地下室に運び、硫酸槽で溶解した鬼畜である。もう1人はフランスのマルセル・プチオ。第二次世界大戦時、パリがナチスに占領された折り、亡命の手助けをするレジスタンスだと称して裕福なユダヤ人を騙し、自宅にある三角形の奇妙な診察室に招き入れ、毒ガスを送り込んだ男で、

▶主人公の快楽殺人鬼を演じたクラウス・キンスキー(左)。映画「クロールスペース」より

死体は地下室に運び腐敗しないように石灰に埋めた。この2人に共通するのは共に医者で、システマティックな「殺人屋敷」を建築したこと。ストーリーは全く創作ながら、本作が彼らの犯行手口をモチーフに制作されたことは明白である。

プチオの犯罪は1990年に「怪人プチオの密かな愉しみ」というタイトルで映画化されており、ここではホームズが犯した変態極まる殺人について取り上げる。

快楽殺人を実行するために様々な仕掛けが

ホームズは1861年、ハーマン・ウェブスター・マジェットとして米ニューハンプシャー州に生まれた。父親はアルコール依存症で家族にも容赦のない暴力をふるう男。学校でも壮絶ないじめを受けていたが、ある日、いじめっ子たちに連れられ忍び込んだ病院で、後の彼の人生を決定づける出来事が起きる。人体の骨格模型と対面し骨の手を顔面に乗せられたところ、得も言われぬ快感が襲ったのだ。

▲稀代のシリアルキラー、H・H・ホームズ本人（1894年11月の逮捕時）

17歳のときに資産家の娘と結婚し、彼女の財力でミシガン大学医学部に入学、人体解剖学を学ぶ。卒業後、医師の資格を取得すると、妻を捨てニューヨークで開業医に。しかし、大学時代、実験用の遺体を保険金詐欺に使ったことが発覚し、フィラデルフィアを経てシカゴに逃亡。以後「H（ヘンリー）・H（ハワード）・ホームズ」の偽名を用いるようになる。1886年8月のことだ。

シカゴでは薬局に勤務し、やがて経営者となったホームズは店の向かいにある空き地を買い取り、ビルを建て始める。当初は小売店が入る雑居ビルだったが、1892年、翌年開催のシカゴ万博を控え、ビルを観光用ホテルに建て替えることを計画。会場から3マイル（4・8キロ）ほどの好立地ということもあり、彼が建てた「ワールズ・フェア・ホテル」は万博開催の期間中、多くの宿泊客で賑わう。

しかし、ホームズがホテルを設立した目的は、以前から強い願望を抱いていた快楽殺人にあった。100はあろうかという部屋は全て迷路で繋がれ、壁に仕掛けられた覗き穴、スライドする扉、ワンタッチで客を中毒死させるガス栓のボタン、死体を地下にある硫酸槽に運ぶリフト、アスベストで防音された窓一つない部屋は「独房」と呼ばれ、中には様々な拷問用具と外科手術用具一式が揃えられていた。

クロールスペース

1986／アメリカ／監督：デヴィッド・シュモーラー◉女性だけのアパートの経営者の偏執ぶりを描く猟奇スリラー映画。主演のドイツ人俳優クラウス・キンスキーは、「アギーレ／神の怒り」（1972）など、ヴェルナー・ヘルツォーク監督作への出演で知られる名優だが、自ら小児性愛者であることを告白。映画公開から5年が経った1991年に死去した後、自分の娘ら（1人は女優のナスターシャ・キンスキー）にも性的虐待を働いていたことが明らかになった。

説では、彼女はホームズの子供を妊娠したことで、彼に殺害されたと噂されている。こうして犠牲になった女性は、後の本人の自供によれば27人。だが、少なくとも100人、多ければ200人に及ぶとの見方もあり、正確な数はわかっていない。

▲▼ホームズがシカゴに建てたワールズ・フェア・ホテル。下は2階の間取り図で複雑な造りになっていた。図中右は死体を始末する火葬所

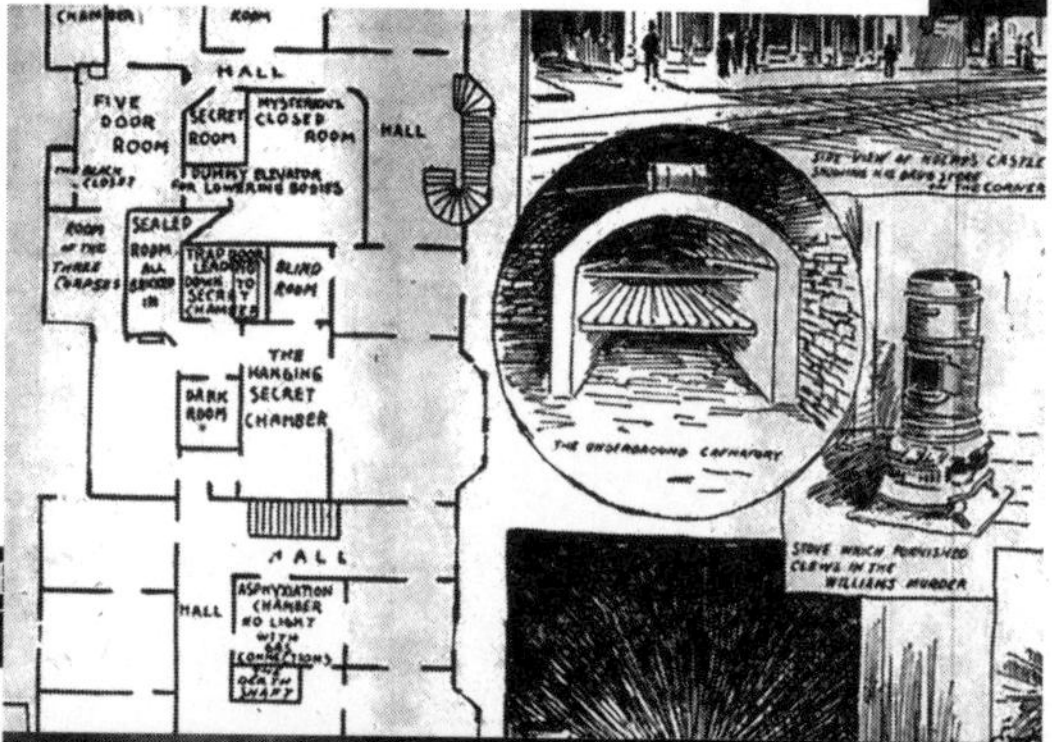

映画の主人公同様、ホームズは殺す相手を慎重に選んだが、獲物はホテルに雇い入れた美人が多かったと言われる。最初の犠牲者は医師の妻で、ホームズが愛人にしていた31歳の女性。彼女はホテル内の宝石屋で働いており、ホームズにさんざん弄ばれた挙げ句、5歳の息子ともども毒殺されたという。また、ミニー・ウィリアムズという22歳の女性は美貌の元女優で、1893年初頭にホームズがホテルの秘書にしたが、働き始めてほどなく姉を訪ねてきた18歳の妹アニーもろとも突然姿を消した。他にも、1892年5月からホームズの下で働いていた23歳の女性は、7ヶ月後に行方不明に。一

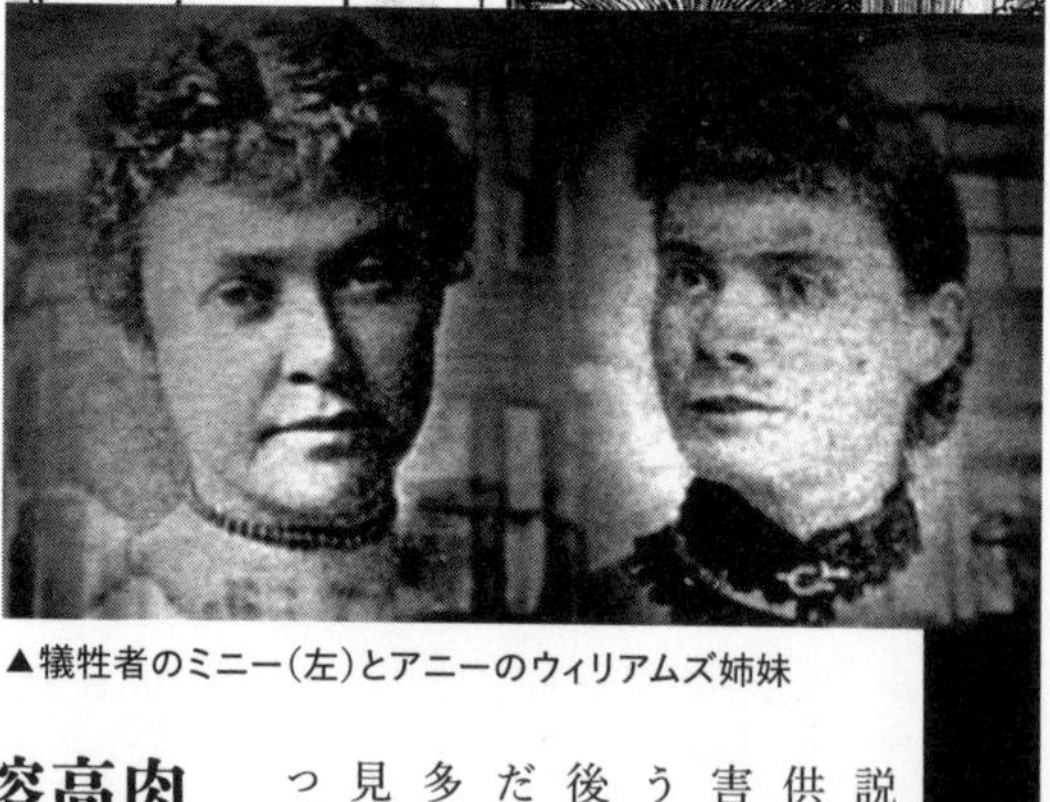

▲犠牲者のミニー（左）とアニーのウィリアムズ姉妹

肉塊や内臓を高濃度の酸で溶かし証拠は皆無

劇中の主人公は最後、入居者の女性に射殺され映画は終わる。が、ホームズは万博が幕を閉じ客足が遠のくと、犠牲者のウィリアムズ姉妹から奪い取った土地のあるテキサス州フォートワースに移住。そこでまた新たな殺人ホテルを建てるべく繰り返し詐欺を働く。その過程で保険金目当てに知り合いの男とその子供ら3人を殺害し、1894年11月、逮捕される。取り調べで、シカゴでの大量殺人が明るみになったものの、物証は皆無。なにせ、ホームズは死体から削ぎ落とされた肉塊や内臓を高濃度の酸などで溶かし、証拠を跡形もなく消し去っていたのだ。検察は仕方なく、保険金殺人のみで起

訴する。

　裁判で、ホームズは自分にサタンが憑依したのだと主張した。曰く「生まれたときから自分の中には悪魔がいた。詩人が湧き上がる旋律を抑えきれないように、自分が殺人者であるという本性を堪えきれなかった。私はベッドのそばで名付け親として立つ『邪悪なやつ』と共に生まれ、そこでこの世界へと誘われ、以来ずっと共にいる」云々。彼なりに正直な心情を語ったのかもしれないが、1895年10月に下った判決は有罪、死刑。処刑はその1年後の1896年5月7日で、当日、フィラデルフィア郡刑務所の絞首台に立ったホームズは落ち着き払った態度で執行人に「焦らなくていい。ただしくじるなよ」と言葉をかけ、首を吊られた（享年34）。

　ホームズが建てたシカゴの殺人ホテルは彼の死の1年前の1895年8月に謎の火事に見舞われ、複数回の爆発音の後に建屋に火がついたものの、崩落からは免れ、1938年に取り壊されるまでそのままの状態で維持された。2023年11月現在、ホテルがあった場所には、アメリカ合衆国郵便公社のエングルウッド支店が建っている。

▲▼当時の新聞に掲載されたホームズの殺害と、死刑執行の様子を描いた絵

THE EXECUTION OF HOLMES—SCENE WHILE HE WAS MAKING HIS FINAL ADDRESS
Sketched in the Prison by a TIMES Artist.

別件の保険金殺人で死刑に

22歳オルガが下した「社会への死刑」

チェコスロバキア・プラハ 暴走トラック無差別殺傷事件

1973年7月、チェコスロバキアの首都プラハの停留所にトラックが突っ込み8人の市民が死亡した。無差別殺人を企み意図的に車を暴走させたのは、当時22歳の独身女性、オルガ・ヘプナロヴァー。犯行動機は「社会への死刑」という身勝手極まりないものだった。2016年の映画「私、オルガ・ヘプナロヴァー」は彼女が惨劇を起こすまでの歪んだ心象風景をモノクロの映像で描写した衝撃の人間ドラマである。

父親から虐待され、13歳で自殺未遂

オルガ（演：ミハリナ・オルシャニスカ）は1951年6月、銀行員の父と歯科医の母を持つプラハの裕福な家庭の次女として生まれた。もともと内気な性格だったが、父のDVや母の厳格な教育で精神を病み（コミュニケーション障害、アスペルガー症候群だったと言われる）、小学校2年から不登校となり、1964年、13歳のときに、精神安定剤メプロバメートを過剰摂取し自殺未遂を図る。このとき、母親は「自殺するには強い意志が必要。おまえには無理。

私、オルガ・ヘプナロヴァー

▲オルガを演じたミハリナ・オルシャニスカ。映画「私、オルガ・ヘプナロヴァー」より

◀オルガ・ヘプナロヴァー本人と、彼女が事件前日に新聞社に送った犯行声明。手紙は事件2日後に到着し、紙面で公開された

あきらめなさい」と心ない言葉で娘を一蹴したそうだ。

その後、精神科病院の女子病棟に入るも、ここで他の患者から激しいリンチを受けるとともに、自分がバイセクシャルであることを自覚。女性同士の性行為に耽る。1960年代半ばの共産圏国家チェコスロバキアで、性的マイノリティは極めて生きづらい存在だった。

1年後に退院し、プラハの製本工場で訓練を受ける。本好きだったオルガが学んだのは書籍の装丁。劇中に説明はないが、当時のチェコスロバキアでは、16歳になると誰もが大人になるためのたしなみとして社交ダンス塾に通うのが常識だったが、彼女は自分には社交性は必要ないとこれを拒否し、本の装丁の仕事に没頭した。しかし、それも長続きはせず、17歳のときトラック運転手に。家族とは連絡を絶ち、プラハの西にあるオレシュコ村に購入した小屋でひとり暮らしを始める。

映画では描かれない放火事件を起こすのは1970年8月7日、オルガが19歳のとき。当時、彼女の父親は家族の憩いの場としてザブロディという村で、相続した農園を経営していたのだが、この日の早朝、オルガはここに火炎瓶で火をつけ逃走する。動機はその農場が両親間の金銭トラブルの原因になると考えたからだそうだが、主因は精神疾患だったようだ。

その後、オルガは小屋を売却し、トラック会社の寮に住む。心の中は孤独と絶望が渦巻いていた。劇中に、給料を受け取る列に割り込まれるシーンがあるが、これも事実に即しており、彼女は自分が社会の邪魔者で、自分を阻害する社会を一方的に憎むようになる。心を許せるのは、かつて入院していた精神科病院の医師だけで、20歳のころには、医師に宛てた手紙に、愛読書だった『おとなしいアメリカ人』（グレアム・グリーン著。1956年刊）の一節を引用し、人々は互いに理解しようなどと努力せずに、より楽に暮らせるはずだ。妻は夫を、恋人は恋人を、親は子を理解できないという事実をいい加減認めればいいのに」と綴っている。どうせ自分のことなど誰も理解してくれない、誰も相談に乗ってくれない。オルガの当時の口癖は「不言実行」だったそうだ。

なぜ、もっと多く殺せなかったのか

オルガはやがて、周りの全員が自分を傷つけようとしていると妄

私、オルガ・ヘプナロヴァー

2016／チェコ・ポーランド・スロバキア・フランス／監督:トマーシュ・ヴァインレプ&ペトル・カズダ◉チェコスロバキア最後の女性死刑囚として、23歳で絞首刑に処されたオルガ・ヘプナロヴァーの人生を描く。全編モノクロ、音楽&心情説明のナレーション無しのドキュメンタリータッチで彼女が凶行に至るまでの内面を映し出し、第66回ベルリン国際映画祭で高い評価を受けた。日本公開は2023年。

▶事件直後の現場の様子（1973年7月10日、プラハのストロスマイェル広場の路面電車停留所）

想を抱くようになり、1973年1月ごろ、21歳のとき、そんな社会への復讐計画、すなわち無差別の大量殺戮を企てる。

当初の計画は、急行列車の脱線か、満員の部屋での爆発テロだった。が、技術的に難しいと判断し、プラハでも最も賑やかなヴァーツラフ広場で銃を乱射することを計画。民兵組織の銃撃訓練に参加した。が、事件現場ですぐに殺害される可能性に加え、火器の扱いが難しかったことから、またも計画を変更し、最終的にトラックで群衆に突っ込むことを決意する。

私、オルガ・ヘプナロヴァー

1973年7月9日、オルガは国内の大手新聞2紙に手紙を出す。

「私は孤独なのです。破壊された女です。人々に破壊された女で…自分を殺すか、他人を殺すかという選択肢があります。私は憎しみを向けてきた人たちに仕返しする方を選びました。名前もわからない自殺者としてこの世を去るのは安易すぎます。言葉でなく実行を。社会はあまりに無関心です。私の評決は以下のとおりです。私、オルガ・ヘプナロヴァーは、あなた方の残忍な行為の被害者として、皆様に死刑を宣告します」

犯行声明にはこの他、父にひどく虐待されたこと、あらゆる職場で侮辱や嘲笑を受けたことなども綴られていたそうだ。

決行は翌7月10日。映画では短いショットで描かれるだけだが、この日の昼、オルガはレンタルしたトラックでプラハ7区の「平和保全者通り」（現ミラダ・ホラーコヴァー通り）を出発し、ストロスマイェル広場に続く緩やかな下り坂に向かう。停留所で路面電車を待つ列に車を突っ込むのが狙いだった。が、予想より乗客が少なかったため、同じルートを一周し、13時30分ごろに再び現地へ戻ると、今度は30人ほどが列をなしていた。そこにアクセル全開で突入。無惨にもトラックで撥ねられた3人が即死、その日のうちに3人が死亡し、数日の間に2人が死亡したほか（犠牲者は60歳から79歳まで計8人）、12人が重軽傷を負う大惨事となる。

犯行直後、オルガは停止したトラックの運転席に座ったままでいた。目撃者の誰もが当初はアクセルとブレーキを踏み誤った事故だと考えた。劇中でも描かれるとおり、現場に駆けつけた警察官も、オルガの身を心配するほどだった。が、彼女は冷静に言うのだ。事故ではない、意図的に突っ込んだのだ、と。

現行犯逮捕されたオルガは取り調べで、反省の言葉を述べるどころか、なぜもっと多くの人間を殺せなかったのか、なぜ事前に両親を殺さなかったのかと自分の犯行の甘さを悔やんだ。

裁判で弁護側はオルガが犯行時、精神疾患を患っていたことから責任能力の無効を主張した。が、1974年4月6日、プラハ市裁判所は、彼女が綿密に計画を立てていることから責任能力を認め死刑を宣告。オルガはその判決を表情一つ変えず受け止めた。高裁、最高裁も一審判決を支持し、死刑が確定。その後、プラハのパンクラーツ刑務所に送られ、1975年3月12日、執行の時を迎える。処刑直前のオルガは、穏やかに刑場に向かった

▼オルガが犯行に使用したプラガRNトラック

チェコスロバキアで死刑を執行された最後の女性

▲犯行後、オルガは運転席から動かず、警察官の問いかけに、意図的にトラックを暴走させたことを告白した。映画「私、オルガ・ヘプナロヴァー」より

という説や、直前にヒステリックに騒ぎ出して命乞いを始め看守が絞首台へ引っ張っていったという説もあるが、いずれにせよ彼女は「ショートドロップ」(短いロープによって行われる絞首刑)により処刑される。享年23。チェコスロバキアで死刑を執行された最後の女性だった。

被害女性は事件発覚後も社会全体から袋叩きに

韓国・密陽女子中学生集団レイプ事件の地獄

2018年公開の韓国映画「マリオネット　私が殺された日」は女子高生時代に集団強姦され、その動画をネット上で拡散された過去を持つ女性教師の悪夢を描いたミステリーだ。題材となった事件がある。高校生41人が1人の少女を暴行し続けた密陽《ミリヤン》女子中学生集団レイプ事件。その犯行は極めて悪質で、後の警察や加害者の親たちの酷い対応もあいまって、韓国社会の人権意識の低さを象徴する特筆すべき事件と言われている。

きっかけは1本の間違い電話だった

映画は現在と過去を交錯させながら、主人公が遭遇する悪夢を描き出す。2002年、韓国・楊平《ヤンピョン》の女子高生ユ・ミナ（演：イ・ユヨン）はある日、交際1ヶ月の先輩男子生徒に誘われ彼の部屋へ行く。帰り際、勧められた栄養ドリンクを飲むと意識朦朧となり、気がつけば椅子に後ろ手で縛り付けられている。彼氏が携帯電話のカメラで自分を写しているのを不思議に思うまもなく、仮面を被った男5人が部屋に乱入、レイプに遭い、その様子を動画に撮られる。やがて、ネットに出回った動画をもとに警察が動き犯人を逮捕。ミ

マリオネット
私が殺された日

▶レイプ被害の過去を持つ主人公を演じたイ・ユヨン。映画「マリオネット　私が殺された日」より

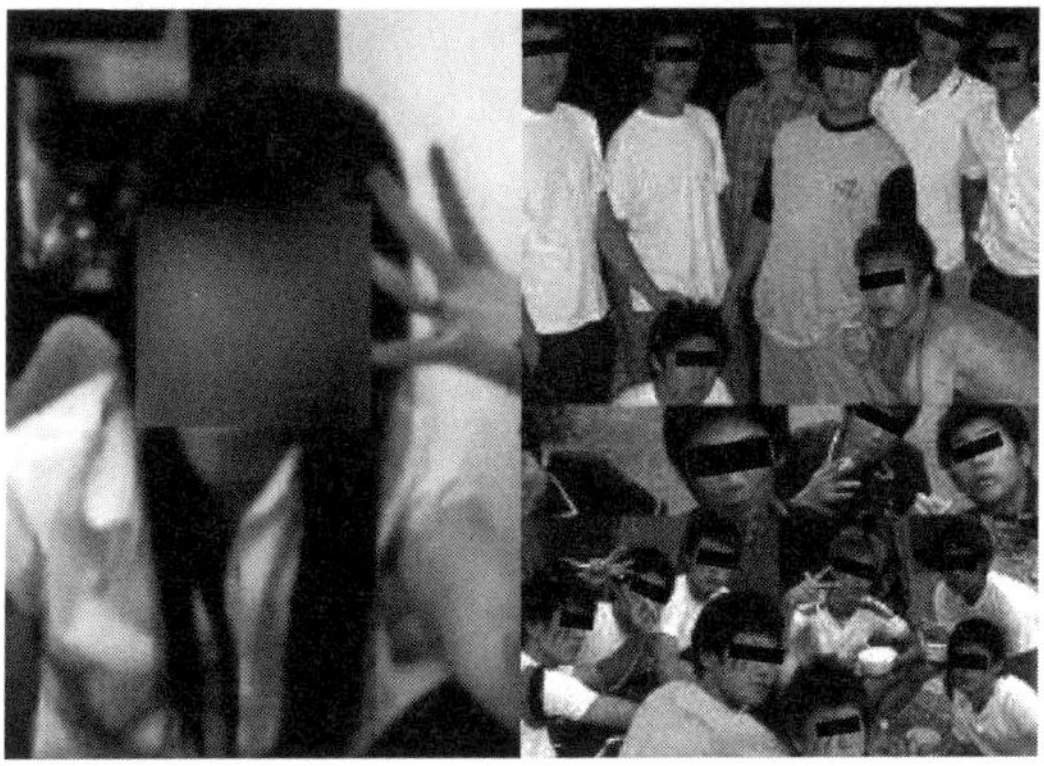

◀ネットに顔をさらされた被害女子(左)と、加害者の高校生たち

ナは転校を余儀なくされ、ハン・ソリンと名前を変更、トラウマを抱えながらも、後に夜間高校の教師に。婚約者との結婚も決まり幸福な日々を手に入れるはずだったが、2016年のある日、忌まわしい過去を思い出させるラインがスマホに届く――。

ミナが経験したレイプ事件のモチーフになった実際の事件は、一件の間違い電話がきっかけだった。2004年1月、韓国南東部の蔚山《ウルサン》に住む中学2年の女子生徒Aさん(当時14歳)が携帯で女友だちに電話をかけたところ、間違って密陽に住む男子高校生キム(同18歳)にかかってしまう。Aさんはすぐに切ろうとしたが、「可愛い声だね。友だちと一緒に遊びにおいで」というキムの誘いに好奇心を刺激され、つい会う約束を交わす。

数日後、妹(同13歳)、従姉妹のBさん(同16歳)と一緒に密陽に向かったAさんを出迎えたキムは、同市内の3つの高校で構成される不良集団「密陽連合」のリーダー、パク(同18歳)に3人を紹介。パクは手下の高校生10人と共

に、彼女らを脅迫したうえで殴る蹴るの暴行を加え、旅人宿《ヨインスク》(簡易宿泊施設)に連れ込み、集団でレイプする。その日はこれで終わったものの、3人の弱みを握ったパクらは以降、強姦時の写真、実名、住所をネット上に暴露すると脅してはAさんを1ヶ月に二度三度と呼び出し、公園やモーテルに連れ込み鉄パイプで殴り、バイブレータでいたぶるなど、性奴隷として弄び続ける。悪行は1年にも及び、加担する高校生も41人に増加した。

Aさんはこの事実を誰にも言えず独りで悩み苦しみ、同年8月には睡眠薬で服毒自殺を試み、昏睡状態まで陥った。さすがに娘の異常な様子に気づいた母親が事情を聞き出したうえ、蔚山南部警察署に通報。結果、同年12月7日、犯行に加担した密陽連合所属の男子高校生全員が身柄を拘束されることになる。

問題は、この後の警察の対応だ。当初から女子生徒の立場、心情を軽んじていた当局は、捜査当初の7日午後、Aさんが警察署の裏庭で加害者家族に囲まれ「このままですむと思うな」「体に気をつけろ」などと逆恨みで脅迫されていたのを見逃していた。また、警察署では「担当を女性警官にしてほしい」とのAさんの要求は無視され、男性警官が「密陽の恥をさらした」などの暴言を吐いたうえ、容疑確認の目的で加害者1人1人と彼女を対面させ「挿入したか否

マリオネット
私が殺された日

2018／韓国／監督:イ・ハンウク◉同級生の男たちに集団強姦され、その動画をネット上にアップロードされてしまった女子高生が、大人になり再び悪夢に襲われる姿を描いた韓国版ミステリー。タイトルの「マリオネット」は、加害者が被害女性を椅子に拘束して人形を扱うかのように好きに弄ぶことから付けられた劇中のキャラクター名。

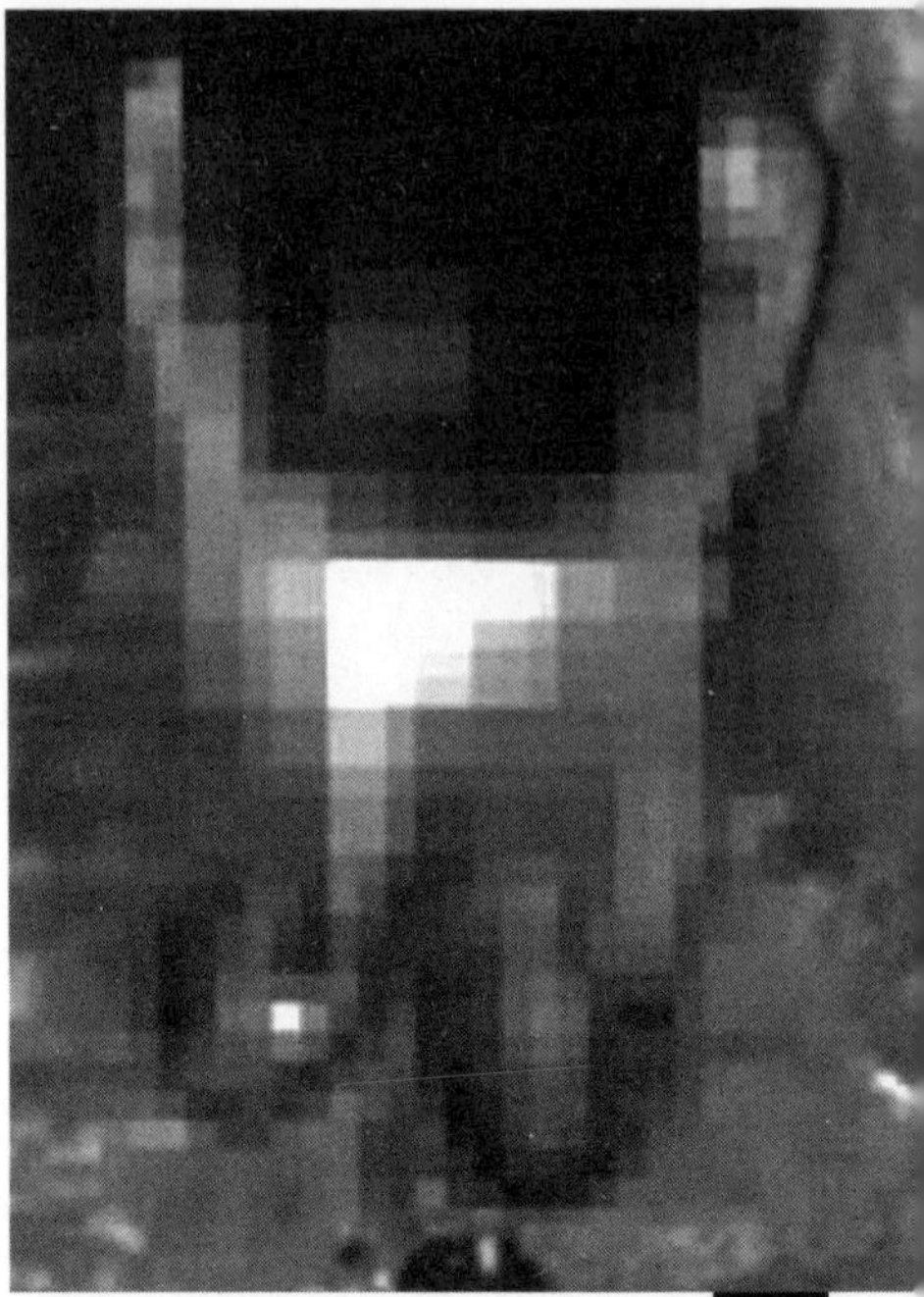

▲ネットで拡散された、被害者が裸で土下座している画像

か」などの露骨な質問を浴びせていた。これにより、Aさんの恐怖はさらに増幅する。

金欲しさの父親に説得され加害者と示談

こうした警察の人権侵害行為に対し、国家人権委員会が調査のメスを入れ、同年12月13日、蔚山南部警察署は被害者を卑下した発言などを認め、警察署長が謝罪。捜査責任を持つ幹部4人が問責人事処分（責任を取って辞職）となるが、同日夜、彼らは蔚山市内にあるカラオケボックスで酒を飲みながら、被害者の実名を口にして「胸くそ悪い」などと暴言を吐いたという。さらに、韓国国内の反応も極めて冷たかった。事件がテレビで大々的に報道されたことで、

▲事件が発覚、蔚山南部警察署に連行された加害生徒たち（2004年12月7日）

マリオネット 私が殺された日

加害者は誰1人 処罰されず全員が釈放

好奇心丸出しの〝ネチズン〟が被害者女性の個人情報を突き止め、実名や顔写真をネットにさらしたのだ。

こうした異常なまでの誹謗中傷にさらされたAさんはうつ病、パニック障害など数々の精神疾患を発症、ソウルの病院の精神科へ入院する。そして、彼女の病床には毎日のように加害者の親が訪れ、慰謝料支払いによる和解を迫る。むろん、合意する気持ちは毛頭ない。が、金欲しさに示談に応じるよう彼女を説得する父親と親類。

最終的に彼女は折れ、賠償金5千万ウォン（約500万円）の和解書にサインする。このときの心情を後にAさんは「加害者は憎かったが貧しさから逃れたくて合意した。加害者を許したはずなのに後からあざ笑われたようで、開いた口がふさがらなかった。時間を戻せるなら合意なんか絶対にしない」と述べたという。ちなみに、彼女の父親は加害者家族から受け取った賠償金のうち1千500万ウォンをAさんに、残りは合意を勧めた親戚たちと山分けしたそうだ。

　その後、彼女は父親によって強引に退院させられる。しかし、復学しようにも地元の学校には通えず、転校先も見つからなかった。「問題のあった生徒」として、大半の学校が受け入れを拒否したからだ。それでも、劇中の主人公がそうだったように弁護士の協力を得て、ソウルの公立校に転校する。が、そこでも恐怖が待っていた。加害者の母親が学校を訪れ、「少年院での息子の処罰を減刑するために嘆願書を書いてほしい」とトイレにまで執拗に付きまとってきたのだ。結果、ようやく入れた新しい学校でも、集団暴行事件の被害者という事実を知られてしまう。

　重度のうつ病を再発したAさんは嘔吐するまで食べ続ける摂食障害を伴い、1ヶ月足らずで学校をやめ、そのまま家出してしまう。映画の主人公は14年の年月を経て教師という仕事に出会い、婚約者まで見つかるが、実際の被害女性が現在どんな立場にあるかは定かではない。

　一方、加害者は20人が処罰の対象となり、その内10人が少年院に送られた。が、すでに示談が成立していたことから全て前科が残らないような処置に。検察が起訴した残り10人も釜山地方家庭裁判所で5人が保護処分を受けて少年院に、残り5人は処罰を受けることなく釈放された。また、学校側の処罰は1校の7人が3日間の校内奉仕活動を科せられたのみ。結局、加害者らは1人も刑罰を受けず、その後、全員が事件前と変わらない学校生活を送ったという。

　性犯罪者がのうのうと復帰できる韓国社会。被害者が受けた苦痛を考えると、あまりに理不尽な結末と言えるだろう。

▼テレビが大体的に事件を取り上げたことで、被害女性は幾重もの精神的レイプを受けた

▶警察の対応の酷さに女性対策委員会が抗議の訪問。謝罪する蔚山南部警察署長

己の変態欲を満たすため獲物を車にピックアップ

全米で50人以上を監禁・拷問・殺害した「トラックストップ・キラー」

2021年公開のアメリカ映画「ミッドナイト・キラー」は6人の売春婦が連続して殺害された事件を追うFBI捜査官の姿を描いたクライム・サスペンスだ。物語は全くのフィクションだが、劇中で残忍な犯行を繰り返すトラック運転手の男性は、1970年代半ばから15年にわたり、若い女性を中心に50人以上を殺害したとされるロバート・ローズをモチーフとしている。自身が仕事で使う長距離トラックに拷問部屋を作り鬼畜の限りを尽くしたローズは「トラックストップ・キラー」の異名で恐れられた。

「BDSM」にどっぷりハマった挙げ句

犯人のモデルとなったローズは1945年、米アイオワ州で生まれた。ごく平凡な少年時代を送り、高校卒業後の1964年に海兵隊に入隊。時を同じくして衝撃的な事件が起きる。消防士だった実父が12歳の少女を虐待した容疑で逮捕された挙げ句、裁判を待っている間に自殺したのだ。この一件は、ローズの後の人生に暗い影を落とすことになる。

ミッドナイト・キラー

▶連続殺人犯を追うFBI捜査官を演じたブルース・ウィリス(左)とミーガン・フォックス。映画「ミッドナイト・キラー」より

1960年代後半に海兵隊を除隊して以降はショップ店員や倉庫の管理人、レストランの厨房スタッフなど職を転々とし、最終的に長距離トラックの運転手となる。一方、私生活では1970年代始めに結婚し息子も授かったが、ほどなく離婚。その後、1980年代までに2度結婚するも、長くは続かなかった。原因はローズが「BDSM」と呼ばれる特異な性癖を持っていたことにある。これは、体を拘束することで快感を得る「ボンデージ」、相手に絶対服従を求める「ディシプリン」、相手に苦痛を与え、与えられることで快楽を得る「SM」を表しており、特に3番目の妻に四六時中暴言を吐き、BDSMのパーティへの参加を強要した。表向きは妻子を愛する劇中の犯人とはまるで異なる人物像である。

ローズの犯行は、自分がどっぷりハマるこのBDSMの相手を探し始めたのがきっかけで、まだ結婚中だった1975年ごろから仕事の合間に出会うヒッチハイカーの女性や、トラックドライバー専用の駐車場を根城にする娼婦に声をかけ、強姦、拷問、殺害を繰り返した。その犠牲者は50人は下らないとされるが、実際に立件されたのは1990年に起こした事件だけである。

▲「トラックストップ・キラー」ことロバート・ローズ本人。嗜虐的性向の一種「BDSM」のマニアだった

同年1月、ローズはテキサス州オゾナの幹線道路でヒッチハイクをしていたパトリシア・ウォルシュ（当時24歳）と夫のダグラス・ジスコウスキー（同26歳）をピックアップする。夫婦はトラックに乗ってほどなく異常に気づく。荷台が手錠や鎖、ムチなど拷問器具で埋め尽くされていたのだ。恐れをなして車から降りようとしたものの、時すでに遅く、ローズはまずダグラスを殺害し、同州サットン郡に死体を遺棄。その後、パトリシアを1週間以上も拘束し、何度も拷問、レイプした後に殺害。遺体をユタ州ミラード郡の人目につかない空き地に投げ捨てた。

1ヶ月後の2月、18歳の女性ヒッチハイカーを拾い、トラックの寝台スペースを改造した拷問専用室で2週間にわたり暴行、SM行為などを強要する。彼女は隙をみて車から逃げ出し警察に駆け込んだが、後にローズが逮捕された際、自分に何の得にもならないと彼を告訴しなかったそうだ。

判決は仮釈放なしの終身刑

1990年3月、テキサス州ヒューストン郊外から家出してきたレジーナ・ウォルターズ（当時14歳）とボーイフレンドのリッキ

ミッドナイト・キラー

2021／アメリカ／監督：ランドール・エメット◉ヒッチハイカーの女性や売春婦を主な標的にして50人以上もの女性を殺害したとされるアメリカの連続殺人鬼「トラックストップ・キラー」をモチーフに、謎の連続殺人犯を追う捜査官たちの姿を描いたクライム・サスペンス。日本では劇場未公開だったが、Amazonプライムや U-NEXTなどの動画配信サービスで視聴可能。

ー・ジョーンズ（同18歳）がトラックに拾われる。ローズはリッキーをすぐに殺害し、レジーナを恐怖心で支配下に置いた後、拷問スペースで彼女を弄ぶ。髪の毛を切り、陰毛を剃り、陰部を魚の釣針で引っかけ、毎日ゆっくりと痛みのレベルを上げていく。さらに、体にムチを打ちつけ、ピンの先を肌に押し付け、口に刃物を立てる。レジーナはすでに抵抗する気力さえ喪失していた。

そんな彼女をもっと虐めるべく、ローズは鬼畜な行動に出る。レジーナから自宅の電話番号を聞き出し、両親に娘がどんな風にいたぶられているか詳細を伝えたのだ。ローズにとっては、それを聞き恐怖する家族の様子が何より快感だった。

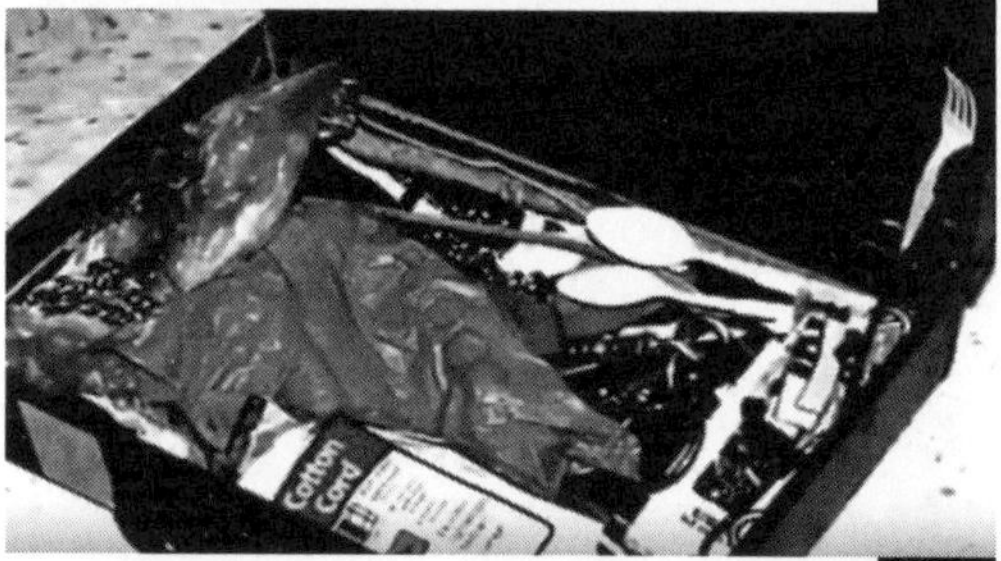

▲ローズが犯行に使用していたトラックと、車内に常備されていた拷問器具やアダルトグッズ

数週間後、ローズはレジーナに黒いワンピースとハイヒールを身に着けさせ、古びた納屋へ連れていく。そこで〝記念写真〟を撮った後、首を絞めて殺害。遺体は後にイリノイ州の牧場でミイラ化した状態で発見されている。

劇中の犯人は最後、自宅敷地内の倉庫に監禁していた少女にナイフで刺され死亡する。同じように、ローズも女性を監禁していた際に逮捕された。

同年4月1日の夜明け前、アリゾナ州警察の巡査が高速道路でハザードランプを点滅させて路肩に停車する1台のトラックに目を留めた。懐中電灯で中を確認し、巡査は仰天する。運転席の後部スペ

▶公に認定されている最初の犠牲者、パトリシア・ウォルシュ（上）とダグラス・ジスコウスキー

ミッドナイト・キラー

ースで、馬につけるようなマスクを装着された裸の女性が、壁に鎖でつながれた状態で悶えていたのだ。彼女の全身には、アイスピックで刺されたような赤い斑点も確認された。

そこに、ローズが顔を出した。思わず銃を構える警官に、ローズは女性とは知り合いで、これも合意のうえでのプレイだと説明する。が、恐怖に怯える女性の表情から事件性を悟った巡査は、その場で

殺害直前に被害者の〝記念写真〟を撮影

▲レジーナ・ウォルターズの最後の姿。写真は殺害直前にローズが撮ったもので、逮捕後、彼の自宅から見つかった

ローズを逮捕。身柄を拘束する。一方、警察に保護された女性は、しばらくはパニック状態だったが、数日後に落ち着きを取り戻し、遠方の友人を訪ねるため、トラック専用駐車場の前でヒッチハイクをしていたところをローズに拾われ、手錠をかけられた状態で性暴力を受け続けたことを供述した。

捜査を担当したFBIは、これまでの未解決殺人事件の多くにローズが関与したものとみて厳しく追及するも、彼は犯行の一切を否定する。が、1994年の裁判でレジーナ・ウォルターズに対する第一級殺人罪で有罪、仮釈放なしの終身刑を宣告され、イリノイ州チェスターのメナード矯正センターに収監される。それから11年後の2005年、パトリシア・ウォルシュとダグラス・ジスコウスキーの殺害容疑で裁判にかけるためにユタ州に送還されたが、被害者遺族の要望により起訴は取り下げられ、再び刑務所へ。その後、改めてレジーナとリッキー・ジョーンズの殺害容疑でテキサス州に送られたものの、ローズは死刑を回避するため検察との司法取引に応じ、彼ら2人の殺害を認め2度目の終身刑を言い渡された。

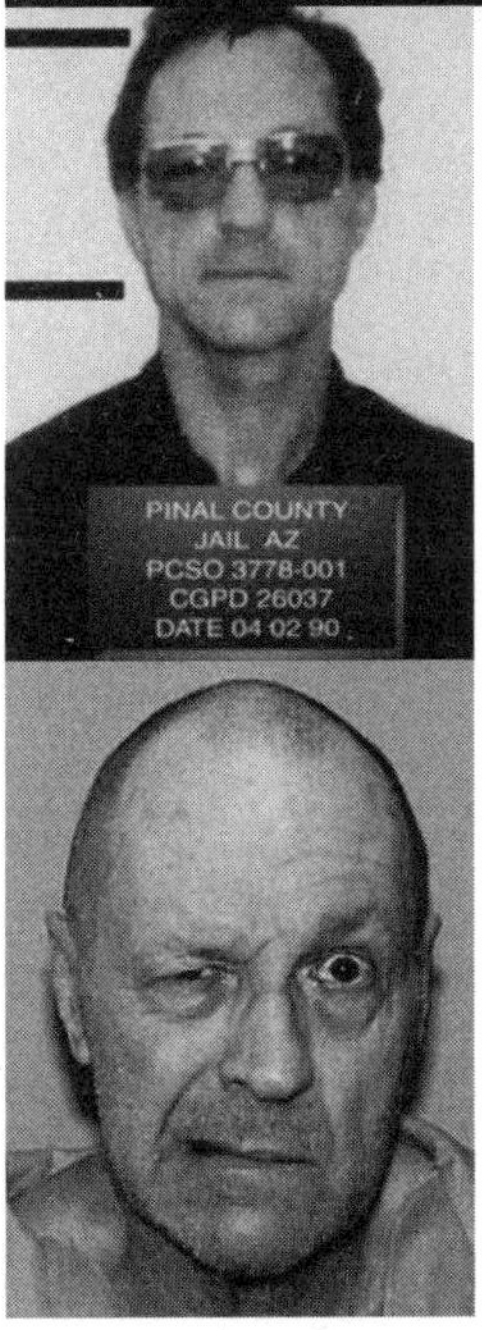

▲1990年4月の逮捕時（上）と70歳当時のローズ。2023年11月現在も刑務所に収監中

第三章

震撼

映画「オーヴァーヒート　最後の制裁」より

余命いくばくもない年寄りと偽装結婚し、保険金を詐取

ジョルジュ・サレとシュミット姉妹の、硫酸風呂殺人事件

悪徳弁護士が美人姉妹と組み、偽装結婚をさせては保険金をかけて殺害、死体を硫酸で溶かして捨てる。1974年公開の映画「地獄の貴婦人」は、ミシェル・ピコリとロミー・シュナイダーという名優が猟奇殺人鬼を演じ話題となったスリラー劇だ。本作は20世紀前半のフランスで、ジョルジュ・サレとシュミット姉妹が実際に起こしたおぞましい事件が題材となっているが、映画と史実には大きな隔たりがある。

金のトラブルから替え玉の男と愛人を殺害

物語の舞台は1930年初頭のフランス・マルセイユ。ある老婦人の家で家政婦として働いていたフィロメーナ・シュミット（生年不明。演：ロミー・シュナイダー）が、婦人が亡くなったことで失業、困窮しているところを悪徳弁護士のジョルジュ・サレ（演：ミシェル・ピコリ）に拾われ、妹のカトリーヌ（生年不明。演：マーシャ・ゴンスカ）ともども犯罪に手を染めていく。

劇中に説明はないが、事件の主犯となるサレは1878年、当時

地獄の貴婦人

▶メインキャストの3人。左からマーシャ・ゴンスカ（カトリーヌ役）、ロミー・シュナイダー（フィロメーナ役）、ミシェル・ピコリ（サレ役）。映画「地獄の貴婦人」より

　オーストリア＝ハンガリー帝国の一部だったトリエステで生まれ、幼い頃にフランスに移住した。マルセイユ大学で医学、化学、法律を学んだ後、新聞記者を経て、40歳のとき司法試験に合格し弁護士に転身。とはいえ、目的はあくまで金儲けで、その仕事は詐欺まがいの悪質なものだったという。

　彼がどんなきっかけでシュミット姉妹と知り合ったかは不明ながら、映画のような出会いの経緯は史実になく、わかっているのは遅くとも1924年までにドイツ出身の姉妹からフランス国籍を手に入れたいとの相談を受け、そのためには〝金持ちの老いたフランス人男性〟と結婚するのが手っ取り早いと助言したという事実だ。

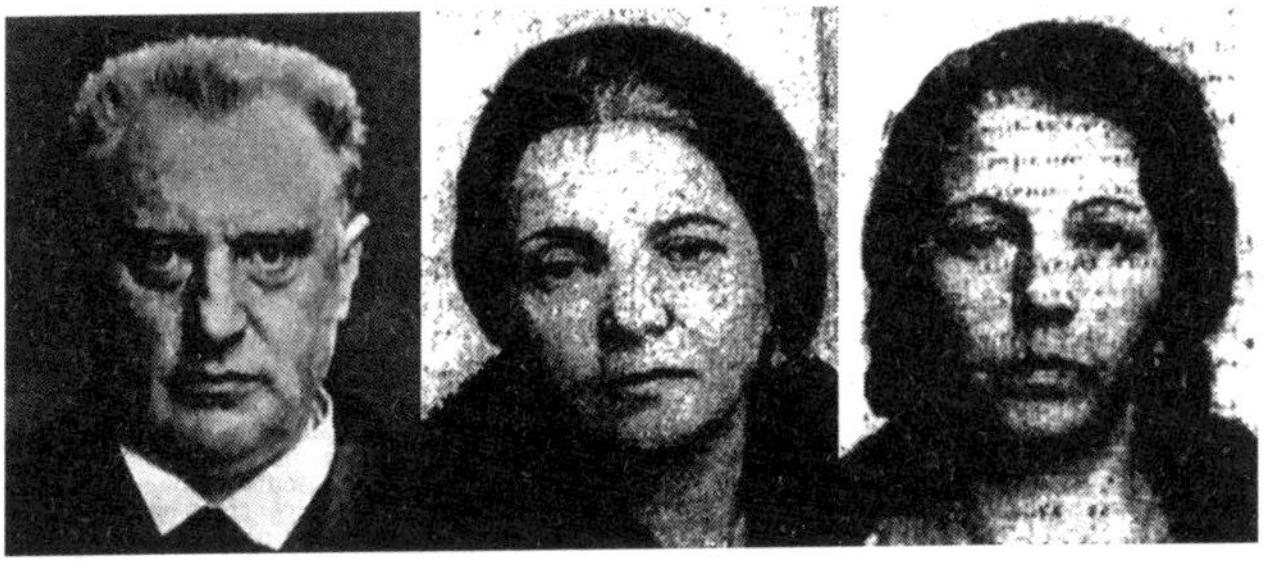

▲モデルになった3人。左からジョルジュ・サレ、姉フィロメーナ・シュミット、妹カトリーヌ

　劇中のサレは、カトリーヌを愛人にしたうえで、フランス語を教え貴婦人に仕立てあげ、余命いくばくもない五十男と結婚させる。目的は生命保険詐欺で、五十男とよく似ている健康な男を捜し替え玉を使って保険に加入させ、夫の死を待ち保険金を受け取るという寸法だ。替え玉は報酬と引き換えに仕事を請け負った元伝導師の男で、首尾よく夫になりすまして保険に加入。その3ヶ月後に夫は息を引き取り、入ってきた保険金をサレとシュミット姉妹で山分けにしたまでは計画どおりだったが、替え玉の男が保険金の半分をよこさないと警察に訴えると文句を言いだしたことで事態は一変。サレは替え玉の男とその愛人を射殺し、シュミット姉妹に手伝わせて、硫酸の入ったバスタブで死体を溶かし証拠を隠滅する。

　この辺りの展開はほぼ事実に即している。実際のサレは姉妹とマルセイユ郊外のエクス・アン・プロヴァンスの別荘で一緒に暮らし、2人ともに自分の情婦にした。保険金詐欺に彼女たちを利用するためだ。そこで、まずは映画同様、カトリーヌを余命わずかな老人と結婚させ、元司祭のルイ・シャンボンという男を替え玉にして生命保険契約を締結。思惑どおりカトリーヌの夫はほどなく死んだが、いざ保険金が手に入ると、シャンボンがゴネ始め、取り分の増額を要求してきた。そこで、サレはさらに分け前を渡すと偽り、シャンボンと愛人を別荘に招くや2人を銃殺。シュミット姉妹に協力させ、遺体を浴槽に入れ硫酸を注いだ。1925年8月19日のことだ。

　劇中の死体処理のシーンは凄惨を極めるが、現実もそうだった。射殺した2人の死体を2階にあるバスタブに入れ硫酸を注ぎ、ドロ

地獄の貴婦人

1974／フランス・西ドイツ・イタリア／監督：フランシス・ジロー◉ドイツからの移民の美人姉妹が悪徳弁護士の男と組んで、保険金殺人を企むカルトムービー。遺体を硫酸で溶かした実際の事件に基づく猟奇的な内容ながら、タッチはブラックコメディで、巨匠エンニオ・モリコーネの陽気でコミカルな音楽が陰惨なシーンと上手く融合している。

ドロになった液体を、サレがかき回しながらバケツに汲み出す。フィロメーナとカトリーヌは庭に大きな穴を掘り、何度もバケツを運び中身を捨てる。そこには、崩れてはいるが人体の固形部分が残っている。フィロメーナは穴のそばに立ち、長い杓子で泥状の液体をかき混ぜながら地面に浸潤させた。もっとも、途中カトリーヌが空腹を覚え血だらけの現場でスパゲッティを食べたり、フィロメーナが異様な興奮を覚えサレに口淫するシーンは創作されたエピソードある。

▼遺体を硫酸で処理する場面は、ほぼ事実に基づいている。殺人に手を染めた興奮で、ロミー・シュナイダーがミシェル・ピコリに口淫する有名なシーン。映画「地獄の貴婦人」より

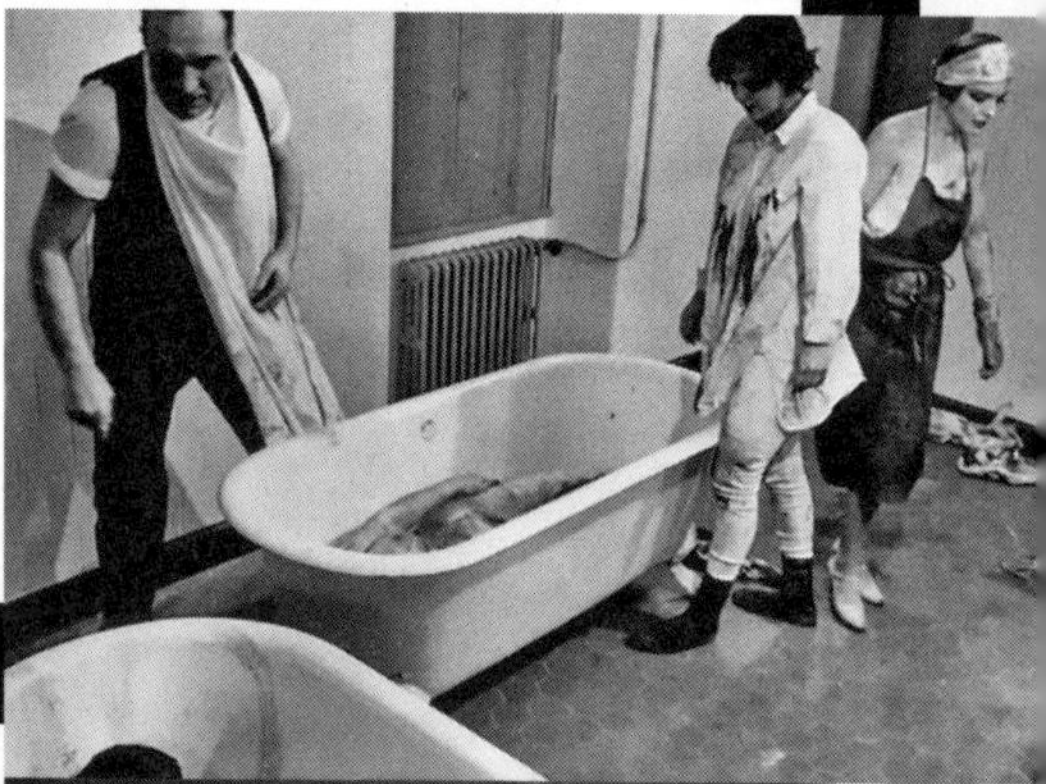

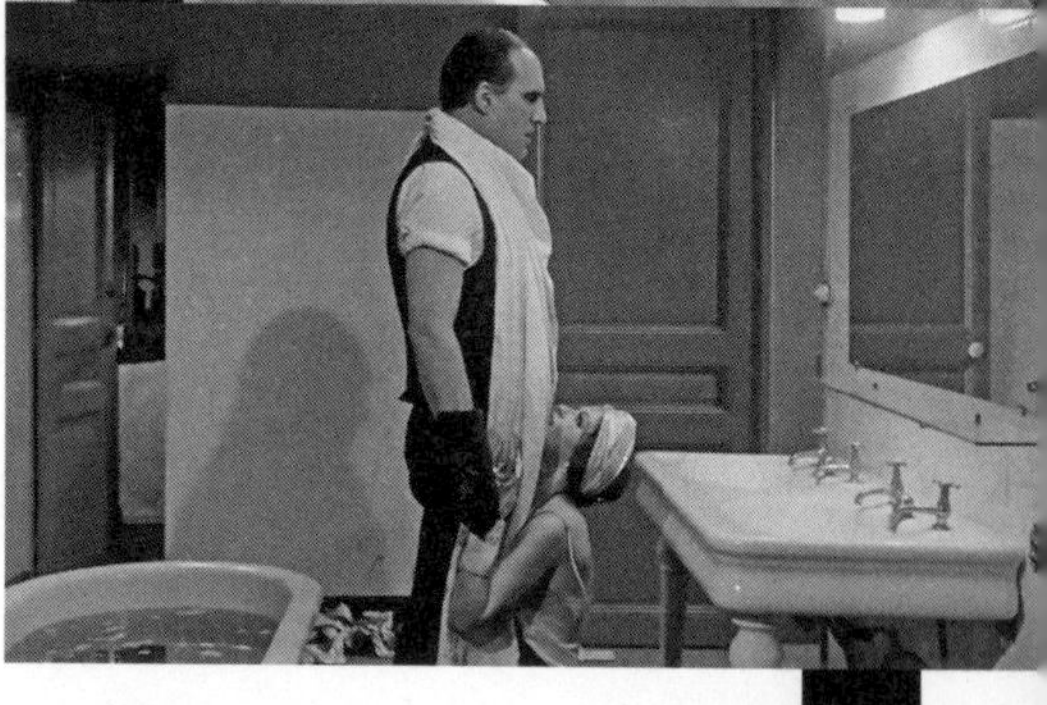

遺体がなければ無罪と主張

映画はこの後、カトリーヌに替え玉の女性を用意し生命保険に加入、またも詐欺を目論むが、カトリーヌ自身が謎の死を遂げ、大金を手に入れたサレとフィロメーナが盛大な結婚式を挙げて終わる。

現実は全く違う。カトリーヌに多額の保険をかけたことは劇中のとおりながら、実際のサレは肺結核を患う若い女性を毒殺してカトリーヌ名義で埋葬、保険金の詐取に成功している。その後、カトリーヌは身を隠すためにニースに移り、そこで男性と恋に落ちた。

事件発覚は、シャンボンらの殺害から6年後の1931年。フィロメーナが自身に替え玉を立て生命保険詐取を企んだものの失敗、警察に逮捕され、サレの犯行を洗いざらい自供したのだ。

ほどなく逮捕され殺人罪や死体遺棄罪などで起訴されたサレは、裁判で弁護士のスキルをいかんなく発揮、遺体が存在しないことから物的証拠はないと無罪を主張し審理を2年も長引かせる。しかし、1933年10月、下った判決は4件の殺人で有罪、死刑。執行は半年後の1934年4月10日だった。この日の朝、エクス・アン・プロヴァンスの市庁舎前広場には多くの群衆が集まった。サレの首がギロチン台に挟まれ、死刑執行人がレバーを操作する。しかし、刃は落ちることなく途中で止まった。サレが「愚か者ども！」と罵倒する。そして待つこと10分。死刑が再執行され、今度は問題なくサレの首が斬り落とされた。享年55だった。

ちなみに、シュミット姉妹には裁判で懲役10年と、釈放後10年の

国外追放が言い渡された。その後、2人がどんな人生を送ったかは不明である。

サレの処刑から15年後の1949年2月、イギリス・ロンドンでジョン・ヘイグ（当時39歳）という男が逮捕された。容疑は殺人罪。1944年から5年間にわたり9人を殺害、遺体を自宅敷地内の工場にあったドラム缶に入れ、硫酸で溶かし処理していた。ヘイグの目的は「殺人を犯しても死体が発見されない限り罪に問われない」完全犯罪を証明すること。動機こそ金ではなかったが、彼がサレの犯行手口を真似たことは言うまでもない。ヘイグは裁判で死刑判決を受け、1949年8月10日、絞首刑に処された。

◀裁判に出廷する際に撮られた姉フィロメーナ(右)と妹カトリーヌ本人

市庁舎前広場でギロチンによる斬首刑執行

▲サレ(右写真の左)は裁判で法律の知識をいかして自身を弁護、審理を長引かせたが判決は死刑。1934年4月10日、公衆の面前で処刑された

中国の凶悪犯、チャン・ジュン連続強盗殺人事件

約1億円を強奪し、28人を殺害

2020年公開の「オーヴァーヒート　最後の制裁」は、武装強盗グループの「イーグル団」と、警察の犯罪捜査隊が繰り広げる死闘をスリリングかつスピーディに描いた犯罪アクションだ。綿密な下見、完璧な役割分担、派手な銃撃戦など、いかにも創られた設定だが、劇中でダニエル・ウーが演じた主人公には実在のモデルがいる。1990年代の中国で仲間を率いて強盗を繰り返し約536万元（約1億円）以上を奪ったうえ、28人を殺害したチャン・ジュンだ。

血縁・地縁関係のある20人で犯行グループを組織

チャンは1966年、中国・湖南《こなん》省の貧しい家庭で7人兄弟の末っ子として生まれた。履く靴や食べる物さえなく、高校1年で中退を余儀なくされると街のならず者と一緒にケンカに明け暮れ、17歳で少年院へ送られる。出所後の1991年、1人で自作の散弾銃を持ってタバコ卸売市場へ出向き、木製ドアをガソリンで焼き、中に

オーヴァーヒート
最後の制裁

▶劇中の強盗グループ「イーグル団」を率いる主人公を演じたダニエル・ウー(右端)。映画「オーヴァーヒート　最後の制裁」より

◀主人公のモデルになったチャン・ジュン(2000年9月の逮捕時)

いた老人を射殺。簡単に大金が手に入ることを実感し、以後、殺人も厭わぬ強盗の道を突き進む。

2年後の1993年、少年院仲間を誘ってレストランに押し入ったが、抵抗に遭い女性店主を射殺した際、誤って仲間の足を撃ってしまう。仲間を背負って逃げ出したものの、点々と残る血痕を辿られアジトがバレると思うや、仲間をハンマーで撲殺、川に投げ込んだ。劇中で主人公が、犯行現場から逃げ遅れてケガを負い警察に捕まりそうな仲間に手榴弾を投げて殺害するシーンは、この事実に基づいている。

映画では、毎回犯行は「イーグル団」に所属する6人のメンバーで実施される。が、チャンは違った。後に中国のメディアが「ゴッドファーザー」のファミリービジネスモデルと似ていると評したように、コルレオーネ一族同様、親戚や同胞など血縁・地縁関係のある20人の中から、その時々に応じて2~4人を起用、万一にも裏切者が出ないよう厳しく管理した。また、犯行スキルが低いと感じたメンバーは山へ連れていき、ガラスのカウンターを作るなどして強盗の実戦練習を行った。結果、メンバー全員が金品を奪って現場から逃走するまで3分もかからなかったそうだ。

特筆すべきは、自分と肉体関係を持った女性たちも犯行に加担させたことだ。10代で結婚した妻を筆頭に、2000年の逮捕時点で8

人の愛人が存在し、彼女らに弾薬の輸送、偵察、強盗への協力などを要請。中には強盗に関与し、自ら殺人に手を染めた者もいた。

映画を見て不思議に感じるのは、警察とギャングで武器の能力に差がありすぎる点だが、これも事実である。1990年代当時、中国の警察が使用していたのは、威力が弱い64式拳銃と79式短機関銃。最高レベルでも装弾数がたった20発のサブマシンガンだった。対しチャン側は、密輸されたソ連製のAK-47(自動小銃)やベルギー製のブローニング拳銃、さらに81式アサルトライフルに加え、手榴弾も装備していたことから、レベルの差は歴然だった。

映画はこうした点も現実に即して描いているが、それは主人公が売人から銃を買うシーンにも表れている。彼が口にした「外国人の女の子の水着カレンダーがほしい」という言葉は隠語で、外国人=外国ブランドの拳銃、水着=当時流行していたブローニング社のブランドの拳銃(当時、水着美女が描かれたカレンダーが人気だったことから)を意味し、チャンらが実際に使っていた。

愛人4人を含む10人が銃殺刑に

映画は最後、銭湯の湯船で主人公が刑事に逮捕され、銃殺刑にな

オーヴァーヒート
最後の制裁

2020/中国・香港/監督:ラウ・ホーリョン◉中国で1991年から強盗や殺人などを繰り返した実在の凶悪犯チャン・ジュン(張君)をモデルとした実録犯罪映画。日本では劇場未公開だったが、2021年にWOWOWで「チャイナ・ヒート 極悪強盗団vs特別捜査隊」の邦題で放送された後、現タイトルに変えDVD化された。

▲1995年、重慶の貴金属店を襲うチャンたちの犯行を市民が撮影した1枚
▼逮捕1ヶ月前の2000年8月、湖南省常徳市で銀行の現金輸送車を襲撃。7人を殺害した

ったところで終わる。もちろん実際は、チャンと警察が素っ裸のまま闘うようなことは起きていない。が、劇中で主人公の愛人をマークしていた警察が居所を割り出したように、現実でも愛人の1人、クアン・ホンヤンの通話履歴からチャンにたどり着いた。警察が、2人が人里離れた場所で待ち合わせたところに踏み込むと、チャンはとっさに銃で自殺を図ろうとしたが、引き金を引く寸前で身柄を確保。捜査員を指揮していた重慶市公安局副局長のウェン・チャン（1956年生）が、その場でチャンの靴を脱がせ、足の裏に黒いほくろがあったことで本人であることを確認した。2000年9月19日のことだ。

故意の殺人と強盗の罪で起訴され、2001年3月から重慶市第一中級人民法院で裁判が始まった。公判中、犯行の動機を聞かれた際のチャンと検察官のやり取りが裁判記録に残っている。

「なぜ1994年2月に広西チワン族自治区寧明県の衣料品店の店主を殺したのか？」

「彼の金を盗みたかったからです」

「殺す必要があったのか？」

「彼が金を出さなかったから殺しました。私はただ皆のお金を奪いたかっただけなのです」

なんとも身勝手な言い分だが、チャンの理屈によれば、彼に金を与えない者は皆、金儲けを妨害する邪魔者。だから殺したのだという。

2001年4月14日に下された判決は死刑。執行は5月20日で、

▲2001年4月14日、重慶市第一中級人民法院で死刑判決を聞く被告10人

伝えられるところによると、処刑場に連行される際、それまで傲慢な態度だったチャンは泣き崩れ、断末魔の叫び声を上げながら銃殺されたという（享年34）。ちなみに、この日、チャンの他に死刑判決を受けた仲間9人の処刑が執行され、その中には彼の愛人4人も含まれていた。

チャンらを逮捕するため、警察は約150万人に事情聴取し、約380万人の指紋を照合、かかった費用は1千万元（約2億円）以上にのぼった。

驚くべきは、チャンを逮捕した、当時重慶市公安局の副局長ウェンのその後だ。当局は、2009年6月から犯罪組織一斉検挙キャンペーンを展開。公安局などを巻き込んだ大規模汚職事件の摘発に乗り出し、1千500人以上が逮捕される。なんと、その中にウェンが含まれていた。チャンを逮捕する以前から裏社会より金を受け取り、捜査情報を流していたらしい。結果、収賄罪で死刑。2010年7月7日、銃殺刑に処された（享年54）。

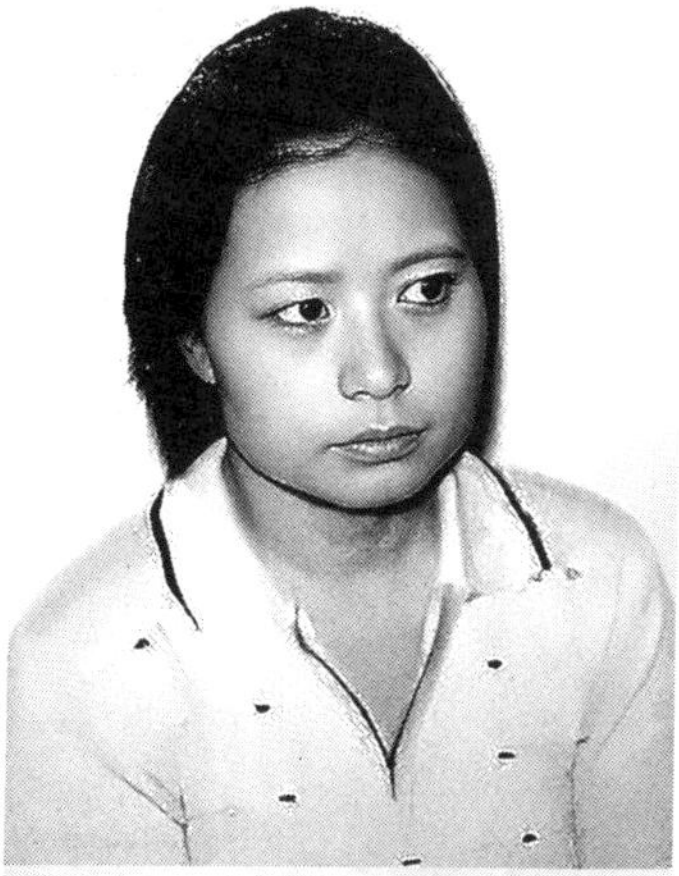

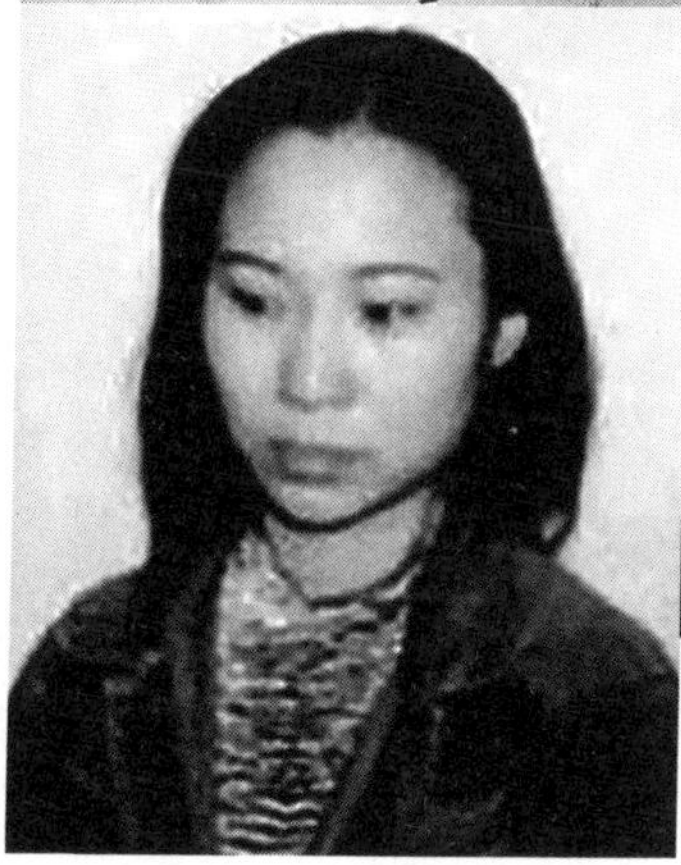

▲死刑になったチャンの愛人のヤン・ミン(上)とクアン・ホンヤン

犯人を逮捕した公安局の副局長も収賄罪で死刑に

▲チャンを逮捕した重慶市公安局副局長のウェン・チャン。
裏社会から金を受け取っていた収賄罪で逮捕され、2010年に処刑された

イスラム過激派組織が起こした残虐非道の犯行

フィリピン・パラワン島観光客誘拐殺人事件、地獄の377日間

2001年5月、世界に誇るリゾート地、フィリピン・パラワン島で観光客20人がイスラム過激派組織に誘拐された。2012年公開の「囚《とら》われ人　パラワン島観光客21人誘拐事件」は、タイトルどおり本事件を題材に、人質が解放されるまでの地獄のような377日間を描いた実録犯罪映画である。

アメリカ人実業家の首を切って殺害

物語は2001年5月27日の早朝、フィリピンのパラワン島に銃で武装したイスラム過激派組織「アブ・サヤフ」のテロリストらが乗り込んでくる場面から始まる。襲撃されたのは高級ホテル「ドス・パルマス・リゾート」に宿泊していた外国人16人。カリフォルニアの実業家ギレルモ・ソベロ、ホテルで結婚18周年を祝っていたカンザス州出身の宣教師夫妻マーティン&グラシア・バーナムのアメリカ人3人と、中国系フィリピン人観光客13人、フィリピン人従業員4人の合計20人。劇中でイザベル・ユペール演ずる主人公のフランス人女性を加えると21人だが、彼女は映画オリジナルのキャラ

囚われ人
パラワン島観光客21人誘拐事件

▲ジャングルを連れ回される人質たち。映画「囚われ人 パラワン島観光客21人誘拐事件」より

◀事件を起こしたイスラム過激派組織「アブ・サヤフ」のメンバー

クターで実在しない。

アブ・サヤフは1991年、ミンダナオ島周辺のイスラム社会を、国民の9割以上がキリスト教徒のフィリピンから独立させることを目的に結成された武装組織で、当初はフィリピン警察や国軍を相手にゲリラ戦を行っていたが、1998年に組織のリーダーを失って以降、強盗や外国人の身代金目的の誘拐で糊口をしのぐ犯罪集団へと変貌していた。事件当時の構成員は100人弱。このとき事件に加担したのは6人だった。

ホテルから人質を誘拐した犯人グループは船に乗り換え、5日後にアブ・サヤフが支配しているバシラン島に到着。この間、人質の名前や職業を聞き出したうえで身代金の額を決定し、本人たちにそれぞれの家族や会社などに金を払うよう連絡させていた。が、ここで人質を監禁するのかと思いきや、彼らは手つかずの自然が広がるジャングルを野宿しながらひたすら移動させられる。至る所で待ち伏せする武装ゲリラや、人質救出を試みるフィリピン軍の攻撃から逃げるためだ。

誘拐から6日が経った6月2日、バシラン州にあるキリスト教徒入植地の一つ、ラミタン市へ。アブ・サヤフは人質を連れてホセ・トーレス博士記念病院と聖ペテロ教会の敷地を占領。聖職者、医療スタッフ、患者も人質に加え、その数は200人以上となる。ようやくここで政府軍が救援にかけつけ病院と教会を包囲し、軍は狙撃兵が迎撃するなか、ヘリコプターからロケット弾と機関銃を敷地内に向かって発砲する。映画で描かれているとおり、その攻撃は人質の安全を確保するどころか、アブ・サヤフもろとも皆殺しにする勢いだった。

闇夜にまぎれ、犯人グループは当初の人質20人のうち11人、病院の看護師5人を連れ敷地から脱出する。その後、身代金を得られないことへの苛立ちも手伝って人質2人を殺害。さらに、フィリピン独立記念日の6月12日にアメリカ人のソベロ(当時40歳)を斬首する。ソベロの妻はマスコミから電話があるまで、夫がフィリピンにいたことさえ知らなかったそうだ。

囚われ人
パラワン島観光客21人誘拐事件

2012/フランス・フィリピン・ドイツ・イギリス/監督:ブリランテ・メンドーサ◉「キナタイ　マニラ・アンダーグラウンド」(2009)でフィリピン人として初めてカンヌ国際映画祭監督賞を受賞したブリランテ・メンドーサが、2001年にフィリピンで実際に起きたイスラム過激派による観光客誘拐事件を題材に描いたサスペンスドラマ。主演は、偶然その場に居合わせ、事件に巻き込まれるNPO団体職員のフランス人女性(演:イザベル・ユペール)だが、彼女は架空の人物。

▶2001年6月1日、船でバシラン島に到着した際(上)と、翌2日に病院を占拠したときの様子

フィリピン軍司令官が身代金の一部を横取り

映画では、アブ・サヤフが船の乗り降りの際に女性の人質に手を貸したり、行く先々の村で住民に金を渡し食事や眠る場所を提供してもらうなど彼らの常識的な一面を描いているが、実際は途中で組織の他メンバー数名が犯行に加わり、残虐非道を繰り返した。

8月2日、バシラン州ラミタン市のバロボ町を襲撃し、32〜35人の村民を人質に取り、3日後にフィリピン軍が攻撃をかけてきた際に11人を斬首。その後、「ゴールデン・ハーベスト」と呼ばれるココナッツ農園を襲い、子供4人を含む15人を拉致、男性2人の頭部をナイフで切断した。

10月中旬、10代の兄弟がバシラン島で水とバナナを取りに行かされた際に隙を狙って逃走する。彼らによると、この時点で人質は14人はいた。11月、身代金を払ってほしいと懇願するアメリカ人宣教師バーナム夫妻のビデオが公開される。2人とも、げっそり痩せており、夫のマーティンが弱々しい声で「毎晩、左手首を木に鎖でつながれている」と状況を訴えた。これを見た親族が身代金50万ドル（当時のレートで約5千万円）を支払ったが、アブ・サヤフは100万ドル（約1億円）を要求し、2人の解放を拒んだ。

誘拐から377日が経った2002年6月7日、フィリピン軍がアブ・サヤフのアジトに一斉攻撃を実施し、犯人を確保するとともに人質30人のうち21人を救出する。銃撃戦で、宣教師のマーティンとフィリピン人看護師が死亡し、犯人の一部が数名の人質を連れてジャングルに逃げ込んだものの、後に逮捕され、事件はようやく終わりを迎える。

2004年7月に始まった裁判は2007年12月に結審し、犯人全員に終身刑が言い渡された。が、その過程で意外なことが発覚した。アブ・サヤフによって人質となったラミタン教区司祭が、フィリピン軍司令官らが身代金の一部をもらい、アブ・サヤフを意図的に逃がしたと証言したのである。この件については、生き残ったグラシア・バーナムも、後に出版した回顧録『敵の存在下で』の中で、身代金の一件を明らかにした他、軍の兵士らが犯人に物資を届けたことも言明している。

なお、アブ・サヤフは現在も犯罪集団として活動しており、2015年にカナダ人やノルウェー人男性らの身代金誘拐事件、2019年にはスールー州ホロ大聖堂爆発事件を起こしている。旅行雑誌などで「最も美しい島」と称されるのは、フィリピンの一面でしかない。

▼人質のアメリカ人の宣教師夫妻マーティン(左)&グラシア・バーナムが身代金の支払いを要求するために撮影されたビデオ。マーティンは後に銃撃戦に巻き込まれて死亡

▼裁判に出廷した犯人グループ

犯人グループは全員終身刑に

10代後半から20代前半のベトナム系移民4人が籠城

米サクラメント家電量販店「グッドガイズ」人質事件

1991年4月4日、米カリフォルニア州サクラメントのショッピングモールにある家電量販店「グッドガイズ」に、拳銃3丁と散弾銃を持った4人組の強盗が押し入った。彼らは店内に居た客と従業員合わせて41人を人質に取り、8時間にわたって立てこもる。2019年公開の映画「クリアショット」は、本事件の発生から解決までを描いたクライムアクションである。

ロボコップのような防弾ベストを要求

「店で男たちが発砲している」

「グッドガイズ」従業員から911に一報があったのは、この日の13時33分だった。強盗が銃を手に店内に侵入、天井に向け乱射しているという。ただ、店内のどこかに身を隠しながらの電話らしく、通報者は犯人の姿を見ていないらしい。

映画では、通報を受けた主人公のリック・ゴメス刑事（演：マリオ・バン・ピーブルズ）が早々に現場に到着し、犯人側と交渉に臨むことになっているが、最初に犯人と交渉をしたのは、劇中では描

クリアショット

▲籠城した犯人に銃を突きつけられる人質男性。映画「クリアショット」より

かれない地元警察本部の緊急通報センターのジェリー・ゴメスという名の巡査部長だった。ピープルズが演じた刑事はこのゴメス巡査部長ら複数の捜査官から作り上げた架空のキャラクターである。

すぐに現場近くの銀行に対策本部が設置され、警察無線を傍受した地元メディアが店の前へと殺到するなか、ゴメス巡査部長が店内の犯人へと電話をかける。受話器を取った男は妙な英語のアクセントで「タイランド（タイ王国）」と名乗り、「ロボコップみたいな防弾ベストを持ってこい」と要求してきた。映画「ロボコップ」がアメリカで公開されたのは、事件の4年前の1987年。タイランドはその主人公であるロボット警官が身にまとう、銃弾を跳ね返す鋼鉄ボディのようなベストを準備するよう言ってきたのだ。当然ながら、そんなベストは存在しておらず、ゴメス巡査部長はとりあえず「1枚だけ」渡すことを約束。「ロボコップ」に少しでも似たものをと、SWATが突入の際に身に着ける防弾ベストをチョイスする。

これを「グッドガイズ」玄関前まで届けたのが、映画でも描かれるとおり、パンツを1枚穿いているだけの男性警官だ。武器を持っていないことを証明するため犯人側の要求に従ったのだが、このほぼ素っ裸の警官の姿はテレビでも生中継された。

◀実際の立てこもりの様子。右に銃を持った犯人の1人が見える

警官が玄関前に防弾ベストを置くと、店から1人の女性が出てきてベストを持ち再び店内へ。ほどなく彼女が幼児2人と共に店外へ現れた。最初の人質解放だった。

そのころ、現場にネゴシエイターのボブ・キャリーという名の刑事が到着。緊急通報センターのゴメスから、犯人との交渉を引き継いだ。15時過ぎ、人質交渉班が「グッドガイズ」関係者から、店内の間取りを確認。SWATが、店の裏手にある商品搬入口へと向かう。そこから犯人たちには気づかれずに店内に侵入できるルートがあった。

15時半、キャリーが店内へと電話をかける。タイランドの要求は、400万ドルの現金に50人乗り用の大型ヘリコプター。まずはアラスカまで飛び、給油後にタイに向かうという。さらに、彼は武器弾薬、そして樹齢1千年の朝鮮人参茶を用意しろと伝えてきた。

そのとき、店内から銃声が響き、対策本部に緊張が走る。犯人が防弾ベストの効果を試しただけとわかったが、もはや一刻の猶予も許されなかった。

クリアショット

2019／アメリカ・メキシコ／監督：ニック・レイジャー◉1991年、米サクラメントの家電量販店「グッドガイズ」にベトナム系移民の若者4人が押し入り41人の客と店員と共に立てこもったアメリカ史上最大の人質救出作戦の顛末を描く。監督のニック・レイジャーは自身もアジア系アメリカ人で、当時サクラメントの中学生。実際に近くの駐車場から事件を見ていたという。

犯人3人を射殺、人質も3人が死亡

ほどなく、駐車場の車から犯人の身元が割れる。21歳のロイ、19歳のバム、17歳のロンのグエン三兄弟と、ロンと同級生のクオン・トラン。4人は11年前、まだ幼い頃にアメリカに渡ってきたベトナム難民だった。ロンとクオンは、窃盗と放火未遂で前月に高校を退学になっており、彼らの銃は、犯行前週に、合法的に購入したものだった。

ちなみに、劇中での彼らは移民であることからまともな職に就けないことに失望、事件を起こしたかのように描かれている。が、実際は世間の注目を集めたいという衝動的な犯行だった。また、黒人とメキシコ人のハーフであるゴメス刑事が、自らもマイノリティとして苦労してきた経験から、難民出身の犯人たちに同情を寄せるシーンも全くの創作である。

膠着状態が続いていた19時過ぎ、後にグエン兄弟の長兄ロイと判明するタイランドが「投降してもいい」と伝えてきた。それと引き換えに要求してきたのが、全員分の防弾ベストと、航空券だ。キャリーが難色を示すと、タイランドに代わって「ナンバーワン」と名乗る者が電話に出た。三兄弟の末っ子ロン・グエンだ。キャリーは残りの防弾ベストを届けるから人質を解放してくれと懇願する。が、ロンは「あと30分で残りのベストを持ってこい。さもないと人質全員を殺す」と凄んでみせた。

それでも粘り強く交渉した結果、防弾ベスト3着を22時までに用意すれば、人質3人を解放するとの約束を取りつける。その一方で、SWAT隊員たちが店内に侵入を開始。犯人が立てこもるフロアへと潜入し、静かに、〝その時〟を待った。

スピーカーワイヤーで縛られた人質たちが、店の正面のガラスドアの内側に並べられた。その模様をテレビが生中継で伝えていた。

発生から7時間以上経った21時、ナンバーワンことロン・グエンが、突然1人の男性店員を選び出し彼の足を撃つ。店員は重傷を負いながらも解放された。続いてもう1人、またも足を撃ってから解放。さらには次に撃つ者をコイントスで決めようとするなど、犯人

▲マリオ・バン・ピーブルズ演じる主人公のゴメス刑事は、複数の捜査官の人物像を組み合わせた架空のキャラクター。映画「クリアショット」より
▼犯人の要求に従いパンツ1丁で防弾ベストを届ける捜査員

たちの行動は、明らかにエスカレートしていく。そんなタイミングで、ついにSWATへの発砲許可が下りた。

映画ではこの段階になっても、流血を避けようとするゴメス刑事が自ら店内へと向かい、犯人たちに直接説得を試みる。また、店の前に三兄弟の父親が現れ、犯人たちが激しく動揺するシーンが描かれている。この辺りは完全なフィクションだ。

実際は発砲許可が下りた後、警察は2着の防弾ベストを店の前に置いたのだが、これは誘い水。ワイヤーが巻かれた人質が取りに出て、店内に戻ろうとした瞬間、ドアが大きく開かれ、ワイヤーの端を握っていたタイランドことロイの姿がはっきりと見えた。狙撃手は、それを待っていたのである。ロイに向け銃が火を噴く。ところが、発射された弾は大きく外れドアのガラスに命中。その破片がロイの耳の辺りへと襲いかかった。

混乱の中で、人質の一部が脱出を図る一方、店内奥からSWATチームの7人が犯人に迫る。ガラスで傷ついたロイは、叫びながら

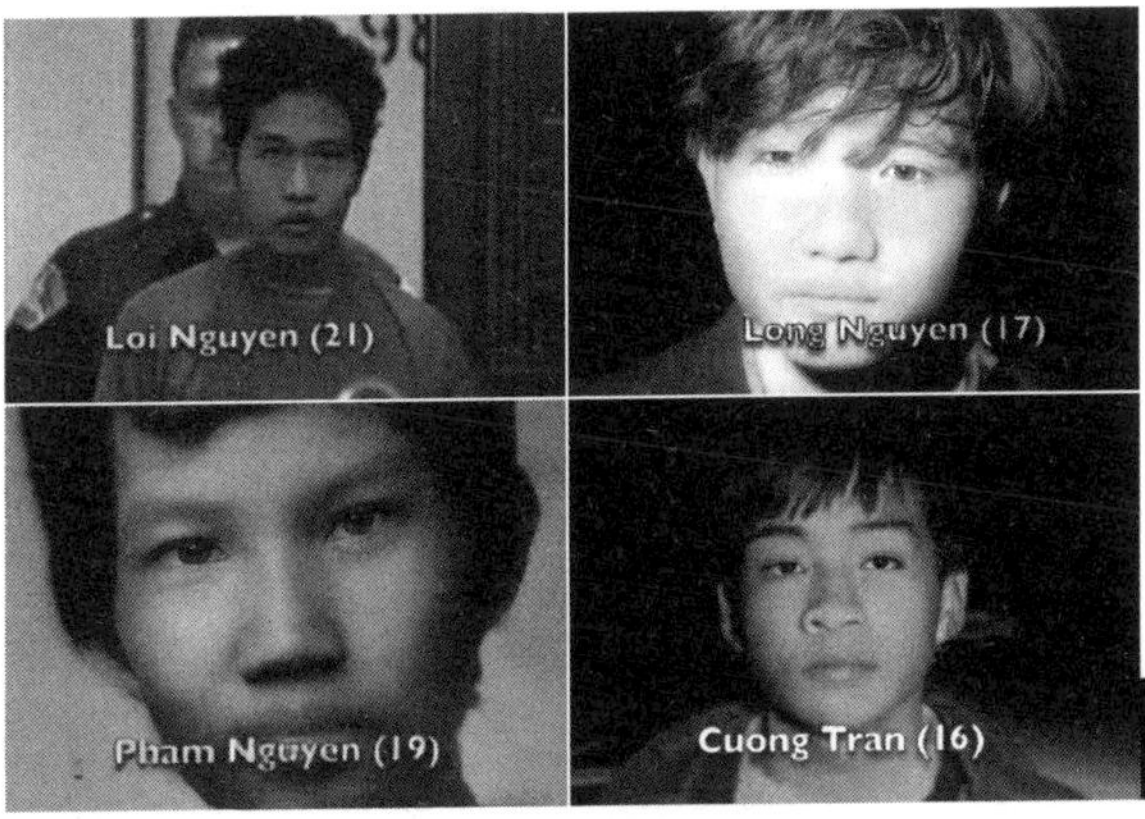

◀犯人グループ。左上から時計回りにグエン三兄弟の長兄で唯一生き残ったロイ(事件時はタイランドと名乗っていた)、三男ロン(同ナンバーワン)、ロンと同級生のクオン・トラン、次兄バム、

人質に銃弾を撃ち込んだ。ロンも、縛られた人質に向かって銃撃を始める。対し、SWATはまずクオン・トランを撃ち倒し、続いてバム、最後にナンバーワンことロンを冷静に射殺した。

突入から終結するまでに要した時間は、わずか30秒。犯人4人中3人が射殺され、人質も3人が死亡、11人が重軽傷を負った。この結果を受け、警察にはネゴシエイターの交渉方法、SWATの突入のタイミングなどに誤りはなかったかなど厳しい批判が寄せられたそうだ。

重傷を負いながらも防弾ベストを着て横たわっているところを発見されたタイランドことロイは、後に病院のベッドから召喚され、殺人や誘拐など54もの罪状で起訴された。死刑こそ免れたものの終身刑の評決が下り、現在はカリフォルニア州ソラノの刑務所に収監されている。

1人生き残った犯人は終身刑に

▲終結直後の現場の様子。事件は地元のテレビ局KCRA3が生中継し、映像は現在もネットで視聴可能

シシリアン・ゴースト・ストーリー

マフィアに2年半以上監禁された果てに

12歳のイタリア人少年、ジュゼッペ・ディ・マッテオ誘拐殺人事件

2017年公開の「シシリアン・ゴースト・ストーリー」はイタリア・シチリア島を舞台に、少女ルナが想いを寄せていた同級生の少年の失踪の真相に迫る姿を幻想的な映像で綴ったラブロマンスだ。映画はシチリア島の美しい自然や2人の悲恋を描き、観る者を酔わせるが、作品のモチーフになった実際の事件については詳細が語られていない。12歳の少年ジュゼッペがマフィアに拐われ、2年半以上にわたって監禁されたうえ殺害された本事件は、映画からは想像できないほど冷酷で陰惨なものだった。

マフィアの父親が仲間を裏切った報復

本作の主人公ルナ（架空のキャラクター）が恋心を抱く少年のモデルになったジュゼッペ・ディ・マッテオ（1981年1月、イタリア・シチリア島パレルモ生まれ）の運命が一転するのは1993年11月23日、12歳のときだ。乗馬に夢中だった彼がよく出入りしていた厩舎に警察の制服を着た数人の男が訪ねてきて「きみのお父さんはいま、警察に協力しているから、そこまで連れていってあげよ

▲ジュゼッペ役のガエターノ・フェルナンデス（手前）と、彼に想いを寄せる少女ルナを演じたユリア・イェドリコヴスカ。映画「シシリアン・ゴースト・ストーリー」より

う」と言う。ジュゼッペは特に疑いもなく彼らの車に乗る。これが全ての始まりだった。

ジュゼッペの父親サンティーノ（1954年生）はシチリア・マフィア、いわゆるコーザ・ノストラのメンバーで、実際このとき警察に拘束されていた。パレルモ地方裁判所の判事、ジョバンニ・ファルコーネ（1939年生）を暗殺した容疑である。ファルコーネはマフィア撲滅運動に尽力した裁判官だったが、それだけにマフィアから敵視される存在で、1989年6月には彼の命を狙った爆弾テロ未遂事件が発生。以来、車で移動の際には3台の警察車両が護衛のため前後を固めており、1992年5月22日、空港からパレルモ市街へ向かう際も万全の体制が敷かれていた。しかし、高速道路を走る車がカパーチ地区に差しかかったとき、道路脇に置かれた13個のドラム缶が突如爆発。爆発物は車を直撃し、ファルコーネと彼の妻、警察官3人の計5人が死亡、23人が重軽傷を負う。

事前に綿密に練られた計画のもと実行されたこの事件は捜査の結果、マフィアの仕業とわかり、関与した数名のメンバーが逮捕される。その中の1人がサンティーノだったのだが、彼は自分の罪を軽くするため、警察と取引し、犯行の詳細、組織の内情を告白する。これに怒ったのが爆殺事件の首謀者で、サンティーノが所属するマフィア組織のボス、ジョバンニ・ブルスカ（1957年生）だ。彼は部下に当たるサンティーノの裏切りが許せず、その報復のため、生まれたときから知っている息子のジュゼッペを誘拐したのだ。

数日後、サンティーノの父（ジュゼッペの祖父）のもとに、ジュゼッペを監禁していること、サンティーノがこれ以上警察に情報を与えると息子を殺害することなどを記した手紙が、ジュゼッペの写真とともに届く。が、祖父ら家族は警察に報告せず、独自に犯人グループと交渉を行う。祖父は誘拐を指示したのが古くから付き合いのあるブルスカであることを承知しており、話せば解決できると踏んだようだ。しかし、その見通しは甘く、犯人グループは交渉の余地を見せず、一方息子が誘拐されたことなど知らないサンティーノは警察への情報提供を続けた。

▲被害者のジュゼッペ・ディ・マッテオ本人。乗馬が好きな明るい少年だった

シシリアン・ゴースト・ストーリー

2017／イタリア／監督：アントニオ・ピアッツァ&ファビオ・グラッサドニア◉1993年にイタリアのシチリア島で実際に起きた誘拐事件をモチーフに、少年少女の悲劇的な恋の行方を寓話として描いたラブストーリー。第70回カンヌ国際映画祭の批評家週間で、イタリア映画としては初のオープニング作品として上映された。

死体を樽で酸漬けにし跡形もなく溶解

誘拐されたジュゼッペは鎖と目隠しをつけられたままシチリア島各地の監禁場所を転々とし、最終的にジュゼッペの家から20キロの位置にある人里離れた倉庫の床下に掘られた穴に入れられた。食事は与えられていたものの、毎日のように拷問を受け、体は日に日に衰弱していった。

ブルスカの読みは完全に外れた。息子を拉致・監禁すればサンティーノが自白を撤回するものと予想していたのに、全くその様子はない。特に彼が不安視したのがファルコーネ判事暗殺への関与である。事件の首謀者が自分と判明、逮捕されれば重刑は免れない。しかし、いくら脅しをかけてもサンティーノは態度を変えない。確信したブルスカはついに指示を出す。ジュゼッペを始末しろ、と。

殺害シーンは劇中でも描かれているが、そのときは誘拐から779日が経過した1996年1月11日だった。犯人グループはまずジュゼッペをベッドの端に座らせ、1人が背後から首にロープをかけ強く引き、1人が腕を、1人が足を押さえた。後の証言によれば、

▲ジュゼッペの父、サンティーノはマフィアの構成員だった

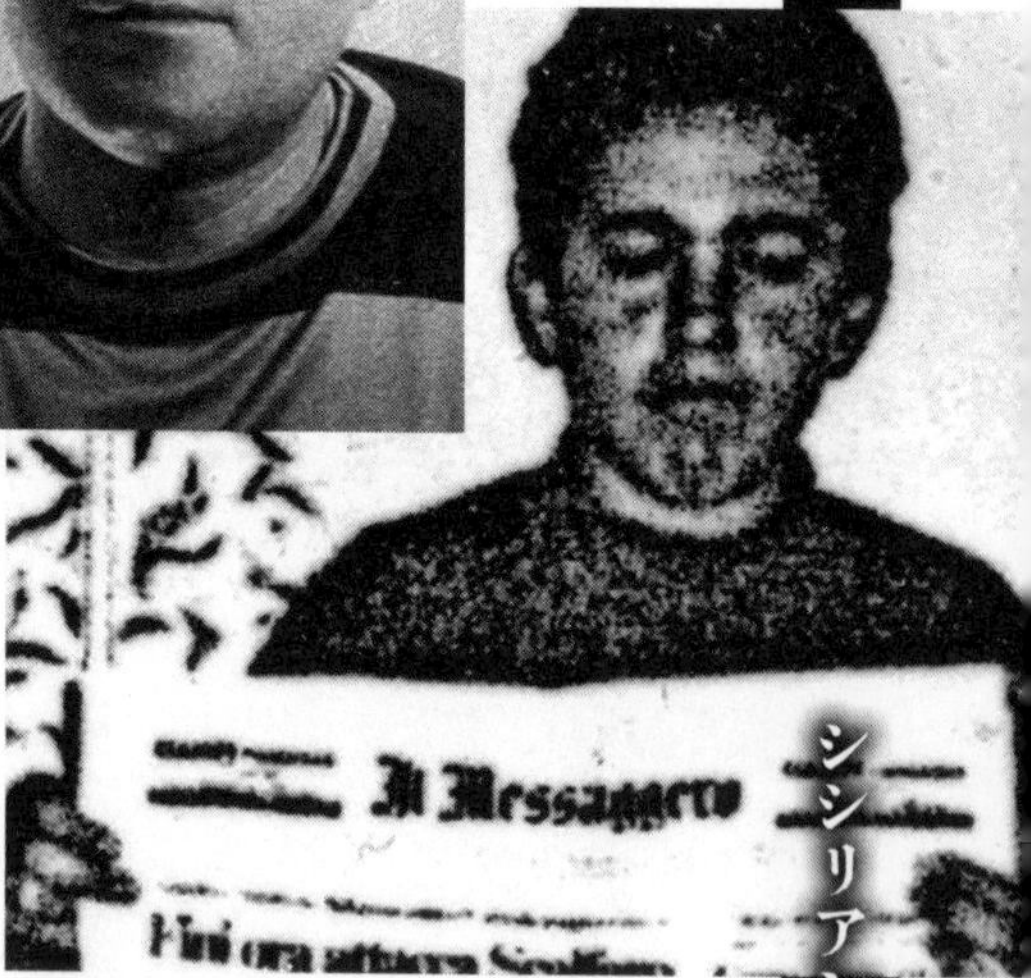

▲家族のもとに送られてきた、監禁されたジュゼッペの写真

シシリアン・ゴースト・ストーリー

このとき彼らの1人が「ごめんね。きみは何も悪くない。きみのパパが裏切ったんだよ」と声をかけたそうだが、ジュゼッペは何も反応せず、されるがままに殺されていったという。その後、犯人たちは酸の入った樽にジュゼッペを放り込み、跡形もなく遺体を溶かす。遺体を発見されないようマフィアが使う〝ルパラ・ビアンカ〟という残忍な手口である。

実行犯と首謀者のブルスカが逮捕されたのは、それから4ケ月後の同年5月20日。誘拐、殺人、死体遺棄などの罪で起訴された彼らの裁判は1997年から始まった。同じくファルコーネ判事暗殺に関与したとして被告の身だったサンティーノはあるとき法廷でブルスカと一緒になり、息子を殺した相手を前に裁判官に対して「私は審理に協力することは約束するが、この獣には何も保証しない。もし2分間放っておいたら、首を切り落としてやる」と声を荒らげ、警備員に制止されたという。

1999年、ブルスカに下った判決は懲役30年（実行犯らは懲役

11年から21年。イタリアに死刑制度はない）。ローマ近郊の都市レビッビアの刑務所に投獄された後、警察へマフィアの内部情報を提供したことが評価され、懲役26年に減刑。映画公開4年後の2021年5月に出所した（2023年11月現在、存命）。

一方、サンティーノは1997年に懲役15年の判決を受けたものの、刑期より10年早い2002年3月に出所。その後、息子を殺害されたことに対する民事訴訟を起こし、2018年7月、パレルモの民事裁判所がブルスカらに220万ユーロの賠償金を支払うよう命じたと報じられている。

主犯の男は懲役30年を受け2021年に釈放

▲ジュゼッペが最終的に監禁されていた倉庫と、その室内。普段は床に空けられた穴の中での生活を強いられていた

▲事件の首謀者、ジョバンニ・ブルスカが逮捕・拘束された際の様子（1996年5月）

全ては女性の作り話だった

米コネチカット州黒人運転手J・スペルでっち上げレイプ事件

チャドウィック・ボーズマン主演のアメリカ映画「マーシャル法廷を変えた男」は、アフリカ系アメリカ人として初めて合衆国最高裁判所判事となったサーグッド・マーシャルが、若き弁護士だった1940年に実際に手がけた一つの裁判を描いた法廷ドラマだ。黒人の男性運転手が雇い主の白人女性を強姦したとされる事件。映画では、被告を無罪に導くマーシャルがヒーローとして描かれるが、事の真相は人種差別が激しかった時代が生んだ残酷なものだった。

4回レイプされた後、池に突き落とされた

舞台は1940年12月の米コネチカット州グリニッジ。邸宅に住む既婚の白人女性エレノア・ストルービング（当時32歳。演：ケイト・ハドソン）が、使用人の黒人運転手、ジョゼフ・スペル（同31歳。演：スターリング・K・ブラウン）を強姦と殺人未遂で告発した。エレノアの訴えによれば、同月10日、友人宅から帰宅した22時半頃、シャワー室を出たところを突然、ナイフを手にしたスペルに襲われたのだという。あまりの恐怖に声を出せないまま、手足をロ

マーシャル 法廷を変えた男

▲左から弁護士サム・フリードマン役のジョシュ・ギャッド、弁護士サーグッド・マーシャル役のチャドウィック・ボーズマン、被告ジョゼフ・スペル役のスターリング・K・ブラウン。映画「マーシャル　法廷を変えた男」より

◀左からフリードマン（事件当時36歳）、マーシャル（同32歳）、スペル（同31歳）。実際の写真

ープで縛られた状態で寝室のベッドで4回レイプされた後、スペルは出張で留守だった彼女の夫に宛て5千ドルの身代金を要求するメモを書くよう強制（身代金の話は劇中には出てこない）。指示に従うと、自宅の車でニューヨーク州境を越えたウェストチェスター郡のケンシコ貯水池まで連れていかれ、橋の上から突き落とされたのだそうだ。

しかし、スペルは警察の取り調べに、エレノアには指1本触れておらず、車で出かけたのも単なるドライブだったと無実を主張する。そんな彼を支援すべく現地に駆けつけたのが、メリーランド州ボルチモアの全米黒人地位向上協会（NAACP。1909年に設立された、人種的偏見と差別の撤廃、非白人の社会的・経済的地位向上のための活動を行う団体）に所属していた黒人弁護士、マーシャル（同32歳）だ。劇中でも少し触れられているように、彼は1933年、ハワード大学を首席で卒業して法学学士の学位を取得、ボルチモアで個人法律事務所を開業する一方、NAACPで黒人が不当な扱いを受けた裁判の代理人として32の訴訟のうち29で勝訴するなど活躍し、当時はNAACPの唯一の黒人、かつ首席弁護人だった。

スペルに面会したマーシャルは彼の口から改めて無実を確認した後、無償の弁護を買って出る。劇中ではこの後、マーシャルが黒人という理由で裁判所が彼1人が弁護人になることを却下、コネチカット州の白人弁護士サム・フリードマン（演：ジョシュ・ギャッド）に弁護を任せ、マーシャルには法廷で一切口を挟まないよう指示し、彼も渋々これに従うことになっている。が、実際のフリードマンはNAACPが正式に依頼したマーシャルの共同弁護人だった。また、フリードマンが民事しか手がけたことがなく、マーシャルの手助けがないと刑事弁護が務まらない新米弁護士という劇中の設定も完全な創作で、彼はこのとき弁護士キャリア14年。年齢もマーシャルより4つ上の36歳だった。

合意のうえでのセックスでも公にできない

法廷で、エレノアはスペルに襲われた際、恐怖にかられながらも必死に抵抗したと証言した。抵抗はできたのに、なぜ寝室のベッドから警察に電話しようと思わなかったのか。スペルに書かされたという身代金のメモがなぜ自宅から見つからないのか。スペルが本気で殺す気なら、橋の下の岩盤地でなく、なぜ逆側の貯水池にエレノ

マーシャル
法廷を変えた男

2017／アメリカ／監督：レジナルド・ハドリン◉人権派の最高裁判事として名高いサーグッド・マーシャルが、弁護士だった1940年～1941年に手がけた「コネチカット州対ジョゼフ・スペル事件」を題材とする法廷ドラマ。主人公マーシャルを演じたチャドウィック・ボーズマンは本作撮影中の2016年に大腸がんを発症。映画公開から3年後の2020年8月、43歳でこの世を去った。

▶レイプ被害を告発したエレノア・ストルービング本人（上。事件当時32歳）と、彼女を演じたケイト・ハドソン。映画「マーシャル　法廷を変えた男」より

もし夫にバレたら、もし妊娠したらという恐怖が生んだウソ

アを放り込んだのか。突き落とした後、スペルが大きな石をぶつけてきたと言うが、橋の付近に小石しかないのはなぜか。事件の後、エレノアを診た医師が彼女の体に暴行の痕を示す痣や傷があったと証言しているが、それはエレノアが岸から土手を上った際にできたものではないのか。エレノアは、橋で車が止まったときにパトカーが通りかかったものの、口に猿ぐつわを噛まされていたので声を出せなかったと証言しているが、再現実験で大声で助けを呼ぶことが十分可能だと証明できたのはなぜか。

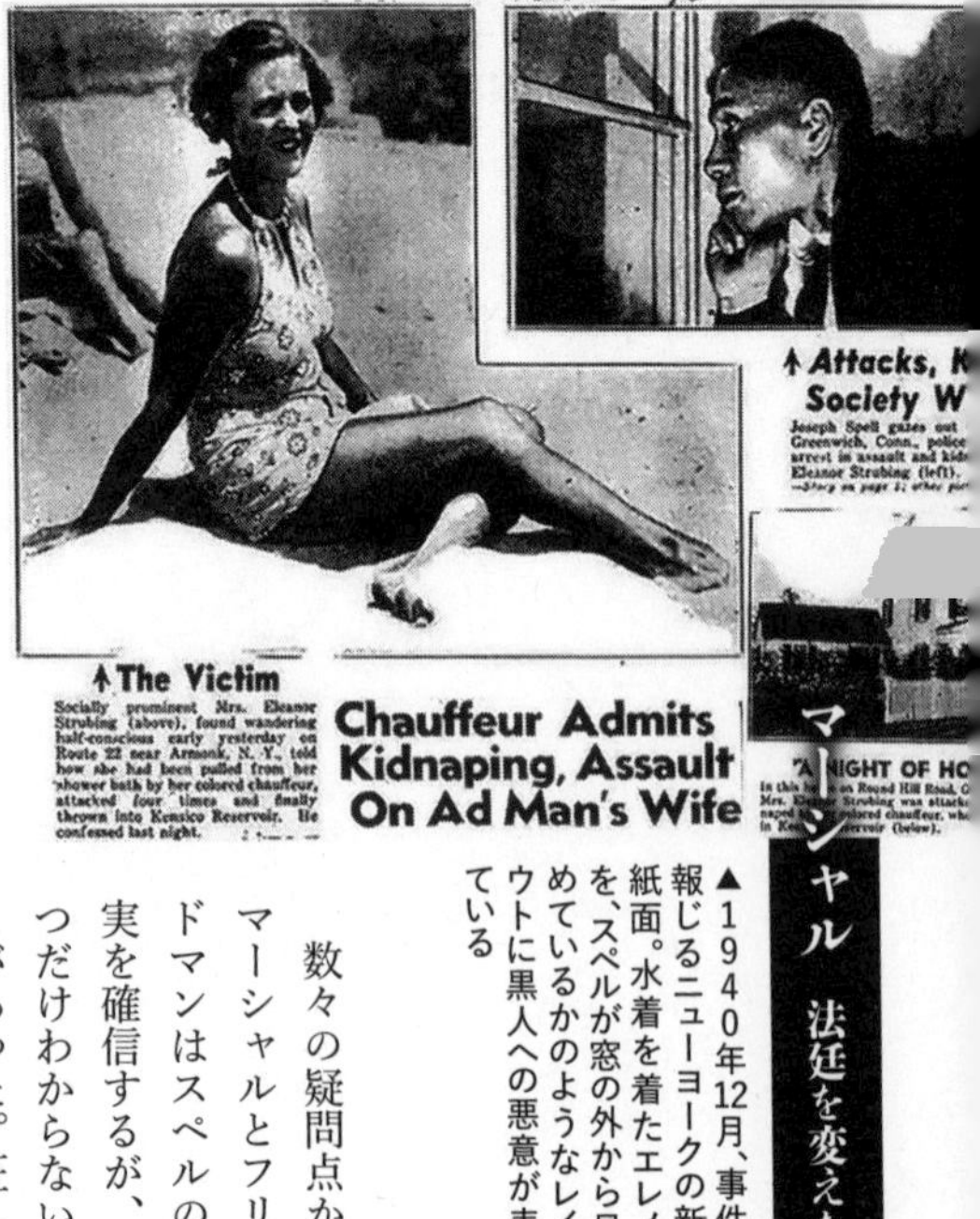
The Victim
Socially prominent Mrs. Eleanor Strubing (above), found wandering half-conscious early yesterday on Route 22 near Armonk, N. Y., told how she had been pulled from her shower bath by her colored chauffeur, attacked four times and finally thrown into Kensico Reservoir. He confessed last night.
Chauffeur Admits Kidnaping, Assault On Ad Man's Wife
Attacks, K
Society W
Joseph Spell gazes out
Greenwich, Conn., police
arrest in assault and kid
Eleanor Strubing (left).
"A NIGHT OF HO

マーシャル　法廷を変えた男

▲1940年12月、事件を報じるニューヨークの新聞紙面。水着を着たエレノアを、スペルが窓の外から見つめているかのようなレイアウトに黒人への悪意が表れている

数々の疑問点から、マーシャルとフリードマンはスペルの無実を確信するが、一つだけわからないことがあった。証人の医師によれば、エレノアの体に残ったひっかき傷には、黒人の皮膚痕が付着していた。スペルと彼女が接触したことは明らかだ。が、スペルは彼女に一切触れていないと宣誓供述書で断言している。どういうことなのか。弁護人の2人は、ある仮説を立ててスペルに問いただす。本当は、エレノアと性交したのではないか。皮膚痕はその後、彼女との間に何かしらトラブルが起きた際に残ったものではないか。真実を言わないと、陪審員は有罪を評決し刑は懲役20年、最悪終身刑も免れない。脅しではなく、本気だった。

果たして、スペルは口を割る。実はエレノアとセックスをした。が、あくまで合意のうえだった。だとしても、黒人男性が白人女性と関係を持っていたことを知られたら袋叩きに遭うのは明白ゆえに

黙秘していた、と。劇中に詳しい説明はないが、彼はルイジアナ州出身で、当時は同州も含めた南部7州で、黒人の一般公共施設の利用や白人との交際・結婚などを禁ずる「ジム・クロウ法」が敷かれていた（1964年に撤廃）。実際、スペルはルイジアナにいた頃、白人女性に声をかけただけで白人にリンチされた黒人男性の例も目撃していた。アメリカ北部のコネチカット州は南部の州とは状況は違えど、この時代、黒人が白人女性、しかも人妻と肉体関係を持ったことなど、口が裂けても言えなかった。

スペルの証言を得て、マーシャルとフリードマンは法廷でエレノアを尋問しながら、真相を明らかにしていく。エレノアは最近グリニッジに越してきたばかりで、友人もいなかった。出張ばかりの夫とは不仲でDVも働かれていた。そんな孤独の日々のなか、自分に誠実で優しく接するスペルには、使用人とはいえ悪い感情を抱いてなかった。その夜、スペルが実家の母に仕送りをするため、借金の相談に部屋にやってきた。友人宅で酒を飲み少し酔っていたこともあり、自分から誘い関係を持った。その後、2人でドライブに出かけたものの、自身は人目を避けて後部座席に身を隠していた。途中で、夫にもしこのことがバレたら、という思いと、妊娠の可能性を疑い怖くなった。そこで、途中で車を降り、スペルが体を張って止めるのを振り切り、自殺するつもりで橋から飛び降りた。が、学生時代、水泳部だった体が自然に水をかき岸までたどり着いた。その後、医師に診断させるなどした後、事件をでっち上げ、スペルをレイプ犯として告訴した——。

▼法廷で撮られたスペル（右）。左は全米黒人地位向上協会（NAACP）の会長、ウォルター・ホワイと思われる

エレノアはその主張を事実無根と反論したが、1941年1月31日、12人の陪審員が下した判決は全員一致で無罪。スペルはその日のうちに釈放された。

判決後もエレノアは主張を曲げなかったが、控訴はせずに、1961年に夫が亡くなるまで夫婦生活を続け、その後、弁護士と再婚した（死亡年月不明）。一方、スペルは無罪確定後にかねてから交際していた女性と結婚、最終的にニュージャージー州イーストオレンジに居を構え、1968年に亡くなった。

マーシャルは弁護士として人種差別撤廃のために尽力し、1954年にはカンザス州で白人校への転入を拒否された黒人生徒の裁判（ブラウン対教育委員会裁判）で勝訴。1967年、ジョンソン大統領から最高裁判所判事に任命され1991年まで任務を全うした。2年後の1993年1月に84歳で死亡。また、フリードマンは1963年までコネチカット州で弁護士を続け、1994年11月、90歳でこの世を去った。

キャンプデートを楽しんでいた4人を殺傷したのは誰だ？

フィンランド最大の未解決ミステリー、ボドム湖殺人事件

サマー・ヴェンデッタ

1960年夏、北欧フィンランドのボドム湖で人々を震撼させる凄惨な殺人事件が起きた。10代の若者4人が就寝中のテントで襲われ3人が死亡、1人が重傷を負ったのだ。2016年公開の「サマー・ヴェンデッタ」は、未だ犯人が捕まっていないこの事件の真相を探るべくボドム湖を訪れた若者4人が新たな殺人に巻き込まれるスリラー映画だが、元の事件の詳細はほとんど描かれていない。

初動捜査で大きなミスが

ボドム湖はフィンランドの首都、ヘルシンキから西に約22キロ離れたエスポー近郊にある長さ約3キロ、幅約1キロの湖である。湖水浴やキャンプなどのアウトドアを楽しめることから毎夏には多くの観光客で賑わうこの地に、アニャ・マキ（事件当時15歳）、セッポ・ボイスマン（同18歳）マイラ・ビョルクルント（同15歳）、ニールス・グスタフソン（同18歳）、が訪れたのは1960年6月4日（土曜）の夕方のことだ。マキとボイスマン、ビョルクルントとグスタフソンはそれぞれ恋人同士で、4人は少年用バイク2台でツ

▲事件を再現すべくボドム湖の畔でテントを張る若者たち。映画「サマー・ヴェンデッタ」より

ーリングデートを楽しみながら、18時過ぎにボドム湖南岸の岬にテントを張った。彼らは遊泳や食事を楽しみ22時半ごろに就寝したものと思われ、後に見つかったビョルクルントの手帳には「5日、ボドム湖への旅。セッポとニールスは酔っ払っていた。午前2時起床。セッポは釣りをしていた」とのメモ書きが残っていた。

5日午前11時ごろ、息子2人と湖水浴に来た大工の男性が、破れ倒壊したテントの内外で血まみれで倒れている4人を発見、警察に通報する。マキとビョルクルントは頭がい骨骨折と脳挫傷、ボイスマンは大量失血で死亡が確認され、顔の骨を折りながらもまだ意識のあったグスタフソンを病院へ搬送。現場や遺体の状況から被害者らはナイフや鈍器でテントの外から攻撃を受けたものと思われ、死亡推定時刻は5日の午前4時〜6時と結論づけられた。

警察は初動捜査で大きなミスを犯す。現場を封鎖しなかった結果、警察と一般人が土足で歩き回った挙げ句、凶器が近くにあると考え兵士を呼んだことで現場がさらに荒らされ、足跡などの重要な証拠が発見できなくなってしまったのだ。さらに聞き込み捜査でも有力な情報は得られず

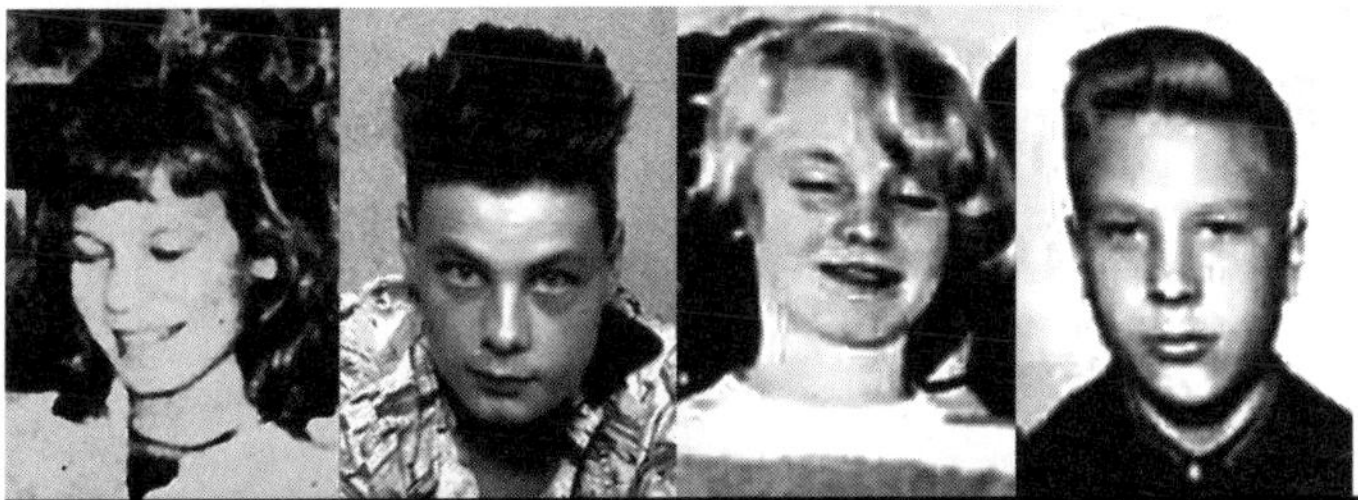

▼実際に被害に遭った4人。左からアニャ・マキ（事件当時15歳）、ニールス・グスタフソン（同18歳。唯一の生存者）、マイラ・ビョルクルント（同15歳）、セッポ・ボイスマン（同18歳）

じまい。頼るべきは、唯一生き残ったグスタフソンの証言で、彼は事件から18日後の6月23日、入院先で警察との面談に応じる。が、それは警察を落胆させるものだった。心的ショックや脳損傷の後遺症によるものか、事件当夜の記憶がすっぽりと抜け落ちていたのだ。意識を取り戻した当初には、自分が病院に運び込まれたと気づいて「バイク事故に遭った」と勘違いしていたという。果たして、その夜、4人に何が起きたのか、知る者は誰一人いなくなった。

犠牲者1人の遺体だけが特に残虐な理由

捜査は暗礁に乗り上げ、時間だけがいたずらに過ぎるなか、事件から12年後の1972年、ヴァルデマール・ギルストロムという男が「私が事件の犯人です」とメモ書きを残しボドム湖で入水自殺を図る。ギルストロムは湖畔の小さな販売店で飲料水などを売っていたが、キャンプ場で騒ぐ若者たちを日頃から快く思っておらず、時にはテントを切り倒し、キャンパーに石を投げたこともあったという。が、彼の妻が事件のあった時間帯は自分と一緒にいたとアリバイを証言したためか、警察は最終的にギルストロムが犯人であることを否定した。

サマー・ヴェンデッタ

2016／フィンランド／監督：タネリ・ムストネン◉2組の男女カップルが、1960年に実際に起きた殺人事件の真相を探るべく現場のボドム湖でキャンプするうち、新たな惨劇に巻き込まれるスリラー映画。フィンランド・アカデミー賞の3部門ノミネート、ロンドン映画祭に正式出品された。

有力な容疑者は他に2人いた。1人は1960年代半ば、暴力事件を起こし刑務所に収監されていたペンティ・ソイネン。彼は獄中で他の受刑者に、ボドム湖で起きた殺人事件の責任は自分にあると漏らしたという。ただ、ソイネンは事件当時14歳。その年齢で4人を殺傷できるのか疑問視する声のほうが多かった。もう1人は、ボドム湖の岸から数キロ離れたところに住んでいたハンス・アスマンなる男。事件から43年後の2003年、事件現場の近くの病院に勤務していた男性が出版した書籍によれば、事件のあった日、怪しい男の治療に当たったという。それがドイツ出身のアスマンで、本の著者曰く、警察はアスマンが真犯人と知りながら、彼が当時、KGB（ソ連国家保安委員会）諜報員だったことから、外交的理由で逮捕を見送ったのだという。対し、警察はこれを完全に否定し、アスマンには確固たるアリバイがあったと主張した。

このように、ボドム湖殺人事件は発生から40年以上が過ぎても、新しい情報や見解がメディアで取り上げられ、その度に国民の注目を集めてきたが、その極めつきというべきが、事件から44年後の2004年3月下旬、唯一の生存者であるグスタフソンが逮捕されたことだ。

実は、グスタフソンには当初から疑いの目が向けられていた。なぜ、犯人は3人を残虐に殺害しておきながら、グスタフソンだけを仕留め損ねたのか。顔面を骨折したとはいえ、記憶まで失うだろうか。本当は記憶喪失のふりをしていただけではないのか。一向に解決をみない事件に、フィンランド国民の間ではグスタフソン真犯人

▼血に染まったテントを調べる警察

▲証拠品を探して湖も徹底的に調べられたが…

説が根強く渦巻いていた。

　事件当時、彼はビョルクルントと交際を始めたばかりで、他に言い寄る男も多かった彼女の気持ちを自分に向かせるのに必死だった。そんな状態で、キャンプデートの夜、ビョルクルントが嫉妬心を煽るような言葉を口にしたため、グスタフソンが激怒し、マキとボイスマンもろとも殺害。彼ら2人に比べ、ビョルクルントの遺体は凄惨を極め、死後に首元を15ヶ所近くめった刺しにされており、半身がはだけた状態だった。それもグスタフソンの強い怨恨がもたらしたもの、というのが警察の見立てだった。

　検察は3人の殺人罪でグスタフソンを起訴し、２００５年8月から始まった裁判で、採取された血液サンプルでグスタフソンの殺害への関与を裏づけられたと主張。事件当時は利用できなかったＤＮＡ型鑑定により重要な新事実がもたらされたことを訴えた。対し、弁護側は、犯人は部外者であり、グスタフソンの負傷の程度を考えれば3人を殺害することは不可能であったと反論。同年10月、グスタフソンに対する全ての嫌疑は取り下げられ、

▼グスタフソンは搬送された病院で警察の質問に答えたが、事件当夜の記憶は一切なくしていた

無罪が確定した。後にフィンランド政府は彼に勾留期間から算定した4万4千９００ユーロ（当時のレートで約５３０万円）の補償金を支払っている。

　劇中、事件に強い関心のある主人公の青年が推測する。真犯人は4人を一度に捕らえられる殺傷能力を持った男で、はしゃぐ彼らを見て激怒、明確な殺意をもって犯行に及び、今もボドム湖周辺で息を潜め暮らしているのだ、と。果たして真相はいかに。

◀２００５年に無罪が証明され、自由の身となったグスタフソン（中央）。事件後、彼はバスの運転手となり、逮捕当時は現役を引退、年金暮らしだった

事件から44年後、唯一の生存者が逮捕されたが…

イスラエル国防軍の人質奪還作戦は成功したが…

英雄傳では語れない 東アフリカ・エンテベ空港 ハイジャック事件の真実

1976年、エールフランス航空の旅客機がテロリストに乗っ取られ、東アフリカのウガンダ空港で多くの乗客・乗員が人質になった。膠着状態が続くこと1週間。イスラエル国防軍は空港に奇襲作戦をしかけ、人質の大半を無事に奪還する。事件は稀に見る成功を収めた救出劇として絶賛され、これを題材とした「エンテベの勝利」（1976）「特攻サンダーボルト作戦」（1977）など数多くの映画が作られる。が、その内容は全てイスラエル軍の活躍を主にしたヒーローもの。対し、2018年公開の「エンテベ空港の7日間」は、テロリストの視点を軸に置き、事件に関わった人々の葛藤や思惑を描いている点で、これまでの作品とは一線を画している。

ハイジャックしたドイツ人2人とアラブ人2人

1976年6月27日、イスラエルのテルアビブから出航し、給油と乗り継ぎのためギリシャのアテネ国際空港に着陸したフランス、パリ＝シャルル・ド・ゴール空港行きのエールフランス139便が離陸直後にテロリストにハイジャックされた。銃や手榴弾を手にし

エンテベ空港の7日間

▲ハイジャック犯のドイツ人、ボーゼを演じたダニエル・ブリュール（左）と、キュールマン役のロザムンド・パイク。映画「エンテベ空港の7日間」より

た犯人は、元書店員で西ドイツのテロリストグループ「革命細胞」の創立メンバーであるドイツ人のヴィルフリート・ボーゼ（当時27歳。演：ダニエル・ブリュール）、同じくメンバーのドイツ人女性ブリギッテ・キュールマン（同29歳。演：ロザムンド・パイク）、「パレスチナ解放人民戦線（PFLP）」メンバーであるアラブ人のジャエル・アルジャ（生年不明）、ファイズ・アブドゥル（生年不明）の計4人。対し乗客は248人、乗員は機長を含め12人だった。

ハイジャック犯は恐怖におびえる乗客たち全員のIDとパスポートを没収すると南アフリカへと方向転換させ、途中、リビアのベンガジにあるベニナ空港で7時間かけて給油を行う。このとき、1人のイギリス人妊婦が流産の危険があると申し出て解放されるシーンが描かれるが、これは事実に基づいており、彼女は犯人たちが疑っていたように妊娠などしておらず、母親の葬儀に出るため、命がけのウソをつきハイジャック機からの脱出に成功した。

一方、イスラエルでは首相イツハク・ラビン（同54歳。演：リオル・アシュケナージ）や国防大臣シモン・ペレス（同52歳。演：エディ・マーサン）らが閣議中にこの事態を聞かされ、乗客のうち83人がイスラエル人であることを確認。劇中、ラビン首相が言っていたように、イスラエル首脳はハイジャック犯が同国テルアビブのベン・グリオン国際空港に着陸し、何かしら要求してくるものと予想していた。が、エールフランス機が向かった先は、ウガンダのエンテベ空港だった。

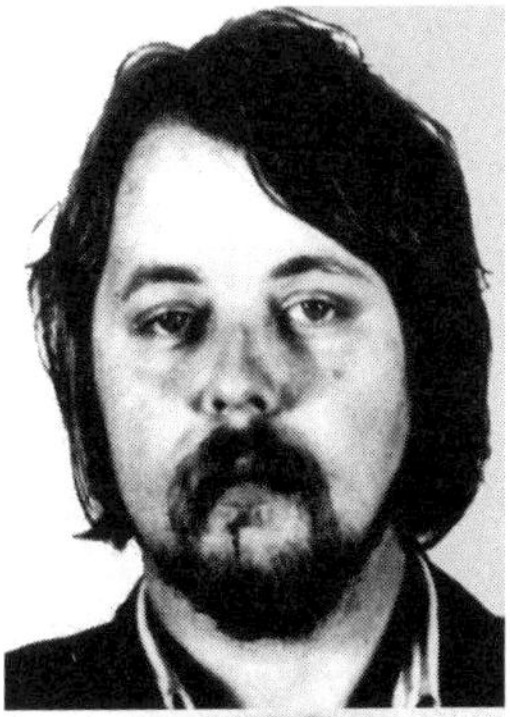

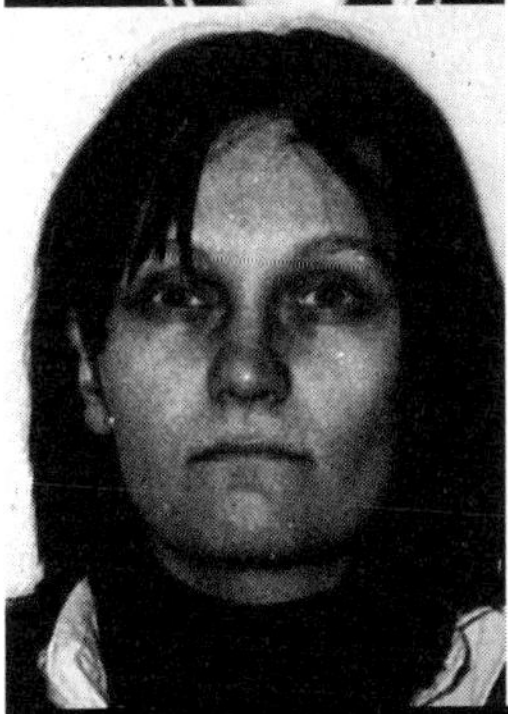

◀ヴィルフリート・ボーゼ（上）とブリギッテ・キュールマン本人

この辺りの事情や背景は劇中に説明はなく、歴史を紐解く必要がある。第二次世界大戦中にナチス・ドイツに迫害・虐殺されたユダヤ人は戦後、ユダヤ教の聖地であるエルサレムのあるパレスチナに移住、1948年にイスラエルを建国する。が、パレスチナはもともとアラブ人が住んでいた地域。土地を分割し、強引に国を作ったユダヤ人に憎悪を抱き、第1次中東戦争が勃発。この戦いでパレスチナのアラブ人が難民となり、長らく苦難を強いられる。イスラエル占領地で自治を求めて抵抗運動を展開するパレスチナ解放機構（PLO）が組織されるのは1964年。以降、世界各国で極左的活動が活発化していくなか、どの組織も「決戦の地はイスラエル、パレスチナである」との共通認識を持ち、パレスチナの解放を大義名分に残虐なテロを実践する。エールフランスを乗っ取った4人の目的も基本はそこにあった。

エンテベ空港の7日間

2018／イギリス・アメリカ／監督：ジョゼ・パジーリャ◉1976年に発生したエンテベ空港ハイジャック事件の顛末を犯人目線で描いた政治群像劇。第68回ベルリン国際映画祭で初上映され、テロリストに肩入れし過ぎているとの批判が出る一方、事件を美談ではなく中立的な立場でドラマ化したことに対する賞賛意見も少なくなかった。

行き先をエンテベ空港としたのは、当時のウガンダを仕切っていたのがイディ・アミン大統領（同50歳〜51歳。演：ノンソー・アノジー）だったからだ。アミンはＰＬＯのヤーセル・アラファート議長（同46歳）とも親しい間柄で、ホロコーストによるユダヤ人虐殺は実在しなかったと公言していた人物。彼なら自分たちを受け入れるだろうとの読みどおり、劇中のようにアミンはエンテベ空港に降り立ったテロリストを出迎え、イスラエルとの交渉仲介を約束する。

ボーゼらの具体的な要求は、５００万ドルの身代金と、イスラエルで服役中のテロリスト40人を含む計53人の同志の解放だった。劇中に説明はないが、この中には１９７２年5月にテルアビブ空港乱射事件を起こし終身刑を受け収監されていた元赤軍派メンバー、岡本公三（同28歳。２０２３年11月現在存命）も含まれていた。また、これも映画では一切説明されていないが、今回のテロを計画し、実行犯4人に具体的な指示を出していたのはＰＦＬＰの幹部、ワディ・ハダッド（同49歳。１９７８年に病死）である。１９７２年の

▲ドイツ人2人と共に事件を起こしたパレスチナ解放人民戦線(PFLP)所属のアラブ人、ファイズ・アブドゥル(左)とジャエル・アルジャ

▲◀人質が監禁されたエンテベ空港の旧ターミナルと、建物内の様子を再現した劇中シーン。映画「エンテベ空港の7日間」より

エンテベ空港の7日間

ミュンヘン五輪でイスラエル選手団が襲撃された事件の首謀者の1人で、イスラエルがその首を欲する最も危険なテロリストだった。

俺はナチスじゃない

映画は事の推移を時系列に沿って淡々と描いていく。テロ2日目の6月28日に人質を空港の旧ターミナルビル内に移送させ、アミンの指示で約１００人のウガンダ兵が警護につく。29日、ウガンダ兵が隔壁を破壊し、イスラエル人（ユダヤ人）と非イスラエル人を選別し別室に隔離。この際、1人の人質の腕に、絶滅収容所に入れられていた証明である収容所登録番号が刻まれているのを見てユダヤ人であることが判明し、これを見たボーゼが「おまえらのやっているこ

とはナチスと同じだ。俺はナチスじゃない」とウガンダ兵に怒りを顕にするシーンがあるが、ここも史実のとおりである。

　30日、非イスラエル人の高齢者や病気の乗客、子供連れの母親など人質48人を解放。これはイスラエルの将軍からの打診を受けたアミンの命令だった。7月1日、イスラエル政府はハイジャック犯の要求に応じることを発表。実はその裏でペレス国防相が人質奪還のための計画を練っており、時間稼ぎのための方便だったのだが、ボーゼらはこれを一定の勝利と認識。翌7月2日、非イスラム系の人質101人（大半がフランス人）を解放する。このとき、エールフランスの乗員たち全員が機長の命令で建物に残ったのは事実だが、劇中のように良心からではなく、イスラム人の人質から圧を受け、逃げるに逃げられないのが実情だったようだ。

　イスラエル当局の人質奪還計画は着々と進んでいた。ラビン首相の許可を得たペレス国防相は、作戦の指揮官にイスラエル特殊部隊のヨナタン・ネタニヤフ中佐（同30歳。演：エンジェル・ボナンニ）を任命。ネタニヤフは解放された人質たちから犯人の情報や、監禁場所のレイアウトなどを確認したうえで、実戦演習を行う。具体的には、夜の闇に紛れてエンテベ空港の新ターミナルの滑走路に着陸、犯人が気を許すアミンの護衛を装ったリムジンで旧ターミナルに接近・突入し、テロリストを射殺するというものだった。もっとも、政府内部はこの奇襲作戦が上手くいくと思っておらず、劇中、ラビン首相が口にするとおり「死者25人以下なら成功」という程度の認識だったようだ。ちなみに、同じ2日の昼間、イスラエル軍の攻撃を悟ったキュールマンがエンテベ空港の公衆電話からドイツの恋人に電話をかけるシーンがあるが、そのような事実はない。

▼事件の対応を迫られたイスラエルのイツハク・ラビン首相（中央）とシモン・ペレス国防大臣（左隣）。写真は人質救出作戦が完了した直後の1976年7月4日に撮影されたもの

▲ハイジャック犯を受け入れたウガンダのイディ・アミン大統領。事件3年後の1979年に政権から失脚、サウジアラビアに亡命し、2003年にこの世を去った

殉職した特殊部隊指揮官の弟が右派の首相に

　7月3日23時3分、作戦は実行される。偽装はすぐに発覚し、犯人グループやウガンダ兵との銃撃戦に発展。劇中では、ここでボーゼが人質を殺害するのを躊躇うシーンがあるが、後の人質の証言に

よれば、実際、ボーゼは銃を構えたものの引き金を引くことに戸惑っているうち、特殊部隊に射殺されたのだという。一方、キュールマンも為す術もなく銃殺されたように描かれているが、実際は人質に手榴弾を投げるも不発に終わり、その後まもなく射殺された（他2人のテロリストも銃撃戦で死亡）。同様に、作戦実行部隊の中で唯一命を落としたネタニヤフ中佐の死に様も違う。劇中では突入の瞬間に射殺されることになっているが、実際は被弾したものの即死

▲エンテベ空港で奇襲作戦をかけるイスラエル特殊部隊。映画「エンテベ空港の7日間」より
▼1976年7月4日、無事にテルアビブのベン・グリオン国際空港に帰還、自分たちを救出した兵士とともに喝采を上げる人質

ではなく、重傷の体でイスラエルに帰る飛行機の中で息を引き取った。

部隊がエンテベ空港に降り立ってから人質を機内に乗せるまで、わずか40分。映画の最後に示されるように、テロリスト全員とウガンダ兵ら50人、人質で亡くなったのは106人のうち4人だけだった。作戦は想像を超える成功を収め、後世に語り継がれる。

しかし、事件はこれで終わりではなく、映画が描かなかったその後がある。まず死亡した人質4人のうち3人（同19歳、52歳、56歳の全員男性）は、特殊部隊の誤射により命を落とした。問題は残る1人、イスラエル人女性の人質ドーラ・ブロッホ（同75歳）に降りかかった悲劇である。末息子の結婚式に参列するため、エールフランスに搭乗した彼女は、ハイジャックされた当日の6月27日に機内で呼吸困難を起こし、翌28日にエンテベ空港に着くと、他の人質とは別にウガンダの首都、カンパラ市内の病院に収容された。イスラエル国防軍はそのことを事前に知らなかったために、ブロッホは1人で取り残される形となる。

その後、状況を把握したイスラエル当局が様々な交渉ルートを通じてアミン大統領に彼女の解放を呼びかけたものの、明確な回答は得られず、その後、ブロッホは行方不明となる。ところが、1987年になって、イスラエル軍の奇襲を知り激怒したアミン大統領の命令で、作戦実行翌日にウガンダ軍将校2人が病院のベッドから引きずり出し殺害していたことが判明。遺体はカンパラの東32キロの農地で見つかった。ちなみに、アミンは奇襲作戦にケニアがイスラ

事件解決後、アミン大統領の指示で病院に収容されていた人質女性をウガンダ軍が殺害

エルに協力したとして、その報復として後にウガンダ在住の数百人のケニア人の殺害を命じ、実行している。

事件後、イスラエルは作戦の成功で、ＰＦＬＰやその支援者により強硬な姿勢で臨むものとの世界の見立てとは異なり、平和路線を歩んだ。ラビンは事件の翌年の１９７７年に首相の座を降りたものの、政界に大きな影響力を持ち続け、国防相だった１９８５年５月にはＰＦＬＰ総司令部との捕虜交換により前出の岡本公三を釈放。首相に返り咲いた翌々年の１９９４年、それまで敵対していたヨルダンとの平和条約に調印しノーベル平和賞を受賞したが、翌１９９５年11月、和平反対派のユダヤ人青年に暗殺された

◀亡くなった人質4人のうちの1人、ドーラ・ブロッホは銃撃戦ではなくウガンダ軍に殺害された

（享年73）。

また、事件解決を担ったペレス国防相は１９８４年から２年間、首相を務め、第二次ラビン内閣では外務大臣に就任。和平路線を推進し、２００７年には大統領（イスラエルでは実権のない名誉職）に選出されたが、パレスチナとの和平は実現せず、２０１６年、93歳でこの世を去った。

２０２３年11月現在、イスラエルの首相はベンヤミン・ネタニヤフ（１９４９年生）。奇襲作戦で殉職したネタニヤフ中佐の実弟である。ベンヤミンは１９９６年に首相の座につき、現時点で６期目となるが、当初からパレスチナに敵対意識をむき出しにし、その姿勢は今も変わっていない。中東に平和が訪れる日は、まだ遠い先のことになりそうだ。

▲作戦に参加した部隊でただ1人死亡した指揮官のヨナタン・ネタニヤフ中佐（上）。彼の実弟、ベンヤミンは2023年11月現在、イスラエル首相の座にある

元同僚委員がサンフランシスコ市庁舎内で起こした凶行

ミルク

ゲイ社会のヒーロー、ハーヴェイ・ミルク暗殺事件の本当の動機

名優ショーン・ペンが２００８年度のアカデミー主演男優賞に輝いた映画「ミルク」は１９７０年代後半、自らゲイであることを公表したうえで米サンフランシスコの市政執行委員になったハーヴェイ・ミルクの最後の８年間をほぼ史実どおりに描いた人間ドラマだ。社会的弱者のために尽力した彼の政治活動は、同僚委員が放った銃弾により在職1年足らずで終わりを迎える。ミルクはなぜ殺されなければならなかったのか。その背景には、映画では明確に語られない真の動機があったと言われている。

３度目の出馬で当選を果たした「カストロ通りの市長」

ミルクは１９３０年、ニューヨーク州で生まれた。大学卒業後に米国海軍に入隊するも、同性愛者であることを理由に軍法会議にかけられ、強制的に除隊させられる。ちなみに自分がゲイであることは14歳のときに自覚したそうだ。その後ウォール街で証券アナリストになり、１９６０年代半ばにはブロードウェイの演劇に裏方として携わる傍ら、ベトナム戦争反対デモなど数多くのデモに参加。１

▶主人公ミルクを演じたショーン・ペン。映画「ミルク」より

969年に4人目の恋人となる18歳年下のスコット・スミス（1948年生。演：ジェームズ・フランコ）と出会い、3年後の1972年、2人してサンフランシスコに移り住む。

当時、アメリカでは、LGBTに対する風当たりは強く、同性間性交渉を禁止する法律（通称：ソドミー法）が全州で適用され、性的指向を理由とした解雇も違法ではなかった。映画の冒頭でも示されるように、ゲイバーの摘発も珍しくなく、1969年にはニューヨークのゲイバー「ストーンウォール・イン」で店員が軒並み逮捕されたことを受け、多くの同性愛者が警官に歯向かう事件も起きていた。サンフランシスコもゲイに対する差別は激しかったが、この街にはゲイタウンとして

▲自ら出店したカメラ屋「カストロ・カメラ」の前に立つミルク（1977年）

▲1972年当時のハーヴェイ・ミルク（右）と恋人のスコット・スミス本人。スミスはミルクの死後、彼の意志を継ぎゲイの社会的向上に尽力、1995年2月、エイズによる合併症でこの世を去った（享年46）

有名なカストロ地区があり、そこでミルクとスミスはカメラ屋「カストロ・カメラ」をオープン。商売を営むうち、ミルクは持ち前の社交性、行動力を発揮し地元コミュニティのリーダー、通称「カストロ通りの市長」として頭角を現す。

初めてサンフランシスコの市政執行委員（正式名称はスーパーバイザー。議員とは異なり立法には関与せず、行政側から市政を監視する任務を担う公職）に立候補したのは1973年。ゲイであることをカミングアウトしての出馬だったが当選は叶わず、1975年での選挙でも勝利は得られなかった。しかし、同性愛者の社会的地位の向上・確立を熱く訴えるミルクの支持票は立候補のたびに増え、1976年にその実力や人望を評価したサンフランシスコ市長のジョージ・モスコーニ（1929年生）がミルクを許可証嘆願委員に任命。翌1977年、サンフランシスコが大選挙区制から小選挙区制に変更されたことを受け、カストロ地区を含む第5区より3度目の出馬を試み、同年11月17日、47歳で初当選を果たす。ちなみに、このときの選挙では初の中国系アメリカ人、初の黒人女性、初の未婚の母親なども当選しており、その中には第8区から出馬し、後にミルクを殺害することになる元警察官で消防士のダン・ホワイト（1946年生。当時31歳。演：ジョシュ・ブローリン）もいた。

ミルク

2008／アメリカ／監督:ガス・ヴァン・サント◉自らゲイであることを公表した活動家で、1999年に「タイム誌が選ぶ20世紀の英雄・象徴的人物100人」の1人に選出された実在の人物、ハーヴェイ・ミルクがサンフランシスコで頭角を現し、やがて政界に進出、殺害されるまでの経緯を描く。第81回アカデミー賞で作品賞を含む8部門にノミネートされ、主演男優賞と脚本賞を受賞した。

▼ダン・ホワイト(上写真の右)はミルクと同期当選した市政執行委員で、当初は必ずしも敵対する間柄ではなかった(実際の写真)。下写真の左は劇中でホワイトを演じたジョシュ・ブローリン。映画「ミルク」より

また、ミルクの恋人だったスミスは、当選前年の1976年に自ら別れを告げ、7年間の交際関係に終止符を打っている。

同性愛者を教職から追放する差別的条例を廃案に

ミルクとホワイトは当初から敵対関係にはなく、同僚委員として普通に対話する間柄だった。劇中にあるようにホワイトの息子の洗礼式にも招待され、快く出席している。が、そこにはミルクなりの思惑があった。彼の政治家としての最初の目標はサンフランシスコにおける同性愛者の公民権条例を制定すること。それには敬虔なクリスチャンで、同性愛者を毛嫌いする保守派のホワイトを取り込むことも必要だった。ミルクから打診されたホワイトは、その交換条件として、自分が出馬した第8区で進んでいた精神科病院の建設計画に反対するよう要請し、ミルクもこれを承諾する。が、周囲の意見を聞き、最終的に賛成に転じ建設計画は可決される。激怒したホワイトは同性愛者の公民権条例の制定にも反対するが、このとき反対票を投じたのは彼一人だった。

政治家としてのミルクの最大目標は、当時サンフランシスコを含むカリフォルニア州で提案されていた「条例6」を否決させることにあった。劇中でも描かれるように、これは「子供を守るため、ゲイやレズビアンの教師が公立学校で働くことを禁止する。あるいは解雇できるとする」条例で、住民の投票により制定の可否が決まることになっていた。下馬評では圧倒的に賛成派多数。しかし、蓋を開けると、反対票が上回り条例は否決される。

映画は1978年11月7日の、この州民投票での歴史的勝利をクライマックスに据えているが、その3ヶ月前の8月にミルクが当時交際していた青年ジャック・リラが自殺したのも劇中のとおりで、動機はミルクが多忙で自分をないがしろにしているというものだった。ちなみに、リラはミルクの自宅のクローゼット内ではなく、裏庭で首を吊り25年の人生に幕を閉じた。

下った判決は、あまりに軽い懲役7年8月

映画で、ミルクが自分の言葉をテープに録音する場面がたびたび出てくる。これは史実のとおりで、彼は同性愛者の地位向上・権利獲得に尽力する一方、その活動を敵視する連中からいずれ殺されるのではないかと危惧、公職に就く前から、自らの半生を音声テープに残していた。

「もし一発の銃弾が私の脳に達するようなことがあれば、その銃弾は全てのクローゼットの扉を破壊する（全てのゲイがカミングアウトする）ことになるだろう」

劇中でも再現されるこの有名な言葉も実際にミルクが録音したもので、1978年6月25日にサンフランシスコで開催された「ゲイ・フリーダム・デイ・パレード」では暗殺予告が届いていたにもかかわらず、支持者の声援に応え演壇に立ち、オープンカーでカミングアウトの重要さ、人間の平等を呼びかけた。すでに死の覚悟はできていたのだろう。が、ミルクを葬る銃弾は予想もしない方向から飛んでくる。

「条例6」が廃案となった2日後の同年11月9日、突然、ホワイトが辞表を提出した。市政執行委員の給料では妻子を養えないため消防士に戻るというのが理由で、モスコーニ市長はこの申し出を受け入れる。しかし、支持者らから猛烈な反発をくらい、ホワイトは数日後には辞任を撤回。市長もいったんは復帰を認めるものの、市の法務官が撤回不可能の判断を下したことで、復帰の道は絶たれる。

惨劇は11月27日に起きた。午前10時25分ごろ、銃を手にしたホワイトは市庁舎に足を運び、窓から建物内に侵入。そのまま市長室に出向き、10時45分ごろ、近距離から2発の銃弾をモスコーニの頭部に撃ち込み即死させた。後の証言では、銃声の前にホワイトと市長が激しく口論する声が聞こえたという。

▲ミルクの最後の交際相手、ジャック・リラ。1978年8月、ミルクの自宅の裏庭で首を吊り死亡（享年25）

▲ミルクと共に殺害されたサンフランシスコ市長のジョージ・モスコーニ（右。享年49）は、ミルクの良き理解者だった

その後、ホワイトはミルクの執務室に足を運び、自分が辞める前に使っていた部屋に来るよう促し、それに応じたミルクに発砲。銃弾はまず身を守ろうとした彼の右手首に命中。続いて胸に2発、さらに頭に1発、止めをさすように至近距離から頭蓋骨に5発目を放ち死に至らしめる（享年48）。犯行を終えたホ

ワイトはそのまま市庁舎から車で逃走したものの、午前11時半ごろ、以前勤務していた警察署に出頭。その場で逮捕された。

ホワイトは取り調べに対し、次のように供述している。

「市政執行委員の職にプレッシャーを感じていた。仕事に関連した金銭問題や、家族と過ごす時間がなくて苦しかった。市長は（自分を復帰させるか否か）結論を出す前に電話をすると言ってたのにかけてこなかったので、自分から話しに行った。市長は私が委員に適しておらず、再任させるつもりはない、これから新しい委員を発表する予定だと言った。そこで、彼を撃った。その後、ハーヴェイ（ミルク）のことを思い出し、彼の部屋に行った。彼は私が再任されないことを知っており、残念だねとでも言いたげにニヤニヤした。

▲1978年6月25日、サンフランシスコで開催された「ゲイ・フリーダム・デイ・パレード」で支持者の声援に応えるミルク

▼ホワイトが放った一発目の銃弾は、思わず構えたミルクの右手首に命中した。映画「ミルク」より

頭に血が上り撃った」

第一級殺人罪で起訴されたホワイトの裁判は、事件から5ヶ月後の1979年4月11日から始まった。ホワイトの弁護人は殺害の事実は認めたものの、計画性は否定、さらに犯行時、ホワイトがうつ状態にあり、それが証拠に委員を辞めた後、ジャンクフードばかり食べていたとわけのわからぬ主張を展開する。対し、検察側はホワイトが犯行時に金属探知機を避けるため1階の窓から市庁舎に入ったこと、予備の弾を用意していたことなどから計画性があったと反論。審理は11日間で結審し、同月21日、陪審員は計画殺人ではなく、その場の激情から殺意を生じて人を殺した「故殺罪」で有罪を評決、懲役7年8月の禁固刑を下した。

裁判所側が意図的に陪審員から同性愛賛成派を排除したため、あまりに軽い判決が下ったとして、サンフランシスコのゲイコミュニティは怒り狂い、その日の夜、市庁舎周辺でホワイトの死刑を求めるとともに、警察車両や商店の窓などを破壊。後に「ホワイト・ナイトの暴動」と呼ばれる抗議行動では160人以上が負傷するが、なぜか逮捕者は1人もいなかった。その後、ホワイトはソレダッド州立刑務所に収監され、刑期が終わる2年前の1984年1月に釈放。サンフランシスコに戻ったが、翌1985年10月、自宅ガレージで車の排気ガスを吸い込み自殺した（享年39）。

ホワイトの犯行動機は何だったのか。自供どおり、市長は委員復帰を認めなかったため殺害したのだろう。が、ミルクは、自分が再任されないことを嘲笑したため射殺したのか。それとも、以前から意見の違うミルクへの溜まりに溜まった恨みを晴らしたのか。

　裁判でも明らかにされなかったミルク殺害の動機について、映画ではその答えを示唆している。劇中、ミルクが良き父であり常識的なアメリカ人であろうとするホワイトに対し、「偽りの生活をしているのが目に見える」と評するシーンがある。偽りの生活とは何か。

犯人は5年で釈放後、自殺

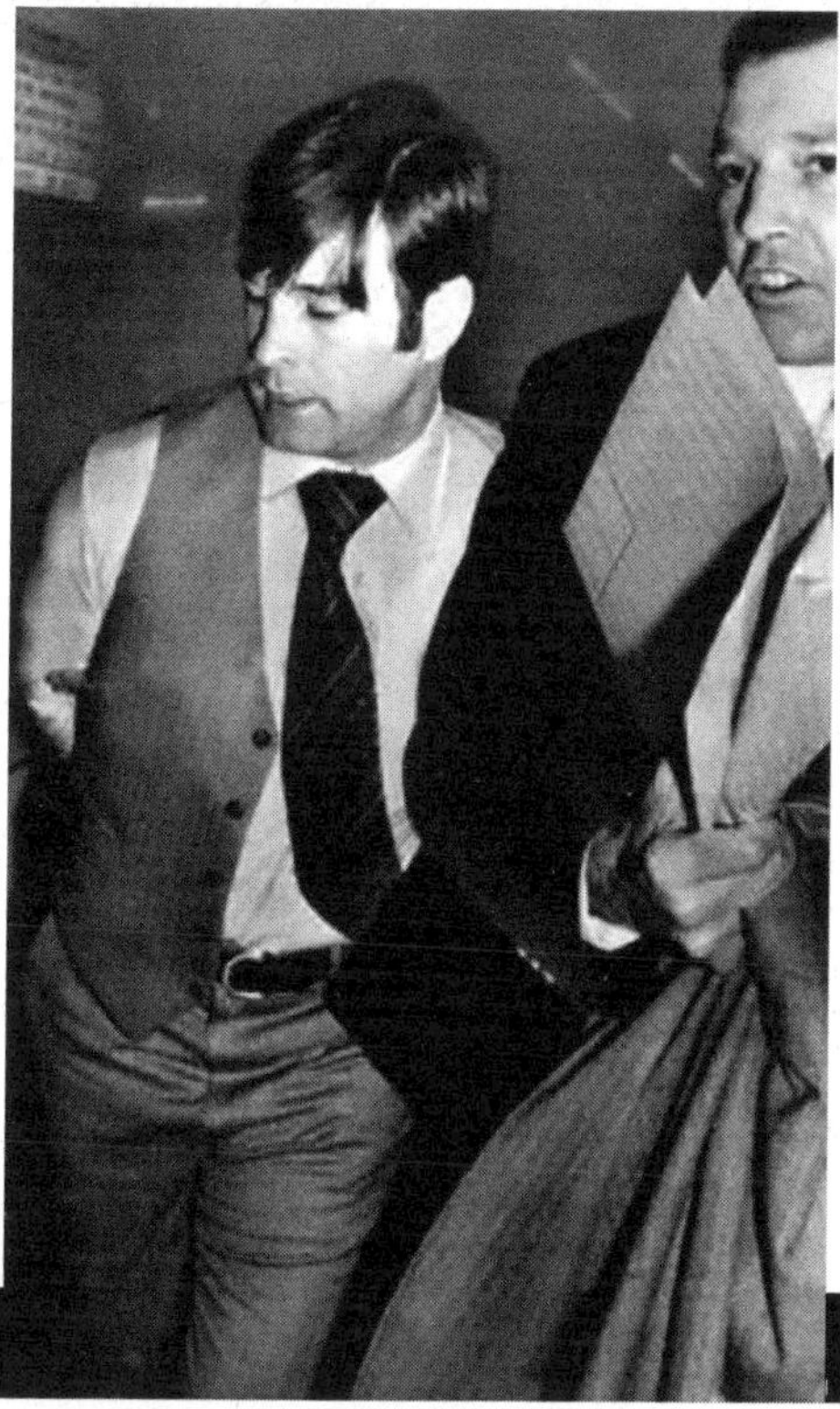

▲1978年11月27日、自首を受け逮捕・拘束されたホワイト

実はホワイトは隠れゲイで、その世界の人気者であるミルクに激しい嫉妬心を抱いていたと言われる。自分のセクシャリティを抑圧しながら必死に「普通の暮らし」を守ってきたのに、それを図らずも壊したミルク。その殺害は、ホワイトがミルクに対して一方的に募らせていた怒りと、自分への絶望が引き起こしたものなのかもしれない。

▲サンフランシスコのゲイコミュニティの住人は陪審員が下した軽い評決に激怒、暴徒と化した（1979年4月21日）

第四章

アンビリバボー

映画「キング・オブ・シーヴズ」より

養子として引き取った8歳の少女は実は22歳の成人女性だった

映画より何倍も恐ろしいリアル「エスター」事件

本書は実際に起きた事件や事故を題材にした映画の元ネタを紐解いていく1冊だ。一方、映画に触発されて凶悪な事件が起きる場合もある。「タクシードライバー」（１９７６）のトラヴィス（演：ロバート・デ・ニーロ）に影響された韓国人学生が32人を殺害した２００７年発生の米バージニア工科大学銃乱射事件、映画「ジョーカー」（２０１９）の主人公の格好を真似た24歳の男が電車の乗客を無差別に襲った２０２１年の京王線刺傷事件などが典型例で、ある意味、映画は人を狂気に走らせる魔物とも言える。が、本項で取り上げるのは、そんな単純な概念では理解できない怖い実話だ。養子として引き取られた美少女が巻き起こす惨劇を描いた２００９年のホラー映画「エスター」。その内容は現実でとても模倣できるものではないが、不思議なことに、公開翌年の２０１０年にアメリカで、映画に酷似した事件が発覚したのだ。

バスルームに自分の血で書いた「殺す」

最初に映画のあらすじを簡単に紹介しておこう。かつて３人目の子供を流産した女性が心の傷を癒やすため、夫と孤児院を訪ね、エ

エスター

▶主人公の少女エスターを演じたイザベル・ファーマン。後ろは母親役のヴェラ・ファーミガ。映画「エスター」より

◀8歳の少女としてウクライナの孤児院から引き取られたナタリア・グレース。身長は90センチだった

スターという9歳の少女を養子として引き取る。当初は新しい家族に溶け込み、2人の義理の兄妹とも仲良く暮らしていたが、しだいに異常な一面を見せ始める。教えられたばかりのピアノを完璧に弾いたり、両親の性行為を見ても平気な顔をしていたり。挙げ句に、義兄が傷つけた鳩を握り殺し、家に訪ねてきた孤児院のシスターを銃殺するなど凶悪さを発揮していく。果たして、エスターは下垂体機能低下症による成長ホルモン異常を原因とした発育不全のため外見が幼いだけで、実際には33歳で、これまで7人を殺害してエストニアの精神病院に入院させられていたモンスターだった——。

　フィクションだからこそ書けるストーリーだが、似たような出来事が実際に起きていたのだから現実世界は恐ろしい。

　米インディアナ州在住のマイケル・バーネットとクリスティンの夫妻が、ウクライナの孤児院に預けられていた8歳の美少女ナタリア・グレースを養子として引き取ったのは2010年4月のこと。彼らにはすでに3人の実子がいたが、さらに家族が増えることは待望の喜びだっ

た。しかし、一緒に暮らし始めてまもなく、夫妻はナタリアに違和感を覚える。ウクライナで生まれ育ったはずなのに母国語は話せない代わりに英語がペラペラ。8歳とは思えない大人びた考え方や言動。さらに、陰毛が生えており定期的に生理も来た。さすがにおかしいと感じた夫妻が、かかりつけの病院でナタリアの骨密度やメンタルヘルスチェックを行ったところ、少なくとも年齢が14歳以上であることが発覚。夫妻はショックを受けるも、そのままナタリアを娘として育て続ける。

　これが大きな間違いだった。両親が検査結果を知ったことがわかるや、ナタリアは態度を一変させる。近所の子供に危害を加え、バスルームに自分の血で「殺す」と書き、家族を皆殺しにして死体を庭に埋めるとも口にした。

　バーネット夫妻は、いつ何をされるかわからない恐怖から家にある凶器になりそうなものを全て隠すと同時に、ナタリアと離れて暮らしたいと真剣に考え始める。実の子供の1人が自閉症を患っていたことも、夫妻の不安をより増長させた。

　が、法的にナタリアは8歳の少女で、正式に養子縁組された彼らの娘。年端も行かぬ我が子を手放すことは、イコール扶養義務の放棄になってしまう。そこで、夫妻は様々な医療機関に調査を依頼、

エスター

2009／アメリカ／監督:ジャウム・コレット＝セラ◉養子として引き取った少女が徐々に本性を現し、一家を崩壊に導くスリラー映画。原題の「Orphan」は「孤児」という意味。2022年、主人公の前日譚を描く続編「エスター ファースト・キル」が公開された。

ナタリアが小人症の稀な形態である先天性脊椎骨端異形成症を患っており、実際は１９８９年9月生まれの22歳であることを証明。２０１２年にインディアナ州マリオン郡裁判所にナタリアの年齢の修正を申請し、これが認められたため、夫妻は実子とともにカナダに移住、ナタリア１人がアメリカに残ることになる。

育児放棄の容疑で元養父母を逮捕

ここまでの話だけでも映画を凌ぐ展開だが、実際はまだ続きがある。バーネット夫妻はカナダに移住した後も、ナタリアが住むアパートの家賃や社会保障番号、福利厚生についてしっかりと援助していた。しかし、２０１３年末頃から突然、ナタリアと音信不通となり、心配した夫妻がアパートを訪ねても、もぬけの殻。全く状況がわからぬまま、それから6年が過ぎた２０１９年、バーネット夫妻のもとに警察が訪れる。育児放棄の容疑で逮捕状が出ていたのだ。

ちなみに、夫妻は２０１４年に離婚しており、このとき別々に暮らしていたが、ナタリアの扶養義務は2人にあるとみなされた。

どういうことなのか。事の発端は２０１６年、ナタリアがアントウォンとシンシアのマンズ夫妻に引き取られたことにある。彼らはすでに3人の養子を育てていたが、ナタリアを養子とするにあたり、彼女が未成年であるという法的判断を欲していた。そこで、独自に調査したところ、ナタリアが以前、バーネット夫妻から捨てられた事実を把握。マンズ夫妻はその詳細を知るにつけ、バーネット夫妻が映画「エスター」に影響され、何らかの手段で合法的にナタリアの年齢を22歳に引き上げたものと信じ、裁判所に訴えたのだ。が、バーネット夫妻が逮捕された直接の原因は別にあり、２０１４年にナタリアが警察へ出向き「養父母が自分を置いてカナダへ行ってしまった」と訴えたことが引き金だった。こうして身柄を拘束された2人は、それぞれ5千ドル強の保釈金を支払い、釈放される。

その後、裁判所による再鑑定で改めてナタリアが外見だけ幼く見える小人症であることが確認され、マイケルとクリスティンの起訴

▲マイケル（中央）とクリスティン（右）のバーネット夫妻は養子として迎え入れたナタリアを当初、実子と同様に可愛がっていたが…

▲2016年にナタリア（左）を引き取ったマンズ夫妻

は見送りとなった。このとき、マイケルはメディアの取材に対し、「子供のふりをした〝サイコパス〟であるナタリアと過ごしたあの悪夢の2年間を決して水に流すことはできない」と憤ったそうだ。

2023年5月、アメリカのディスカバリーチャンネルが「ナタリア・グレースの数奇な事件」という全6話のドキュメンタリー番組を放映した。この中で元養父のマイケルは、ある夜、目を覚ますとナタリアがナイフを手にベッドの足元に立っていたと証言、家族を脅迫して殺そうとしていたのだと激しく訴えている。また、クリスティンも、ナタリアがコーヒーに化学物質、漂白剤、洗剤のようなものを入れているのを見て「何をしているの?」と聞いたところ「ママに毒を盛っているのよ」と言われたと、当時の暮らしを涙ながらに語っている。

いったい、ナタリアは何者なのだろう。本当にサイコパスのモンスターなのか。2012年の鑑定が正しければ、2023年11月現在、彼女は34歳。生活はマンズ夫妻や他の養子たちと共に送っているそうだ。

「子供のふりをしたサイコパスと暮らした悪夢の2年間を水に流すことはできない」

▲2023年公開のドキュメンタリー「The Curious Case of Natalia Grace（ナタリア・グレースの数奇な事件）」で、ナタリアと暮らしていた当時の恐怖を語る元養父のマイケル・バーネット

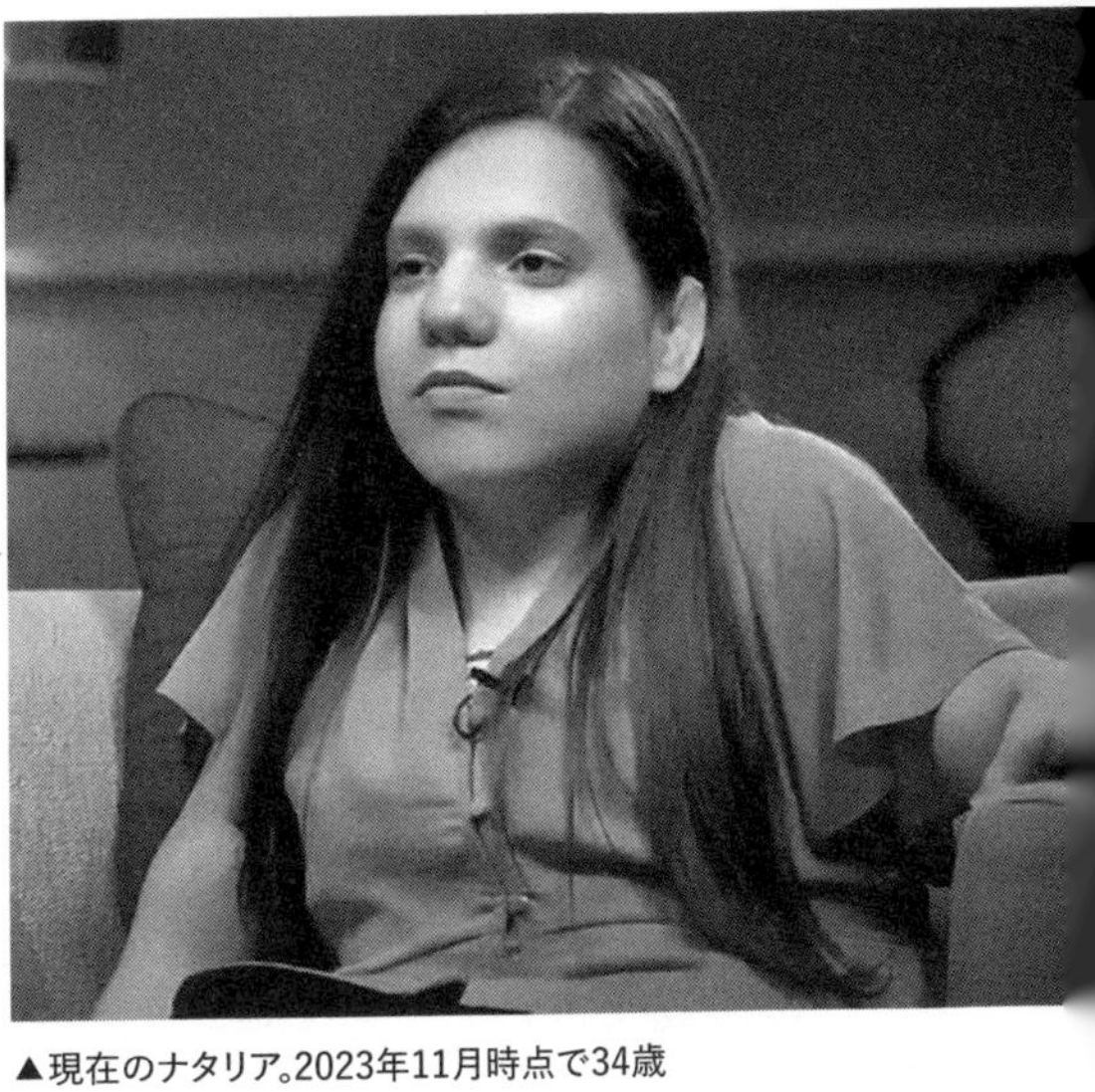

▲現在のナタリア。2023年11月時点で34歳

連続殺人犯との文通がまさかの事態に

ジョン・ゲイシーに強姦・殺害されかけた大学生ジェイソン・モスの恐怖の面会体験

ジョン・ゲイシー。1972年から1978年にかけ全米で少年を含む33人を殺害したシリアルキラーだ。ゲイシーは1994年に死刑となったが、その寸前、獄中に面会に来た青年を殺しかけたことがある。2010年公開の「ディア・ミスター・ゲイシー」は有名な殺人犯に興味を持った大学生、ジェイソン・モスが刑務所内で味わった恐怖の実話を映画化したスリラー劇である。

僕は両親に愛想を尽かすゲイの大学生

本作の主人公、ジェイソン・モス（演：ジェシー・モス）は1975年、米ニューヨーク州で生まれた。わずか10歳で大統領顕彰の成績優秀学生賞を受賞し、1993年にネバダ大学ラスベガス校に入学。犯罪学の授業で殺人鬼の深層心理に関心を抱く。

映画は彼が18歳、大学1年生だった同年末、ジョン・ゲイシー（1942年生）のニュースをテレビで見ているシーンから始まる。

ディア・ミスター・ゲイシー

▶ジェイソン・モス役のジェシー・モス（左。名前が似ているのは偶然）とジョン・ゲイシーを演じたウィリアム・フォーサイス。映画「ディア・ミスター・ゲイシー」より

劇中に詳しい説明はないが、ゲイシーはイリノイ州シカゴで実業家として活躍する傍ら、ピエロの格好で地元のボランティア活動に参加する模範的市民だった。が、それはあくまで表向きの顔で、ゲイだった彼は1972年1月から「ポルノを観ないか」と少年を誘って自宅地下室に連れ込み、手錠をかけて強姦。その後、少年たちが首にかけていたロザリオにボールペンを入れ、ゆっくりねじって絞殺し、死体を自宅床下に遺棄していた。ゲイシーの会社にアルバイトの面接に行ったまま行方不明になった少年の捜査をきっかけに逮捕されたのは1978年12月。6年間で犠牲者は14歳から20歳まで33人にのぼるとされたが、ゲイシーは無罪を主張。1980年の死刑判決後も獄中で無実を訴えていた。

刑確定から13年が過ぎた1993年、それでも再審請求を続けるゲイシーにメディアは彼の死刑が執行されないことを批判的に報じる。モスがゲイシーに関心を抱いたのもその頃で、彼はゲイシーの犯罪を課題リポートのテーマにするべく、獄中の彼に手紙を書く。

ただ、これも劇中に説明はないが、当時モスはゲイシー以外にも、エルマー・ウェイン・ヘンリー（1970年から1973年、主犯のディーン・コールとともにテキサス州ヒューストン近郊で7人を殺害。終身刑）、リチャード・ラミレス（1984年から1985年にカリフォルニア州で13人を殺害。死刑判決が下るも2013年に獄死）、ヘンリー・リー・ルーカス（1960年から1983年にかけて、100人以上を殺害。死刑判決が終身刑に減刑され2001年に獄死）、ジェフリー・ダーマー（1978年に1件、1987年から1991年に16件の殺人を働き終身刑を受けるも、1994年11月、獄中で他の受刑者により殺害された）など高名な殺人鬼に手当たり次第に、手紙を出していた。

とはいっても、単に手紙を送るだけでは返事は期待できない。そこで文面には彼らの興味を引きそうな言葉を添えた。例えば、リチャード・ラミレスなら彼が信奉する悪魔崇拝主義に自分も大いに関心があること、「ミルウォーキーの食人鬼」の異名をとったジェフリー・ダーマーなら自分も時々、食人の衝動に駆られること。ゲイシーに対しても然りで、モスは手紙でこんな人物を偽る。

「僕は暴力父と口うるさい母に愛想を尽かしているゲイの大学生。勉強なんか大嫌い。親にいい顔をするために大学に入ったが、早いところ金を貯めて家出をしたい。手っ取り早く稼ぐために、男娼バイトをしようと考えている。ガールフレンドなんかいるわけない」

さらに、バーベルを持ち上げて体を鍛え、ゲイモデルのようなポ

◀ジョン・ゲイシーのマグショット(1978年)。彼が獄中で描いたピエロの絵は現在でも高値で売買されている

ディア・ミスター・ゲイシー

2010／カナダ／監督:スヴェトザール・リストフスキー◉死刑判決を受けたシリアルキラー、ジョン・ゲイシーと、連続殺人犯に関心を抱く大学生ジェイソン・モスとの文通交流が予想外の事態に発展する、実話を基にしたスリラー映画。1999年にモスが出版した回顧録『The Last Victim（最後の犠牲者）: A True-Life Journey into the Mind of the Serial Killer』（ジェフリー・コトラーとの共著）が原作。

▲面会初日に撮影された
モス(右)とゲイシーのツーショット

ーズをとった自分の写真も添えた。果たして、ゲイシーはモスの罠に引っかかり、返事をよこした。

監視カメラの死角を狙い犯行に

こうして2人の文通が始まる。モスの目的はシリアルキラーの脳内の闇にスポットライトを当てる、つまり逮捕から一貫して容疑を否認するゲイシーに自白させることだった。FBIでも得られなかった自供を一介の大学生が入手できれば、大偉業である。劇中で描かれる、モスがゲイシーの情報を得ようとFBIの捜査官に会い「学校の課題なら、『マリファナ合法化』とかをテーマにしたらどうだ?」と飽きれられるシーンも事実のとおりで、モスはそれでもゲイシーの内面に迫ろうとした。

▲ゲイシーがモスを襲う劇中シーン。
映画「ディア・ミスター・ゲイシー」より

ただ、ゲイシーは彼が考えている以上に狡猾で、ある日の手紙で直接話がしたいので、電話番号を教えるよう依頼してくる。モスが手紙で書いているとおり本当にゲイの大学生かどうか確認する目的があったらしい。モスは焦った。文章なら幾らでもウソを書けるが、電話で話せば一発で見破られ交流が途絶えてしまう。そこで、モスは映画のとおり街で男娼に取材を行いゲイ世界の知識を得たうえで、ゲイシーに自宅の電話番号を教え、以降、日曜の朝に会話を交わすようになる。

この時点でモスは一線を越えてしまっていた。文通だけなら自分に身の危険がふりかかることはまずない。が、電話でゲイシーに直接、語りかけるうち、知らず知らず彼の洗脳にかかる。そして「人殺しをした本当の理由を教えてあげる」と刑務所に招待されたら、もはや断る理由はなかった。

1994年4月、モスはゲイシーが収監されていたイリノイ州チェスターのメナード矯正センターに1人で出かける。映画では1日の出来事として描かれているが、面会は2日間。1日目は看守同席のもと、ゲイシーが獄中で描いたピエロの絵を見せられるなど何事もなく過ぎ、2日目に事件が起きた。面会初日でモスに惹かれたゲイシーは欲情を抑えきれなくなり、模範囚としての信用を利用して、仕切りなどがない面会室で看守抜きでの面会を取りつける。そして言葉巧みに監視カメラの死角に誘い出し、モスに襲いかかる。レイプし殺害するつもりだった。が、モスの悲鳴を聞いた看守が慌てて駆けつけ犯行は未遂に。この一件が決定的となり、ゲイシーの再審請求は取り下げられ、翌月5月10日に薬物注射により死刑が執行される。享年52だった。

事件から2年後、連続殺人犯リチャード・ラミレスと面会

▲1996年、連続殺人鬼リチャード・ラミレス（中央）と面会を果たした際の1枚。右がモス、左はラミレスと獄中結婚したドリーン・リオイ

映画は最後、実際のモスがテレビのインタビューに答えるシーンが流れ、2006年6月6日に自殺したことが示されて終わる。

モスはゲイシーの被害に遭った後、自分の軽率な行動を悔やむとともに、PTSD（心的外傷後ストレス障害）によりゲイシーの化身とも言えるピエロの絵がしばらく見られなくなったという。が、殺人鬼への関心は薄れず、1996年にはカリフォルニア州サン・クエンティン州立刑務所でリチャード・ラミレスと面会を実現。大学を首席で卒業後、米国秘密情報部とアルコール・タバコ・火器及び爆発物取締局でインターン期間を過ごしている過程で法律の道への転身を決意し、2002年にミシガン大学ロースクールを卒業し弁護士資格を取得。ネバダ州ヘンダーソンに刑事弁護事務所を開いたものの、うつ病を発症し、その4年後に自ら銃で頭を撃ち命を絶った（享年31）。1999年に本映画の原作本を共に著した心理カウンセラーのジェフリー・コトラーによれば、自殺の数日前まで、モスは新たに連続殺人犯との接触を図るべく、積極的に情報を集めていたという。

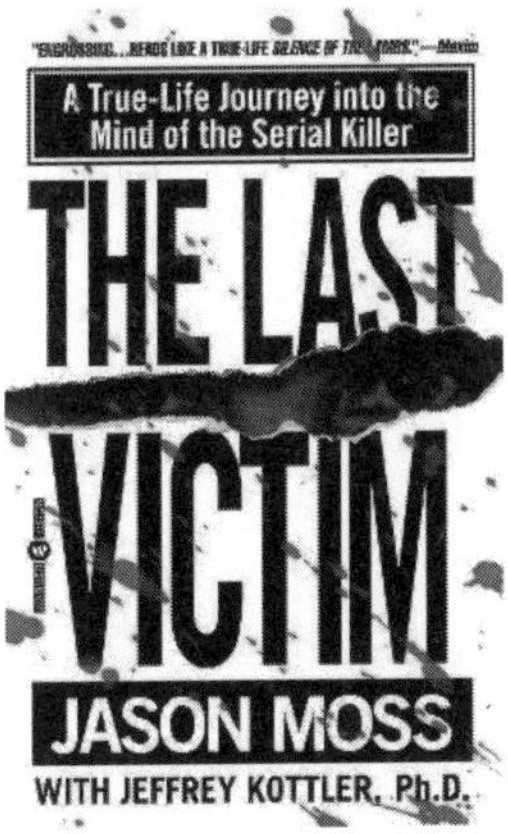

▲映画の原作になったモスの回顧録

航行中に巨大ハリケーンがヨットを襲撃

アメリカ人女性、タミ・オールダムが太平洋で体験した地獄のサバイバル

2018年のアメリカ映画「アドリフト 41日間の漂流」は婚約者とヨットで太平洋を航行中に巨大ハリケーンに遭遇、漂流を余儀なくされた女性の決死のサバイバル劇を描いた作品である。映画は1983年、アメリカ人女性のタミ・オールダムが体験した実話に基づいているが、だだっ広い海上で彼女が味わった恐怖と絶望は映画とは比べものにならないほど壮絶なものだった。

嵐のさなか、婚約者が行方不明に

映画は時間軸が頻繁に入れ替わり、さらに回想シーンや幻覚が入り交じることで、実際にいつ何が起きたのかややわかりにくい構成となっている。ここでは時系列に沿って事の経緯を説明していこう。

主人公タミ・オールダム（演：シャイリーン・ウッドリー）は1960年、米カリフォルニア州サンディエゴに生まれた。高校卒業後、実家を出て定職には就かず、アルバイトをしながら世界中を旅

アドリフト 41日間の漂流

▶主人公を演じたシャイリーン・ウッドリー。映画「アドリフト 41日間の漂流」より

行。特に好んだのがサーフィンとヨットのセーリングだった。

南太平洋に浮かぶ世界有数のリゾート地、タヒチ島を訪れたのは1983年3月、23歳のとき。現地のヨットクラブのバイトスタッフとして働いていたとき、リチャード・シャープ（1949年生。当時34歳。演：サム・クラフリン）と知り合う。リチャードのプロフィールは劇中で説明されず、情報もほとんどないが、高校を出て父親から海軍に入隊することを勧められたもののこれを拒み、タミと同様、世界を回りながらセーリングにのめり込んでいた。

2人は出会った瞬間から惹かれ合い、リチャードの所有するヨット「マヤルガ号」で一緒にセーリングを楽しみながら信頼と愛情を深め、やがて婚約を果たす。

そんなある日、リチャードの知り合いの老夫婦から、彼らが所有するヨット「ハザナ号」を、米サンディエゴまで回航してくれるよう依頼される。報酬は1万ドル（当時のレートで約237万円）と帰りのファーストクラスの航空券。行き先は奇しくも、タミの生まれ故郷だ。タヒ

◀タミ・オールダム本人
（生還直後の写真。当時23歳）

チからサンディエゴまでは約5千マイル（約7千900キロ）。全長55フィート（約16・7メートル）のハザナ号を時速7・1ノット（約13・2キロ）で進められれば、25日間で到着できる。2人はこの話に乗り、1983年9月22日、タヒチのパペーテ港を出航する。

順調な航海が一転するのは出発から20日後の10月12日。巨大なハリケーンがハザナ号を襲った。2人は事前に嵐が来るだろうことは予測していたが、このとき発生した通称「ハリケーン・レイモンド」は彼らの想像を遥かに超え、風速約235メートル、波の高さは15メートルに上った。容赦のない自然の猛威にさらされたハザナ号のマストと帆は破れ、通信機器も壊滅状態となる。2人はこの危機を回避すべく進路を北にとるが、ハリケーンの勢いは止まらず、ほどなく猛烈な風と波がヨットを直撃、タミは船室の壁に頭をぶつけ気絶してしまう。

映画ではこの後、意識を取り戻した彼女が海に投げ出されたリチャードを救い、2人して漂流することになっているが、それはタミの幻覚で、実際のリチャードはここで命を落とす。タミが最後に見たリチャードは、命綱を体に付け救命ボートに乗りながら転覆寸前のハザナ号を立て直そうとする姿だった。タミが甲板の上で目覚めたのは、それから27時間後。リチャードの姿はどこにもなく、二度

アドリフト
41日間の漂流

2018／アメリカ／監督：バルタザール・コルマウクル◉巨大ハリケーンによって乗っていたヨットが大破し、太平洋を漂流することになった婚約者カップルの実話を映画化。生還者であるタミ・オールダムが1998年に上梓した回顧録『Red Sky in Mourning: A True Story of Love, Loss, and Survival at Sea』（共著）が原作。

と見つかることはなかった。

拳銃自殺を図ろうとしたことも

ここからタミの漂流が始まる。すでに嵐は過ぎ去っていたが、ヨットの舵はきかず、操縦もできない。何より、いま自分がいる位置がわからなかった。そこで、彼女は船中で見つけた「六分儀」を使い天体と地平線との間の角度を測定、海図で緯度を割り出した後、間に合わせの帆を作り、潮流に乗ってハワイ島を目指す。アメリカ本土は遠すぎた。口にしたのは残りわずかな水、ピーナッツバター、缶詰のフルーツ、イワシなど。これらは航海が10日延びることを想定し、事前に積み込んでいた貴重な食料品で、時に海に潜り捕獲した魚を食することも珍しくなかった。

劇中のタミは、生き抜くことを決意したバイタリティ溢れる意志の強い女性に思える。しかし、実際は違う。頭に負った怪我、体の衰弱に加え、リチャードを失ったことのショックと、何日経っても発見されない絶望が体を支配していた。やがて、それは幻聴や幻覚を生み、死んだリチャードの声を聞き、地平線を島と思い込んだ。映画では描かれていないが、漂流の途中で精神が崩壊し、船に積んでいたライフル銃に弾を込め口に突っ込んだこともあったそうだ。タミの後の証言によれば、漂流中は常に自殺願望にかられ、寸前のところで思い止まることの繰り返しだったという。

遭難から41日、ハザナ号は1500マイル（約2千400キロ）を漂流し、11月22日にハワイ島までたどり着く。このときタミが少

▲タミと婚約者のリチャード・シャープ本人（右写真）。リチャードの遺体は見つかっていない。左は劇中で彼を演じたサム・クラフリン。映画「アドリフト 41日間の漂流」より

▲本物のハザナ号（上）と、映画で使われたヨット

し距離の離れた船に自分の存在を知らせるため、数発の照明弾を発射したのは劇中のとおりで、結果、彼女は救助され、ハワイ島のヒロ港に上陸する。まさに奇跡の生還だった。

　映画はここで終わるが、タミはその後も６年にわたり頭に負った衝撃の後遺症と、ＰＴＳＤ（心的外傷後ストレス障害）に悩まされ続け、本を読むことさえままならなかったという。もちろん、婚約者リチャードを失った悲しみも長年消えず、持ち帰った彼の遺品をイギリスの両親に届けるのが精一杯だったそうだ。

◀映画は海で遭難・漂流することの恐怖をリアルに描いている。映画「アドリフト 41日間の漂流」より

　その後、タミはワシントン州に定住。遭難から11年、ようやく体と心の傷が癒えた１９９４年に、ダンス会場で知り合った不動産開発業者の男性と結婚した。１９９８年、自身の体験を綴った回顧録を出版。２人の子供にも恵まれたが、２０１７年に当時22歳の娘を一酸化炭素中毒による事故で亡くしている。映画「アドリフト」の撮影が始まったのは、その直後のことだった。

▼2018年、映画公開を受けテレビで自身の体験を話すタミ

生還後6年間、怪我の後遺症とPTSDで苦悩

平均年齢60オーバーの老人集団による大胆な犯行

英ロンドン宝飾店街「ハットンガーデン」貸金庫強奪事件

２０１５年、イギリス・ロンドンの宝飾店街「ハットンガーデン」に強盗が入り、貸金庫から現金や貴金属など1千４００万ポンド（当時のレートで約23億8千万円）が盗まれた。被害額の多さもさることながら、世間が驚いたのは、犯人グループの平均年齢が60歳を超えていたことだ。２０１８年公開の「キング・オブ・シーヴズ」は世にも珍しい、この老人集団強盗事件を題材とした実録犯罪ドラマである。

首謀者は当時76歳の「泥棒王」

事件の首謀者は劇中でマイケル・ケインが演じるブライアン・リーダー（事件当時76歳）で、映画でも「泥棒王」と称されるように20代から窃盗や強盗を繰り返していた男である。大きく報道されたのは１９８３年、５人の共犯と武装したうえで、ロンドン・ヒースロー空港の倉庫を襲撃した事件で、ブライアンらは「油をまいて火だるまにしてやる」と従業員を脅して金庫を開けさせ、２千６００万ポンドの金塊やダイヤモンド、現金を強奪。地下ブローカーを通

キング・オブ・シーヴズ

▶主要キャスト。中央がブライアン役のマイケル・ケイン、その左隣がバジル役のチャーリー・コックス、右から2番目がテリー役のジム・ブロードベント。映画「キング・オブ・シーヴズ」より

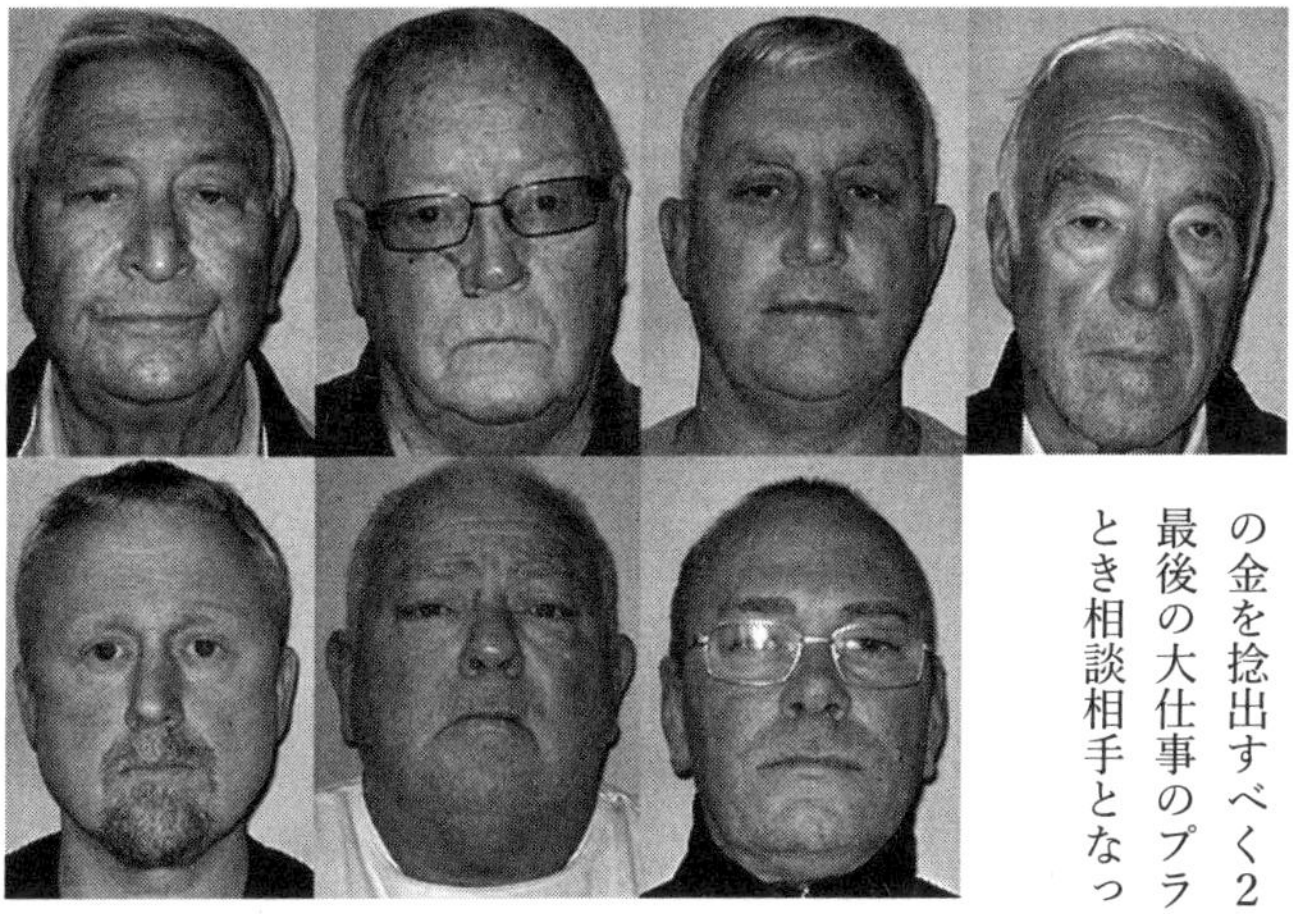

◀実際の犯人たち。上段左からテリー・パーキンス（事件当時67歳）、ジョン・コリンズ（同75歳）、ダニエル・ジョーンズ（同58歳）、ブライアン・リーダー（同76歳）。下段左からヒュー・ドイル（同48歳）、ウィリアム・リンカーン（同60歳）、カール・ウッド（同58歳）

じて売りさばいていた。

映画では、すでに現役を引退したブライアンにバジル（演：チャーリー・コックス）という若い男が話を持ちかけ泥棒計画が動き出すことになっているが、事実は違う。ブライアンは余生を地中海に面したスペイン南部アンダルシアで過ごそうと、その金を捻出すべく2012年ごろから人生最後の大仕事のプランを練っていた。このとき相談相手となったのが、古くからの犯罪者仲間であるテリー・パーキンス（同67歳。演：ジム・ブロードベント）。彼もブライアンと同じ1983年、仲間14人と覆面姿で武装し倉庫を襲撃、600万ポンドの現金を強奪するなど多くの前歴があった。

2人は相談のうえ、狙いをロンドンのホルボーン地区にあるハットンガーデンに定める。ここは19世紀初頭からダイヤモンドを中心とした宝飾店街として栄えてきたエリアで、2015年時点で約300の宝飾品業者がオフィスを構え、約90店舗の宝石ショップが軒を連ねていた。それだけに古くから強盗事件が頻発しており、その対策のため1940年代にハットンガーデン専用の貸金庫室が作られ、現金や重要な貴金属はそこに収められていた。

劇中で犯行に加担するのは全部で7人だが、実際は上の写真の7人の他、前出のバジル、他に44歳、42歳、35歳の男3人の計11人だった。具体的な犯行計画は4ヶ月前から立てられ、実行日は人が少なく貸金庫がいっぱいになっているであろう「イースター」（復活祭。3月下旬～5月上旬のいずれかの日曜日。その後数日は休みとなる）に決定。2015年のイースターは4月5日だった。が、4日前の4月1日に地下火災が発生、ガス管の破裂によりマンホールの蓋から炎が噴出するなどロンドン中心部が大混乱に陥る（劇中では描かれない）。これを好機とみたブライアンらは急遽予定を変更、火災翌日の4月2日夜に、安全帽をかぶったガスの作業員に変装してハットンガーデンのセーフデポジット社貸金庫室に侵入する。

まずはビルの共用エレベーターを止め、ワイヤを伝って地下室へ。大型ドリルで貸金庫室のコンクリート壁に人1人がようやく通り抜

キング・オブ・シーヴズ

2018／イギリス／監督：ジェームズ・マーシュ◉2015年に実際に起こり、英国史上最高齢かつ最高額の金庫破り集団として世界を驚かせた窃盗事件を映画化。イギリスを代表する名優マイケル・ケインが主演を務めた。日本公開は2021年。

けられる奥行き50センチ、幅45センチ、高さ25センチの穴を貫通させ貸金庫室に侵入。バールやグラインダーなどを使って73個の貸金庫を壊し、56個のセーフティーボックスを奪う。ちなみに、犯行用工具の使い方は事前にユーチューブを見て、何度も練習したそうだ。

5人に懲役6〜7年の判決が

劇中でも描かれるように、彼らが貸金庫室に入ったときビルの警報機が鳴り響いた。すぐに不法侵入が気づかれてもおかしくないところだが、正面玄関も裏口も施錠されていたため、警備員は誤動作と判断。こうした運にも恵まれ、ブライアンたちは4月3日の朝に堂々と建物から立ち去り、翌4日夜に再び3人が建物に侵入し、さらに現金や宝石類を奪取する。その合計額は1千４００万ポンドにも及んだ。

異変が発覚し、ロンドン警視庁に通報があったのは休み明けの4月7日のこと。当局は建物内の防犯カメラの映像などからブライアンらの犯行と睨み、彼らの行動を追跡。その過程でブライアンやテリーがカフェで自慢げに事件のことを語る音声を入手したことなどから、5月19日に、犯行に加わった10人を逮捕する。

強盗の共謀、犯罪財産の隠蔽、転用、譲渡の共謀の罪などで起訴された彼らの裁判は２０１５年12月から始まり、翌２０１６年3月に結審した。有罪判決を下されたのは6人。テリー・パーキンス、ジョン・コリンズ、ダニエル・ジョーンズ、ウィリアム・リンカーンが懲役7年、ヒュー・ドイルが懲役21月（執行猶予2年）、首謀者のブライアン・リーダーには懲役6年3月が宣告された。

２０１８年1月、裁判所はブライアン、テリー、ジョン、ダニエルに、総額2千７５０万ポンドを支払わなければさらに7年の懲役刑を科す判決を下す。その1週間後にテリーは獄中で死亡、奪った金を返済しなかったダニエルの刑期が延長された一方、主犯のブラ

▲貸金庫室に通じる壁に空けられた穴

▲73個の貸金庫が壊され、
56個のセーフティーボックスが奪われた

イアンとジョンは科せられた金を支払ったことで、刑期を3分の2以上残した2018年末までに釈放となる。そして、唯一逮捕されなかったバジルが現在も逃亡中であることを告げて映画は終わる。

が、実は公開半年前の2018年3月、バジルはロンドン北部イズリントンのアパートで逮捕されている。本名マイケル・シード、事件当時54歳だった男で、犯行の際には主にセキュリティ解除を担当していた。2019年3月、事件から3年も逃亡していたことを悪質と判断され、下された判決は誰よりも重い懲役10年。さらに分け前として手に入れた470万ポンドのうち60万ポンドの返済命令が出ていたにもかかわらず5万ポンドしか返さなかったことから、2022年11月、懲役6年半を追加する判決が下された。

唯一の逃亡犯を映画公開半年前に逮捕

▼ビルの監視カメラが捉えた犯人の姿

▼事件から1ヶ月後の2015年5月1日、ロンドンのカフェで話している犯人を警察が撮影した1枚。左からテリー、ジョン、ブライアン

▲2018年3月に逮捕された“バジル”ことマイケル・シード

逮捕された青年が服役後に、真犯人が判明したが…

善悪の刃

韓国・益山市薬村タクシー運転手殺人事件、驚愕の顛末

2017年に公開された「善悪の刃《やいば》」は、殺人の容疑者として10年間、刑に服してきた青年と、自らの出世のために事件の再審を目論む弁護士の姿を描いたサスペンス劇だ。映画は2000年、韓国で実際に起きたタクシー運転手殺人事件を題材としており、後に青年の無罪が確定、真犯人が捕まった。

第一発見者の15歳少年を問答無用で逮捕

映画は、2000年8月10日、韓国・全羅北道益山《チョルラブクトイクサン》市薬村《ヤクチョン》の五叉《ごさ》路《ろ》で、タクシーの車内で運転手（当時42歳）が血まみれで死亡しているシーンから始まる。通報を受けた益山警察は現場の状況から殺人事件と断定、ただナイフを持っていたという理由だけで、第一発見者の少年チェ・グン（仮名。同15歳。演：カン・ハヌル）を容疑者として連行、三日三晩にわたり殴る蹴るの暴行を加え、自白を強要した挙げ句に殺人容疑で逮捕する。

チェは裁判で無罪を主張したものの、第一審の判決は懲役15年。控訴審で10年に減刑され、上告を断念したことで刑が確定し、服役

▶再審を担当する弁護士を演じたチョン・ウ（右）と、無実の罪を着せられた青年役のカン・ハヌル。映画「善悪の刃」より

◀2016年、再審法廷に入るチェ・グン（中央）。右側で座っているのがパク・ジュニョン弁護士本人

を経て２０１０年に満期出所する。が、チェの苦難は続く。被害者遺族に支払われた労災保険金が、求償金として彼に請求されたのだ。しかも、請求には元金だけでなく、チェが服役していた間の利息まで含まれていた。

３年後の２０１３年、チェは再審を請求する。このとき、国選で弁護を担当したのが映画のもう１人の主役、パク・ジュニョン弁護士（１９７４年生。演：チョン・ウ）だ。映画では、大手事務所で働く友人の弁護士の紹介でパクがチェの再審弁護を引き受けることになっているが、実際は韓国の民放テレビ局ＳＢＳの時事教養番組「それが知りたい」の担当で、事件に疑問を持っていた記者からの依頼だった。パクは２００７年に水原《スウォン》市の高校で当時15歳の家出少女の遺体が見つかった殺人事件で逮捕された知的障害を持つホームレスの男性ら７人の裁判の再審で無罪を勝ち取るなど「冤罪弁護士」として知られており、その記者も彼の腕を見込んでコンタクトを取ってきたのだが、実際のところ、再審事件は金にならない。しかし、地上波の放送に出れば有名になれるかもしれないと考え、依頼を引き受けたのが本当のところだ。

事件を調べたパクは、即座に冤罪であることを見抜く。チェが当初、警察署ではなくモーテルに監禁され取り調べを受けた事実。被害者は12ヶ所もナイフで刺され、大量の出血があったにもかかわらずチェの持ち物からは一滴の血液も検出されていない。警察の供述調書では、タクシーの助手席に乗り込んで刺したが、チェの指紋は皆無。さらに、供述調書には、被害者の脇腹を３ヶ所刺したとあるが、その傷は、搬送された病院で内出血による呼吸困難を防止するため医者が切開したものだった。警察の調べが杜撰で、でたらめであることは明らかだった。

実は、警察も検察もチェが犯人ではないことを知っていた。２００３年６月、キム・モ（仮名。１９８１年生）という男が全北群山《チョンブククンサン》警察署の取り調べを受け、金銭奪取目的でタクシーに乗車、運転手の肩を刺すとき「ピチッ」と音がして凶器が骨か何かにひっかかったと、犯人でなければわからない具体的な状況を供述していた。さらに、キムは無実のチェが自分の代わりに服役しているのを知って激しい罪悪感に苦しんだと話し、両親や友人にも自分の罪を自白していた。

善惡の刃

2017／韓国／監督：キム・テユン◉2000年に韓国・益山市で実際に起こったタクシー運転手殺人事件をベースにしたサスペンス映画。当時15歳の少年が犯人として捕まり、服役・出所後の再審で真犯人が特定されるという衝撃的な展開に、韓国では観客動員数200万人を突破する大ヒット作となった。

さっそく警察は殺人容疑でキムの逮捕状を請求する。が、すでにチェを犯人として刑務所に送り込んでいた検察は、「凶器を確保できていない」ことを理由にこれを却下。結局キムは緊急逮捕期限である48時間が過ぎて釈放され、精神病院に入院させられた。「当時は心身微弱のため虚偽陳述をした」ことにするためだ。

▼当初、警察に監禁され拷問を受けたモーテルを指し示す冤罪被害者のチェ

真犯人には懲役15年の判決が

再審が確定し、実際に公判が始まったのは2015年。ここで、犯行の詳細が明らかになるとともに、チェに自白を強要した益山警察署の刑事2人が証人喚問を受けた。最初に証言台に立ったのは、この事件で「全北地方警察庁長賞」を受賞したAだ。パク弁護士が、最初に警察署ではなくモーテルに連行したのは違法捜査ではないかと問いただしたところ、Aは「眠れなかったからといって連れていったようです」と意味不明な答えを返し、なぜ8月13日午前4時40分という夜明けに緊急逮捕したのかという問いにも「よく覚えていません」とだけ供述した。当時の捜査責任者で「警察庁長賞」を受けたB刑事も、調書の矛盾点を突くパク弁護士の問いかけに、覚えていないの一点張り。今もチェとキムのどちらが犯人だと思うかと

善悪の刃

▶チェを取り調べた益山警察の2人の刑事。手前がA、左奥がB

事件を担当した刑事が再審開始後に首吊り自殺

聞かれた際には「話せません」と口にした。

こうした審議を経て2016年11月17日、32歳になっていたチェに裁判所は無罪判決を下す。2日後の19日、検察は真犯人としてキムを強盗殺人容疑で逮捕したが、キムは当初「殺人をしたことがなく、2003年に警察で犯行を認めたのはウソだった」と容疑の一切を否定した。しかし、裁判所は2017年5月25日、キムに懲役

15年を宣告。控訴審、上告審を経て2018年に刑が確定した。

また裁判所はチェには刑事補償金8億4千万ウォン（約4千400万円）を支給することを決定。さらにパク弁護士が起こした国家賠償訴訟で、2021年、チェに13億ウォン余り（約1億5千万円）、彼の母親に2億5千万ウォン（約2千700万円）、彼の弟に5千万ウォン（約5千500万円）を賠償することを命令する判決を下す。しかも、それは全賠償金16億ウォンのうち20%を違法捜査で逮捕した警官と、明らかになった真犯人を不起訴処分した検察官が負担するという画期的な内容だった。

パク弁護士によると、チェは現在、家庭を持ち、父親となって静かに暮らしているそうだ。

▼2016年11月17日。無罪が宣告され、光州高等裁判所を出てくるパク弁護士（左）とチェ・グン（中央）。右は法廷で真犯人に関して証言した全北群山警察署ファン・サンマン元刑事

▲再審での無罪判決を受け、逮捕された真犯人のキム・モ（中央、モザイクの男性）

映画ではまったく触れられていないが、再審が始まって1ヶ月後、証言台に立った刑事（AとBのどちらかは不明）が携帯電話に「先にいってごめんなさい」とのメッセージを残し、首を吊ったことが明らかになっている。また、本事件に関連して韓国では2015年7月、俗称「テワン理法」が改正され、2000年8月1日以降に発生した全ての殺人事件の公訴時効が廃止となった。タクシー運転手が殺されたのが2000年8月10日。本事件が時効にならないよう関係者が動いた結果だという。

デトロイトの麻薬密売組織で3年間

14歳でFBIの情報提供者になったリック・ウェルシュの運命

2018年のアメリカ映画「ホワイト・ボーイ・リック」は、14歳でFBIの麻薬情報提供者となった実在の人物、リチャード・ウェルシュ・ジュニアの波乱の半生を描いたサスペンス劇だ。秘密裏に捜査協力をすること3年間。その先で彼を待っていたのは、仮釈放なしの終身刑という絶望的な結末だった。

父親が金目当てで息子を推薦

舞台は1984年の米ミシガン州デトロイト。当時14歳だったリチャード・ウェルシュ・ジュニア、通称リック（演：リッチー・メリット）のすさんだ家庭環境の描写から映画は始まる。

デトロイトは戦後、フォード・モーター、ゼネラルモーターズ、クライスラーの三大自動車メーカーが工場を置く〝モーターシティ〟として一時代を築いたが、1967年に低賃金で働かされていた黒人労働者が暴動を起こして以来、急速に経済が傾き、犯罪都市に顔を変える。特にリックが生まれ育ったデトロイト東地区の治安は悪く、強盗や殺人は日常茶飯事。リックの家はその地域で唯一の

ホワイト・ボーイ・リック

▶主人公リックを演じたリッチー・メリット（右）。映画「ホワイト・ボーイ・リック」より

白人家庭だったものの、父リチャード（1943年生。演：マシュー・マコノヒー）は銃の闇ディラー、3つ上の姉ドーン（演：ベル・パウリー）はドラッグ依存症で、母親はリックが6歳のときに夫と離婚し家を出ていた。

1984年当時、デトロイトはアメリカでも有数の麻薬都市で、多くの密売組織が利権をめぐり争いを繰り返していた。対し、デトロイト警察およびFBIは捜査・摘発に躍起になるなか、彼らに必要なのが内部からの情報提供者だった。映画では、父親が違法に販売していた銃が殺人事件に使われ、FBIがその追及を見逃す代わりに息子のリックに情報提供者になるよう強要しているが、事実は全く違う。リックが犯罪社会と関わりだすのは、劇中にも登場する姉の交際相手、ベルがきっかけである。彼は麻薬の密売にも関わる男で、当時、イーストサイド地区に君臨していた麻薬密売組織のトップ、ジョニー・カリーとレオ・カリーの双子の兄弟（生年不明）と

◀終身刑を宣告された翌月の1988年2月17日、ミシガン州矯正局で撮影されたリック本人（当時18歳）

も繋がりがあった。そのルートでリックも彼らに父親の扱う銃を安く販売しているうち、親しく口の聞ける間柄になる。そんなリックをFBIが見込んだのではなく、父リチャードが自らFBIに売り込んだ。実はリチャードも以前からFBIに情報を提供していたものの麻薬の世界は素人。そこで代わりに推薦したのが息子で、目的はFBIからの報酬3万5千ドルだった。

情報提供者としてのリックの活動は3年に及んだ。中でも特筆すべきは、劇中に詳しい説明はないが、1985年にカリー兄弟の組織が誤って13歳の少年を殺害し、それを隠蔽するため当時のデトロイト警察殺人課の警部、ギルバート・ヒル（1931年生。俳優として映画「ビバリーヒルズ・コップ」シリーズでトッド警部を演じたことでも知られる）に賄賂を送ったのを知らせたことだ。当時のデトロイト警察は金で犯罪が揉み消しになるほど腐敗しており、劇中のニュースにもあるとおり、後に10人以上の警官が逮捕されたが、ヒルには何の捜査も及ばなかった。

ちなみに、この間、リックがカリー兄弟の組織から疑われ狙撃され重傷を負ったのも、黒人の女子生徒を妊娠させたのも劇中のとおりだ。が、実際のリックは後に逮捕されるまで計3人の子供の父親となった一方、中学時代から同級生のミシェル・マクドナルドとい

ホワイト・ボーイ・リック

2018／アメリカ／監督：ヤン・ドマンジュ◉1980年代に14歳でFBIの情報提供者となった実在の少年リチャード・ウェルシュ・Jr.の人生を描く。日本では劇場未公開だったが、2019年にDVDが発売された。作品タイトルの「ホワイト・ボーイ・リック」は事件発覚後にメディアがリックに付けた愛称。

▶リックの父リチャード(上)は２０１４年に病死した。下は演じたマシュー・マコノヒー。映画「ホワイト・ボーイ・リック」より

う女性とも交際していた。映画のような好青年キャラは完全な創作である。

コカイン8キロを所持し終身刑に

１９８７年４月、ＦＢＩはリックの情報に基づきカリー兄弟や手下を逮捕・起訴する。兄弟は麻薬の密売と恐喝で有罪となり、下った判決は懲役20年。ＦＢＩとリックの協力関係もここで終了する。

その後、リックはカリー兄弟が仕切っていたシマでコカインの卸売業となり月に3万ドルを稼ぐ。このころ、夫ジョニー（カリー兄弟の兄）が刑務所に収監され、孤独に苛まれていた彼の妻キャシー・ヴォルサン（１９６３年生）と不倫関係になる劇中描写も事実で、リックはデトロイトのドラッグ密売のトップを目指した。

が、彼の野望はわずか2ヶ月足らずで潰える。同年5月22日、交

通違反をきっかけに隠し持っていた8キロのコカインが見つかり逮捕されてしまったのだ（劇中では、リックが家で姉ドーンとふざけている際に警察が踏み込んだことになっている）。

裁判でリックは、コカインは警察官が自分を陥れるため、わざと車の中に入れたものと苦しい言い訳をした。もちろん、そんな主張が通るわけもなく、１９８８年1月、デトロイトのウェイン郡裁判所は有罪、仮釈放なしの終身刑を宣告する。初犯で、年齢もまだ17歳。異常なまでに重い判決に思えるが、当時ミシガン州では、６５０グラム以上のコカインやヘロインを所持していた場合は、理由のいかんを問わず仮釈放なし

▶左から、１９８０年代半ば「デトロイトの麻薬王」と呼ばれたジョニー・カリー(写真は１９８７年の逮捕時。１９９８年に出所)、彼の妻でデトロイト市長の姪だったキャシー・ヴォルサン(2人は後に離婚)、デトロイト警察の殺人課警部でカリーらから賄賂を受け取っていたギルバート・ヒル。服役中のリックに殺し屋を送り込もうとしたのはヒルだったと言われている

の終身刑を義務づける「６５０ライファー法」が制定されており、リックは完全な該当者だった。どころか、８キロという量の多さに、裁判官は判決時「大量殺人者よりも極悪である」と手厳しく非難した。

刑務所に収監され10年が経過した１９９８年、法律が改正され、６５０グラム以上のドラッグを所持していた者にも、遡って仮釈放の権利が与えられることになった。当然のようにリックも申請手続きを取った。ＦＢＩへの貢献を考慮すれば、認められる可能性は十分あった。が、結果は却下。理由は定かではないものの、そのＦＢＩへの協力により多くの警察官が逮捕されたことを根に持っていたデトロイト警察が刑務所に殺し屋を送り込んだとの噂が流れたのも要因と言われる。

２００３年、２００８年、２０１２年の申請も却下されたものの、２０１７年になって、ようやく仮釈放が認められる。これまた理由は明らかになっていないが、本作「ホワイト・ボーイ・リック」の制作が発表されたことを受け、世論を気にしたミシガン州が出した結論とも推測されている。

▼仮釈放後、リック(右)は中学時代の同級生、ミシェル・マクドナルドと婚約したが…

収監から33年後の2020年に仮釈放

映画は、30年ぶりに自由の身となる権利を得たリックが喜ぶ肉声が流れて終わるが、彼には刑務所内で起こした盗難車売買の罪が加算され、実際に出所したのは２０２０年７月。その後、前出のミシエルのもとに身を寄せ婚約したことが発表されたが、デトロイトの地元紙は２０２３年５月、リックが暴行の罪で逮捕・起訴されたことを報じた。記事によれば、ミシェルとのセックス中に他の女性の名前を口にしたことから口論になり、彼女を殴打したのだという。

米ポイント・プレザント、UMA「モスマン」事件

赤い目をした、体長2メートルの未確認動物

プロフェシー

２００２年公開の「プロフェシー」は、謎の怪現象に連続して見舞われた男がその秘密を探るうち驚くべき事実に直面するホラー映画だ。本作は１９６６年から１９６７年にかけて米ウェストバージニア州ポイント・プレザントで、多くの住民が目撃したＵＭＡ（未確認動物）「モスマン」を題材としており、劇中で最後に描かれる橋梁崩壊事故も実際に起きた事故に基づいている。

時速１６０キロで逃げる車を執拗に追跡

物語は『ワシントン・ポスト』紙の記者、ジョン（演：リチャード・ギア）が妻とドライブ中に車が横転する事故シーンから始まる。幸い、ジョンは生き残ったものの妻は治療の甲斐なく死亡。彼女は死に際に恐怖に怯えた顔で「あれを見た？」と謎の言葉を口にし、ノートに奇妙な動物らしき絵を何枚も描いていた。いったい、これは何を意味するのか？　２年後、ジョンは瞬間移動したかのようにワシントンから６００キロも離れたオハイオ州との境にあるウェストバージニア州の街、ポイント・プレザントに姿を現す。そこで住民が話していたのは、体長２・５メートルほどで空を飛ぶ赤い目を

▲主演の新聞記者を演じたリチャード・ギア。右が劇中に現れたモスマン。映画「プロフェシー」より

した謎のUMAの目撃談。しかも、住民の1人が描いたUMAのスケッチは、妻が残していた絵とそっくりだった。ジョンは、地元の女性警官コニー（演：ローラ・リニー）と共にUMAの正体を探るべく調査に乗り出すが、やがて不可解な事件が次々に起きる――。

　このストーリー自体は創作だが、登場人物にはモデルとされる実在の人物がいる。ジョンのキャラクターのもとになったジョン・A・キール（1930年生）と、コニーのモデルといわれるメアリー・ハイア（1915年生）だ。キールは新聞記者ではなくニューヨーク出身のUFO&超常現象研究家、逆にハイアはオハイオ州で発行されていた新聞『アテネ・ジャーナル』の記者で、2人は共同でポイント・プレザントの怪現象について調査した。

　現地で最初に不思議な動物が目撃されたのは1966年11月15日のこと。2組の男女カップルがドライブデートを楽しんでいる最中、

◀モスマンを調査したジョン・A・キール（左。超常現象研究家。2009年に79歳で死去）と新聞記者のメアリー・ハイア。ハイアは現地に幾度も足を運び1年間で数十本のモスマン関連の記事を執筆。1970年にこの世を去った

ポイント・プレザントの火薬工場があった付近でUMAに遭遇する。彼らによれば、それは体長約2メートル、翼を広げると約3メートル、目は赤、体は薄灰色で、ネズミやコウモリに似た「キィキィ」という鳴き声をあげながら上空を飛び、時速160キロで逃げる彼らの車を軽々と、しかも執拗に追いかけてきたという。同日夜、ポイント・プレザント北東にあるセーラム地域で、庭の犬が激しく吼えるので飼い主が様子を見に行くと、暗闇の中に赤く光る二つの目が浮かび上がった。翌朝、飼い犬の姿はどこにもなかったが、新聞に掲載された火薬工場での目撃証言には「逃げる途中で犬の死体が転がっていた」との一文があったそうだ。以後、ポイント・プレザントでは同じような目撃証言が相次ぎ、その形状から、UMAは「モスマン（蛾人間）」と呼ばれるようになる。ちなみに、目撃者の大半は、その直後に結膜炎や目の腫れを経験したという。

　劇中ではモスマンの目撃の他にも、主人公ジョンのもとに不可解な電話がかかってくるなどの怪現象が起きるが、これもキールの実体験がもとになっている。現地で調査していたある夜、彼は見知らぬ相手から電話を受け、その男はキールがどこかで失くした腕時計の在り処を言い、実際にそこから時計が見つかったという。電話をかけてきたのが誰だったのかは最後までわからなかったそうだ。

プロフェシー

2002／アメリカ／監督：マーク・ペリントン◉アメリカで実際に発生、多くの話題を呼んだ怪奇現象をリチャード・ギア主演で描くサスペンス・ホラー。原題の「The Mothman Prophecies」は「モスマンの予言」の意。モスマンが現れたウェストバージニア州ポイント・プレザントは後にUFO現象が数多く起きる街として有名になった。

▶最初の目撃者となった4人と、彼らが描いたモスマンの絵

映画に関わった8人が相次いで死亡

映画で、モスマンを目撃した者が不可解な死を遂げ、その現場から「99人が死ぬ、デンバー9」という不可解な言葉が聞こえると、翌日にデンバー発の9便航空機が墜落し、99人が亡くなったニュースが流れるシーンがある。もちろん、これはフィクションだが、ポイント・プレザントの住民の間では、モスマン出没は惨事が起きる前触れと噂されていた。

1967年12月15日、噂は現実となる。この日の昼間、住民の1人がポイント・プレザントとオハイオ州ガリポリスを結ぶシルバー・ブリッジの端でモスマンらしきものを見つけカメラに収めた。この日はクリスマス10日前の金曜日で、夕方のラッシュアワー時に

▼シルバー・ブリッジで最後にモスマンが目撃された1967年12月15日(右)、橋が突然崩壊した

最後の目撃証言当日に橋が崩壊、46人が死亡

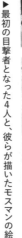

なると橋は通勤や買い物帰りの車でごった返した。事故が起きるのは17時4分。何の前触れもなく橋を吊り上げていた鉄板チェーンが欠壊、支えを失い橋全体が崩れ去ったのだ。車31台がこれに巻き込まれる形で川に転落し46人が死亡（劇中では36人）、18人が重軽傷を負う。後の調査で、事故原因は北側オハイオタワー付近の鉄板チェーンの鋼鉄板の老朽化による破損と特定されたが、モスマンの目撃証言はこの事故をきっかけにピタリと止んだ。

いったい、モスマンとは何だったのか。映画でもその正体は不明となっているが、有力視されているのは、ワシなどの大型猛禽類を誤認した可能性だ。「キィキィ」という鳴き声はイヌワシのものに近く、翼を翻すようにして飛翔、急降下したという目撃もイヌワシが獲物に襲いかかる際によく見られる行動だという。2メートルほどの体長については、目撃時間帯の多くが夜間で暗かったことに加え、目撃者が恐怖心から実際より大きく錯覚してしまったとすれば納得はいく。ただ、大半の目撃者はモスマンの目が異様に大きくて間隔が開いていたと証言しており、鳥類では説明のつかない部分もあるそうだ。

事故から8年後の1975年、キールはポイント・プレザントで1966年から1年間にわたり観察されたモスマンについての調査報告をまとめた『モスマンの黙示』を出版。これを原作に映画「プロフェシー」は作られたのだが、実は本作公開前後から、この映画に関わった人間が連続して死亡している。2000年に音楽監督のジーン・アンドラスコが38歳で急死したのを皮切りに、公開翌年の2003年には美術効果担当のジェシカ・カプランが飛行機事故で、劇中で主人公に助言する古代歴史家を演じた俳優アラン・ベイツが病死、2004年にも出演俳優2人が死亡するなど、2006年までに計8人がこの世を去ったのだ。これら一連の死は、アメリカでは「モスマンの呪い」と呼ばれているそうだ。

▲ポイント・プレザントに設置されているモスマン像

ロード・オブ・ウォー

世界最大の武器密売人、ビクトル・ボウトの仰天半生

「死の商人」「制裁バスター」と呼ばれた男

２００５年に公開されたアメリカ映画「ロード・オブ・ウォー」は、１９８０年代、レストラン経営者から世界で最も著名な武器商人に成り上がった男の半生を描いた社会派ドラマだ。ニコラス・ケイジが演じた主人公のユーリ・オルロフは、実在する複数の武器売買業者をモデルにしているが、その経歴に最も適合するのは、「死の商人」「制裁バスター」などの異名をとったタジキスタン出身のロシア人、ビクトル・ボウトである。

アルカイダやタリバンとも関係が

ボウトは１９６７年、旧ソ連時代のタジキスタンの首都、ドゥシャンベで生まれたとされる。幼いころから語学を学び、12歳でエスペラント語、高校時代にドイツ語、ソビエト軍事外国語学院を卒業するまでにポルトガル語、英語、フランス語、アラビア語、ペルシャ語をマスターした。１９８９年にソ連軍に入り、軍事通訳兼無線技師を務めた後、軍事輸送航空連隊に所属しアンゴラやアフリカ諸国で飛行任務に従事。その間、モザンビークのソ連軍事使節団で通

▶主人公の武器密売人を演じたニコラス・ケイジ。映画「ロード・オブ・ウォー」より

▼1990年代後半のビクトル・ボウト本人

訳としても働いていたそうだ。

1991年、上級中尉で退役すると、中国語を学びながら航空輸送センターに就職。アフリカやブラジルへの出張で通訳を務めたが、このころから徐々に自分のビジネスを考え始めるようになる。当時はソ連が崩壊した直後。航空会社は衰退の一途をたどり、機体が二束三文で叩き売られていた。ボウトはこの機会を利用し、貨物飛行機を12万ドル（当時のレートで約1千600万円）で購入、民間の航空貨物会社「エア・セス」を立ち上げる。表向き、会社はアラブ首長国連邦とサウジアラビアへ生花、ナイジェリアと南アフリカへ肉を輸送するのが本業だった。が、実質は違法な武器の密輸がメインビジネスで、アフガニスタン、リベリア、ルワンダ、アンゴラの「ホットスポット」（紛争地）に武器を運んでいた。

映画ではボウトが大量の武器を手にする描写が2回出てくる。最初は紛争地を退去する米軍が残していった武器を、指揮官に賄賂を渡して買い取るシーン。2度目はソ連崩壊後のウクライナで、国からの資金が途絶え100万人の兵士が待機していたところ、やはり指揮官を抱き込んで、大量の武器や兵器を買い取る場面だ。この辺りの描写は創作で、実際のボウトは崩壊後のソ連の工場から兵器を含む大量の物品を格安で買い取っていた。ただ、コロンビアの麻薬カルテルに武器を売却し、その代金をコカインで受け取る劇中シーンは事実に即しており、ボウトは手に入れた違法薬物やダイヤモンドをヨーロッパやラテンアメリカで転売していたそうだ。

こうしてボウトが世界を股にかけ暗躍するなか、イギリスの外相は彼を「死の商人」と呼んで非難。国際人権団体アムネスティ・インターナショナルもボウトが一度に50機を超える航空機で大量の武器をアフリカに密輸した事実を告発し、英メディアは彼が国際テロ組織アルカイダやアフガニスタンの旧支配勢力タリバンと協力関係にあると指摘する。さらに、アメリカからの圧力により、航空輸送のライセンスが剥奪され、国連はボウトのいかなる移動も禁止。2006年にはアメリカのブッシュ大統領が彼の口座と彼の名前に関連する企業の資産を凍結する法令を出す。ボウトがコンゴでの武力紛争に介入し、アメリカの政策を危険に晒したとみなされたからだ。

ロード・オブ・ウォー

2005／アメリカ／監督：アンドリュー・ニコル◉戦争を利潤獲得の手段として兵器などの軍需品を生産・販売して巨利を得る「死の商人」を題材とした社会派ドラマ。家族を犠牲にしながらも武器商人という因果な商売を続けざるをえない男の生き様を描く。2023年秋、続編の撮影が開始されることが発表された。

アメリカ当局のおとり捜査によりタイで逮捕

映画は、いったん逮捕されたものの司法取引で釈放され、また武器商人に戻る主人公の姿を描いて終わる。一方、世界中を敵に回したボウトが逮捕されるのは映画公開3年後の2008年のこと。当時、彼はロシアを離れることはほとんどなかったが、コロンビアの反政府勢力と思しき人物から、武器の輸送費を支払う用意があると連絡を受け、同年3月6日にタイへ飛ぶ。実はこれ、アメリカ当局によるおとり捜査で、ボウトを国外へ出すための罠だったのだが、そうとも知らずに入国するや、米国麻薬取締局により逮捕される。コロンビアの左翼ゲリラ組織に、地対空ミサイルを密売する計画に関与した容疑だった。

しかし、タイ当局はボウトの容疑には証拠がなく、彼が支援しようとしたとされるコロンビアの組織はテロリストのリストに含まれていないと主張。2年半にわたりボウトをロシアに引き渡そうとあらゆる手を尽くしたが叶わず、2010年8月、最終的にタイの裁判所がアメリカの引き渡し要求を認め、11月にニューヨークに移送される。その後、ボウトは窓もなく、散歩も許可されていない拘置所の独房で1年弱を過ごし、2011年にアメリカ市民および当局者の殺害の共謀、地対空ミサイルの配送、テロ組織への援助提供の罪で起訴。同年11月2日、ニューヨーク州南部地区連邦地方裁判所は有罪、禁錮25年の判決を言い渡す。

対し、ロシア当局はボウトがロシアの特殊部隊に所属し、その任務に基づいて紛争地に武器を輸送したとの見解を示し、身柄の引き

▼ボウト(右)は通訳時代の1980年代後半、デザイナーのアラと知り合い1992年に結婚。現在も夫婦関係は継続している

ロード・オブ・ウォー

▲リベリアで難民キャンプの襲撃を企てる政府軍に武器を売る劇中シーンは事実に基づいている。映画「ロード・オブ・ウォー」より

渡しを要求。当然、アメリカは拒否したが、ロシア側はボウトに対する訴訟は政治的理由ででっちあげられたと抗議を行った。

一方、ボウトは2017年、所内で「コンブチャ」をベースにしたアルコール飲料を製造した罪で起訴され、刑期が40日延長された。ちなみに、この飲料は囚人と看守の両方に愛飲されていたらしい。

そして、収監から10年以上が過ぎた2022年12月、ボウトと、ロシアの刑務所に収監されていたアメリカ人女子バスケットボール選手ブリトニー・グライナー（麻薬密

▼2008年、タイの刑務所に収監されたボウト

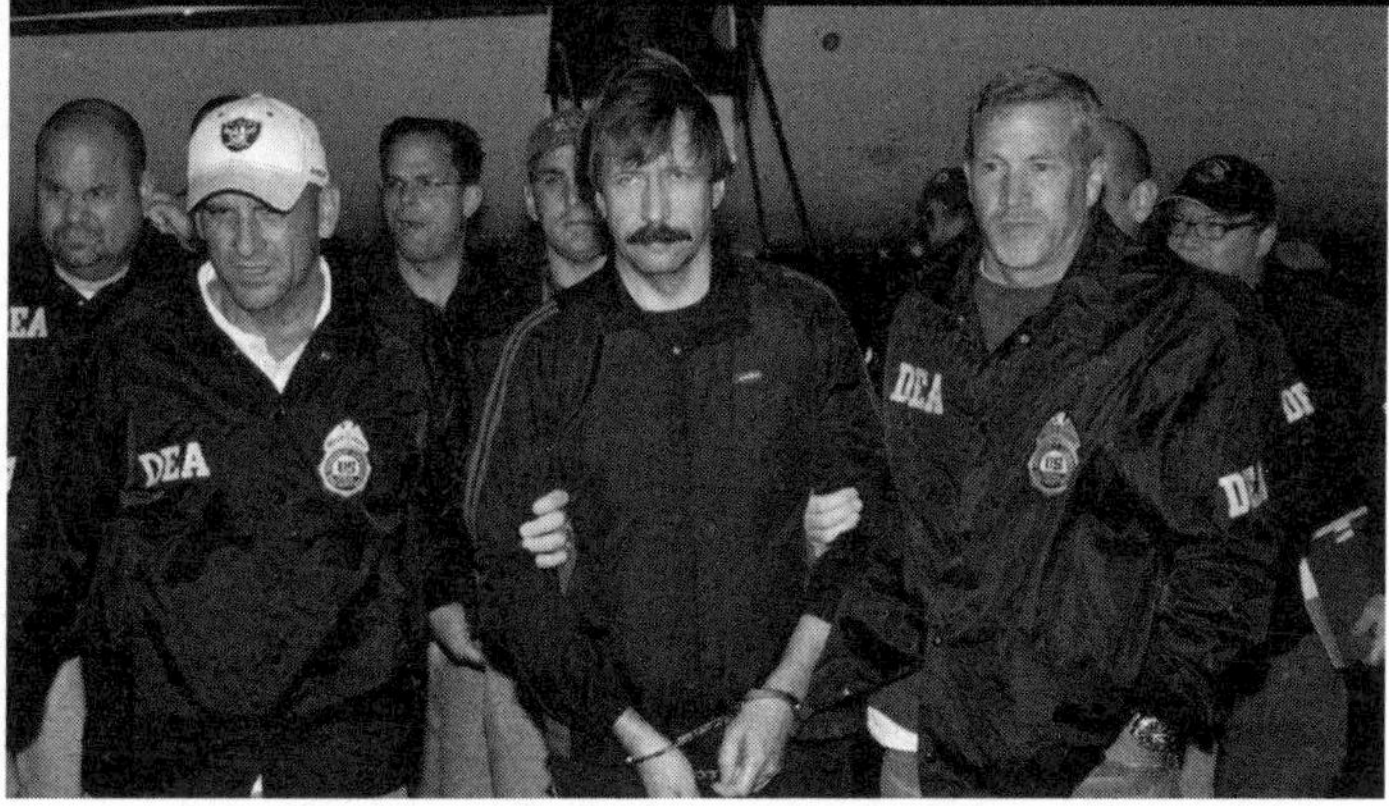

▲2022年12月、ロシアで収監されていたアメリカ人女性と交換のため
アラブ首長国連邦のアブダビ空港へ向かう様子

輸で有罪判決を受けていた）の交換が決定し、アラブ首長国連邦のアブダビ空港での交換を経てロシアに帰国。ロシアは彼をアメリカにでっちあげられた無実の犠牲者として恩赦を与え、マスコミもテレビも敬意をもって迎えた。現在、ボウトはロシア自由民主党に入党、政治家として第二の人生を歩み始めている。

米女性囚人との交換で釈放、帰国

第五章 闇

映画『日本で一番悪い奴ら』より

ロス市警が真相を隠蔽!?

ヒップホップ界の伝説、ノトーリアス・B.I.G.&2パック暗殺事件

L.A.コールドケース

アメリカ人の誰もが知る未解決事件に、ヒップホップ界のレジェンド「ノトーリアス・B.I.G.」と「2パック」の暗殺がある。これまで、容疑者としてギャングや警察官など様々な人物が取り沙汰されてきたが、実際に逮捕された者はいない。2018年に公開されたアメリカ映画「L.A.コールドケース」は、ジョニー・デップ扮するロサンゼルス市警察の元刑事と、彼を取材する記者が、この事件の裏に隠された真相に迫るクライムサスペンスだ。

背景にヒップホップの東西抗争が

ヒップホップ音楽は、1970年代にニューヨークで暮らす黒人の間で誕生し、10年近くは東海岸独自のカルチャーだった。カリフォルニアを中心とした西海岸でも徐々に流行り始めるのは1980年代半ばから。しかし、西のヒップホップはギャングを題材としたものが多く、東海岸からすると自分たちが生み出した本来の音楽とは違う過激な内容で売れていくことに不快感があり、東海岸の多くのラジオ局が西のヒップホップをオンエアしないなど対応したこと

▶事件を追う主人公の元刑事を演じたジョニー・デップ。彼が見つめているのが殺されたビギーことノトーリアス・B.I.G.。映画「L.A.コールドケース」より

から東西の関係が悪化していく。そんななかで台頭してきたのが、ニューヨーク・マンハッタン出身の2パック（1971年生。本名：トゥパック・シャクール）と、同じくニューヨーク・ブロンクス出身の〝ビギー〟ことノトーリアス・B.I.G.（1972年生。本名：クリストファー・ウォレス）だ。

1986年、当時高校生だった2パックは友人が銃でふざけて暴発し命を落としたことをきっかけに初めて書いたリリックが好評を博し、MCニューヨークの名でラップを始めた。当時はまだ生まれ故郷のニューヨークにいたのだが、2年後に生活苦から祖母を頼りカリフォルニアに移住。1991年11月、ソロデビューを果たす。初のアルバムには若いシングルマザーについて触れたり、警察を厳しく批判するなどした内容の曲が多く、2パックの音楽を受けた青年が警官の命を奪う事件まで引き起こした。その後、ヒットアルバムを数々とリリース。グラミー賞を15回も受賞した、かのエミネムが憧れの人と公言するまでになる。

◀今もヒップホップ界のレジェンドとして君臨するノトーリアス・B.I.G.（左）と2パック。当初、2人は仲の良い友人だったが…

一方、身長190センチ、体重136キロのビギーは麻薬売人時代の17歳のころにラップバトルを始めるや、カリスマ性を発揮した。録音したデモテープが音楽関係者に絶賛され、ラッパーの〝ディディ〟ことショーン・コムズ（1969年生）が設立した「バッド・ボーイ・レコード」に前金を積まれ所属。1994年9月、デビューアルバム「レディ・トゥ・ダイ」をリリースし、一気にスターの座へと駆け上がっていく。

歳が一つしか違わない2人は知り合った当初、互いのステージに出たり、一緒に曲を作ったり、プライベートでも旅行をする間柄だった。が、1994年11月30日、彼らの仲を引き裂く事件が起きる。この日、レコーディングのため2パックがニューヨークのスタジオを訪れたところ、ロビーで2人組の強盗に襲われ5発の銃弾を受け、400万円相当の貴金属を奪われた。奇跡的に一命は取り留めたものの、当日、同じ建物の別スタジオでビギーとバッド・ボーイ・レコードの関係者がいて、銃撃事件の後に逃げていたことからビギーらの関与が噂されるようになる。

銃撃事件から2日後、2パックは以前起こした女性ファンへのレ

L.A.コールドケース

2018／アメリカ・イギリス／監督：ブラッド・ファーマン◉1990年代に起きた、アメリカのラッパー、2パックとノトーリアス・B.I.G.の殺害事件を描いたベストセラー・ノンフィクション『LAbyrinth』を映画化。未解決事件を追い続けるロサンゼルス市警の元刑事と彼を取材する記者が事件の裏に隠された真相へと迫っていく様を描く。

イプ疑惑で4年6月の有罪判決を受け投獄される。このとき、西海岸のヒップホップレーベル「デス・ロウ・レコード」の設立者である実業家のシュグ・ナイト（1965年生）が2パックに目をつけ、バッド・ボーイを王座から引きずり下ろしたい一心で、2パックにデス・ロウに加入し自分の言いなりになるという条件で、140万ドル（約2億円）を支払い、収監9ヶ月で出所させる。実際、2パックはその後リリースされた楽曲で「だから俺がおまえのビッチをファックしたんだ。このクソデブが」とビギーを容赦なくディスり、その他デス・ロウ所属の多くのアーティストも東海岸を攻撃。

▲殺害される直前に撮影された2パック(左)。右は彼が所属していたレーベル「デス・ロウ・レコード」の設立者で、事件の黒幕と噂されるシュグ・ナイト(1996年9月7日)
▼1997年3月9日、銃撃の数分前にパパラッチが撮影したビギー(左から2人目)と「バッド・ボーイ・レコード」の設立者ショーン・コムズ(左から3人目)

L.A.コールドケース

こうして「ビーフ」と呼ばれるヒップホップ抗争が勃発。メディアが面白半分に煽り立てたことで、東西対立は激化の一途を辿っていく。

赤信号で停車中に何者かが狙撃

そして悲劇は起きる。大ヒットアルバム「オール・アイズ・オン・ミー」発表から7ヶ月後の1996年9月7日、2パックはラスベガスで友人のボクサー、マイク・タイソンの試合を観戦した。その帰り、シュグ・ナイトとともにクラブに繰り出そうと車で移動中、信号待ちの間に白いキャデラックに横付けされ、銃弾を4発被弾する。病院に救急搬送されたものの、6日後の13日に死亡（享年25）。事件後、『ロサンゼルス・タイムズ』紙が、「ビギーが2パックの暗殺者に銃を提供した」と主張する記事を掲載するなどしたため、ビギーやバッド・ボーイ関係者に非難が集中した。

それから半年が経過した1997年3月9日深夜、今度はビギーが凶弾に倒れる。ロサンゼルスで開催されたヒップホップ雑誌のパーティの帰途、2パックの事件と同じように車が赤信号で停止した際に、黒い車に横付けされ、運転席から降りてきた黒人男性が窓を下ろしいきなり発砲。4発の銃弾がビギーに命中し、ほどなく死亡した（享年24）。セカンドアルバム発売16日前の惨劇だった。

▲ロス市警の元捜査官で、警官退職後もビギー暗殺事件の真相解明に務めたラッセル・プール本人

　このとき、捜査を担当したのが、ジョニー・デップ扮するロサンゼルス市警の刑事ラッセル・プール（1956年生）なのだが、そこには当時はびこっていたロス市警の腐敗が大きく関係してくる。

　ビギー事件発生当初、プールは同年3月18日にロス市警の白人警官フランク・ライガ（1957年生）が、同じくロス市警の黒人警官ケヴィン・ゲインズ（1966年生）を射殺した事件を捜査していた。ライガはゲインズが銃を向けてきたので発砲したと正当防衛を主張し、ロス市警もライガの銃撃が人種的または不当な動機によるものではないと結論づける。が、捜査によりライガが先に銃を抜いたことを突き止めていたプールはどうにも腑に落ちない。そこに、意外な情報が入る。実はゲインズはデス・ロウ・レコードと関係があり、非番の日にシュグ・ナイトの警備を請け負っていた。一方のライガもナイトの息がかかっており、ゲインズが何かしらナイトの秘密を知ったため、金を見返りに彼を殺させたのではないかという。情報をもたらしたのは、ロスのストリートギャング「ブラッズ」と

関係していたナイトやデス・ロウ・レコードを密かに調べていたFBIの捜査官だった。

　プールはこの一件を上司に報告するが、無視される。実はロスでは1991年に4人の白人警官が黒人青年を殺害したものの不起訴になり、暴動が起きていた。万一、白人のライガが黒人のゲインズを射殺したことが公になれば二の舞になりかねない。そこで上司はプールをライガの事件から外し、強盗殺人課に異動、ビギー事件を担当させる。

現職の警察官2人を犯人として告発

　プールは、複数の殺人事件を担当してきた刑事の勘で、ビギーの暗殺が、ライガ事件や半年前の2パック暗殺と関連し、そこにロス市警も加担していることを察知する。数ヶ月の捜査のうえ、彼がたどり着いたのは、ロス市警ランパート課の反ギャング部隊に所属するデヴィッド・マック巡査（1961年生）と同僚のラファエル・ペレズ巡査（1967年生）の2人。マックがシュグ・ナイトに雇われており、たびたびナイトのプライベートパーティにギャングと同じ服装で参加した事実を掌握。さらに、ビギーが殺害された夜にペレズとともに現場にいたことや、マックの自宅にビギーを襲った車「シボレー・インパラSS」が停まっていたことを突き止め、さらに室内からビギーの体内に撃ち込まれていたものと同じ「ゲッコー9ミリ」の銃弾を発見した。

　こうした事実をふまえ、プールは警察署長バーナード・C・パークス（1943年生）にマックらがビギーの暗殺事件に関与してい

ることを告発する。が、署長はこの報告書を握り潰し、捜査の中止を命じる。ビギー事件で警官が関与していたことを証明すれば、遺族への賠償でロス市警どころか市が破滅してしまうのではないかと恐れたのだ。

　それでもプールはあきらめず、1999年5月、殺されたゲインズの遺族が起こした民事訴訟でライガ側の証人として出廷しようと試みる。ビギー暗殺にデヴィッド・マックが関与し、ロサンゼルス市警がそれを隠蔽していることを公文書に記録させようというのだ。しかし、この訴訟は直前で司法取引が行われ中止になってしまう。

　正義を貫こうとするプールに対し、さらにロス市警はとんでもない手に打って出る。自ら市警内に70人もの悪徳警官がいることを暴露。プールをその捜査の担当に任命し、ビギー事件と市警のつながりをうやむやにしてしまったのである。

　こうした市警のやり方に憤慨したプールは、年金を受給できる勤務年数まで2週間を残した1999年末に警察を辞職。その後は私立探偵をしながら独自にビギー事件の捜査を行うも真相はつかめず、映画は2015年8月19日、プールがロサンゼルス郡保安局を訪ね、ビギー事件について聞き取りをしている最中に心臓発作で倒れ、死

▲ビギー暗殺の9日後の1997年3月18日、フランク・ライガ(右)に殺害されたケヴィン・ゲインズ

▲プールがビギー暗殺の犯人として告発したデヴィッド・マック(左)とラファエル・ペレズ。全員がロス市警の現職警官で、4人ともにシュグ・ナイトやギャングと裏で関係していた

▲劇中でプールと事件の真相を追うジャーナリストのジャック・ジャクソン(右。演:フォレスト・ウィテカー)は架空のキャラクター。映画「L.A.コールドケース」より

L.A.コールドケース

亡するシーンで終わる。

　プールは生前、２パック暗殺についても捜査し、この事件もシュグ・ナイトが黒幕との見解を持っていた。２パックに莫大な印税を支払うのがバカらしくなったのが動機だという。その見立てを裏づけるように、２００６年から３年間ビギー事件の特別捜査班を率いたロス市警のグレッグ・ケーディングは、２０１１年に出版した回顧録『マーダー・ラップ』の中で、２パックの殺害実行犯は、ナイトが雇ったヒットマン、オーランド・アンダーソン（１９９８年、23歳のときギャング抗争で死亡）で、ビギーを殺害したのは同じくナイトに頼まれたウォーデル・ファウス・フーズ（２００３年、43歳のときギャング抗争で死亡）と断定した。

　しかし、２０２３年９月29日、事件は大きく進展する。ラスベガス警察が、オーランド・アンダーソンの叔父で、ロスのギャング「サウスサイド・コンプトン・クリップス」元リーダー、ドゥエイン・デイビス（当時60歳）を２パック殺人の罪で逮捕・起訴したと発表したのだ。デイビスは２０１９年に出版した自伝で２パックを襲撃した車両に乗っていたことを明らかにし、２０２３年７月には警察から家宅捜索を受け、裏づけ捜査が進められていたのだという。

　ヒップホップ界の伝説の１人を殺害した犯人は明らかになった。もう１人、ビギーを葬った人間が逮捕される日は来るのだろうか。

▼2023年9月29日、2パック殺害の実行犯として、元ギャングのドゥエイン・デイビスを逮捕したことを発表するラスベガス警察

2023年9月、2パック暗殺犯逮捕！

地域住民に深刻な健康被害が

米大手化学メーカー、デュポン社による有害物質流出隠蔽事件

「テフロン加工」という言葉をご存知だろうか。非粘着性であるフッ素樹脂コーティング技術のことで、汚れが落としやすく、焦げつきにくいのが特徴である。これを開発したのが、アメリカの国際的化学メーカー「デュポン」で、同社は、第二次世界大戦中に戦車や原爆などの開発のため研究された、油や水をはじき熱に強い化学物質「ＰＦＯＡ」の特性を活かしテフロン加工のフライパンを１９６１年に商品化。年間10億ドル（約１千５００億円）の利益を生み出す。が、実はＰＦＯＡが環境汚染や人体に害をもたらす化学物質で、デュポンはこの事実を知りながら隠蔽し続けていた。２０１９年のアメリカ映画「ダーク・ウォーターズ 巨大企業が恐れた男」は、企業犯罪の闇を暴いた1人の弁護士の闘いを描いた社会派ドラマである。

１９０頭もの牛が次々変死

映画は１９７５年、ウェストバージニア州パーカーズバーグの水辺から始まる。夜、フェンスを乗り越え、デュポン社の工場の敷地

ダーク・ウォーターズ
巨大企業が恐れた男

▲弁護士ビロットを演じたマーク・ラファロ（右）と、彼に調査を依頼した農場主テナント役のビル・キャンプ。映画「ダーク・ウォーターズ　巨大企業が恐れた男」より

内に忍び込んだ若者たちがビールを飲みながら水浴びをしていたところ、見回りの巡視船が明かりを照らし「今すぐ失せろ！」と彼らを追い立てる。慌てて若者が立ち去ると、巡視船は明かりを消し水の表面に浮かんだ「泡立ち」に液体を噴霧、消していく。これはデュポン社が当時からその有害性を知りながらＰＦＯＡを垂れ流し、証拠隠滅に奔走していたことを表すシーンである。

映画の主人公である弁護士ロバート・ビロット（1965年生。演：マーク・ラファロ）がこの問題に関わり始めたのは1998年。当時、彼はオハイオ州シンシナティにある名門法律事務所で、企業の環境問題専門の弁護士として出世街道を歩んでいた。そんなビロットをウェストバージニア州パーカーズバーグで農家を営むウィルバー・テナント（1942年生）が訪ねてくる。なんでも、地元に移転してきたデュポン社の工場から出る廃棄物によって、自分の農場が環境汚染に遭っている疑いがあるため調査してほしいという。

ビロットは当初、乗り気ではなかった。環境問題を専門としていたものの、依頼される仕事はもっぱら企業からの案件。デュポン社の幹部や顧問弁護士ともごく親しい間柄だった。が、テナントの依頼が自身の祖母からの紹介ということもあり無下にはできず、とりあえず現地に足を運ぶ。

異常はすぐにわかった。白煙を空にまき散らす巨大なデュポン社の工場。同社が1980年代にテナント家から、化学物質を埋めない契約で買い取った66エーカーの土地には「ドライラン地区　埋立地」という看板があるものの、何らかの廃棄場になっているのは一目瞭然。さらに、テナントからの聞き取りで、デュポン社の工場が建って以降、190頭もの牛が次々変死していることがわかった。保存されていた牛の胆嚢は肥大し、歯は黒ずみ、背中には腫瘍、奇形で生まれた牛のホルマリン漬けもある。テナントによれば、牛が水を飲んだり水浴びしたりする川にデュポン社が工業用排水を垂れ流しているのだという。さらに、テナントの弟はデュポン社の従業員で穴を掘る仕事を引き受けていたのだが、医師も原因が特定できなかった重篤な病気に悩まされ、その旨を会社に伝えても全く相手にされなかったそうだ。

環境庁が作成した調査資料には何の問題もないと記載されている。しかし、テナントが撮影した農場のビデオには、餌を与えても体重

◀ロバート・ビロット弁護士（上）と、依頼人のウィルバー・テナント本人。テナントは2009年にがんで死亡した（享年67）

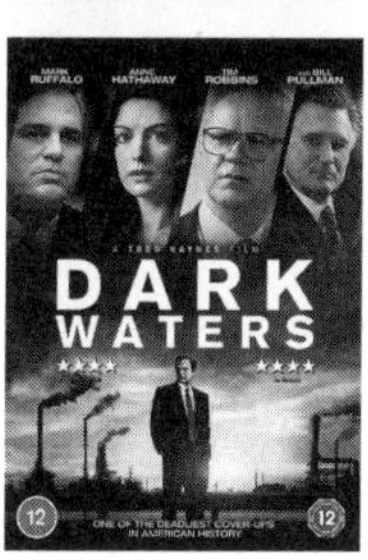

ダーク・ウォーターズ
巨大企業が恐れた男

2019／アメリカ／監督：トッド・ヘインズ◉環境汚染問題をめぐって1人の弁護士が20数年にもわたり国際的巨大企業デュポン社を相手に闘いを繰り広げた実話をドラマ化。2016年に『ニューヨーク・タイムズ』紙に掲載された「デュポンの最悪の悪夢になった弁護士」という記事を読んだ、環境活動家でもある俳優のマーク・ラファロ（本作主演）が自ら企画を持ち込み、映画化を実現した。

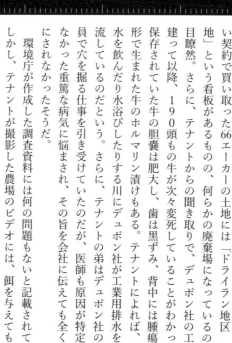

▼デュポン社が開発・販売し大ヒット商品となったテフロン加工のフライパン（写真は1966年当時の商品）

が減り、衰弱し死んでいく牛の様子が録画されていた。デュポン社が深刻な環境被害を引き起こしている可能性は大。ビロットは同社を相手取り、損害賠償訴訟を起こすことを決意する。

工場の女性従業員が奇形児を出産

訴訟開始から1年。ビロットのもとにデュポン社から膨大な廃棄物に関する開示資料が届く。とてつもない数の資料に根気強く向き合い、内容を整理していくと、「ＰＦＯＡ」というワードに目が留まった。が、ネットで検索しても、それが何なのか全く不明だった。

ビロットは裁判所にさらなる資料の開示を請求。11万ページにも及ぶ資料を調査した結果、ＰＦＯＡが、人体に有害な化学物質ペルフルオロオクタン酸だと突き止める。また、テフロン製造に関わった従業員が当初から吐き気や高熱を訴えていたことが判明。１９６２年にデュポン社が原因を調べるべく、テフロン入りの煙草を従業員に与えると、吸った者全員が入院する結果になっていたことがわかった。１９７８年には、デュポン社が、よりヒトに近い動物であるサルで実験を行ったところ、最高濃度のＰＦＯＡを投与されたサルは、１ヶ月以内に死亡。その3年後の１９８１年、衝撃的な事態が起きる。デュポン社のＰＦＯＡ工場で働いていた女性従業員から、奇形の子供が産まれたのだ。右目が歪み、鼻の穴が１つの先天性欠損症。工場では女性従業員7人中2人から、同じような症状の赤ん坊が産まれていた。デュポン社はこうしたＰＦＯＡの有害性をフライパン発売翌年の１９６２年に知りながら、大気中に放出し、汚泥をオハイオ川に垂れ流してきた。環境や健康被害より、儲けを優先した企業の身勝手な論理である。

この調査結果をデュポン社に突きつけたビロットに対し、同社は和解を提案してきた。原告のテナントは金より懲罰を望んだが、民事訴訟は賠償金を請求することしかできない。ちなみに、劇中でテナント家が荒らされ、保存されていた内臓やホルマリン漬けが持ち去られ、さらに家の上空をヘリコプターが旋回するなど、暗にデュポン社がテナントに嫌がらせを働いているよう思わせるシーンがあるが、ここはフィクション。ただ、ヘリコプターの一件は事実で、デュポン社にテナント家を上空から撮影するよう依頼されたカメラマンの仕業だったらしい。

7年間で3千535人が重い疾患に

2001年、ビロットは工場周辺の約7万人の住民を原告団とする集団訴訟を起こす。デュポン社が40年間にわたって飲み水を汚染したことによる「医療検査請求」を要求するのが目的である。企業が住民に健康被害を及ぼしたことがわかった場合、将来にわたって医療検査を継続することも義務づけるものだ。

パーカーズバーグの住人にとってデュポン社は、雇用を供給してくれる有難い存在。それを相手に訴訟を行うビロットにとっては、住民が健康検査に協力してくれるのか不安だったが、ビロットの提案で、採血に応じてくれた人に400ドル（約6万円）を協力費として渡すことにしたところ、参加者は6万9千人に上った。

2004年、環境保護庁がデュポン社の会長兼CEOから事情聴取を行い「テフロン製造に使われるPFOAの健康リスクを報告しなかった」として1千650万ドル（約25億円）の罰金が科せられ

▼環境汚染、健康被害の原因を作ったデュポン社のワシントン工場（ウェストバージニア州パーカーズバーグ）

▼テナントの農場に隣接するオハイオ川は有毒な液体が垂れ流しにされ泡立っている

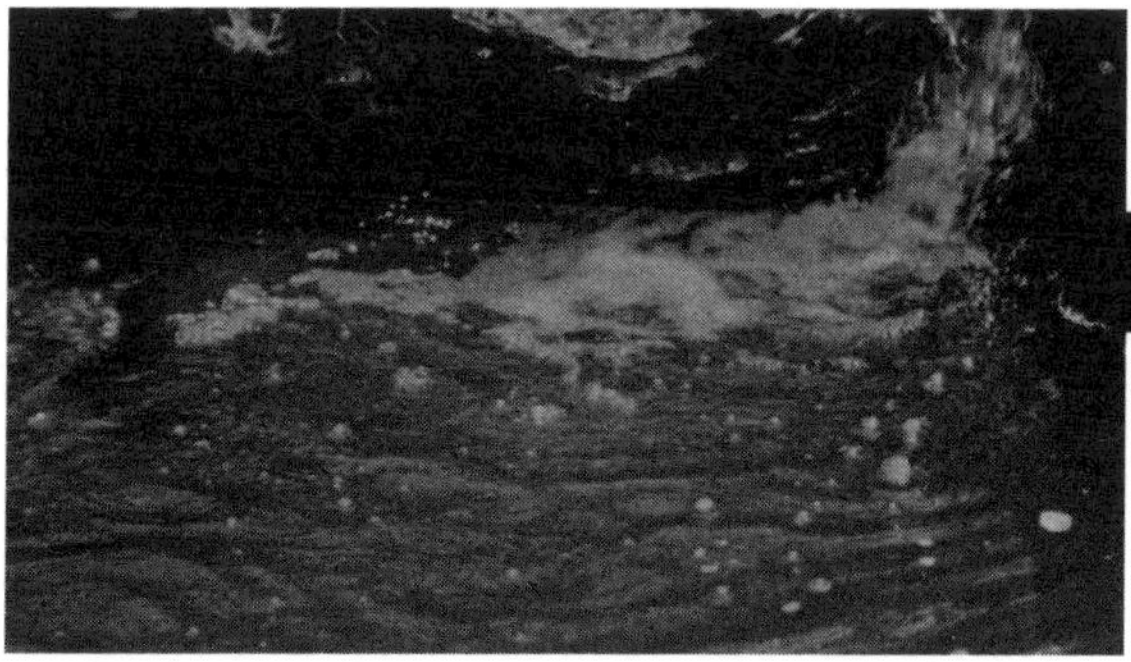

▼汚染水を飲んで死んだ牛。テナントが証拠のために撮影していたビデオより

▲デュポン社は何十年も水質検査を行い、有害性も汚染状況も知りながら隠蔽していた
◀鼻孔が1つ、目の変形を持って生まれ、40回近い手術を受けてきた住民男性

る。これを受け、２００５年に和解が成立。６つの水域と影響を受けた数十の私有井戸にろ過プラントを設置すること、３億ドル（約４５０億円）相当の集団給付金を支払うこと、さらに双方と無関係な独立科学委員会（費用はデュポン社持ち）を設置すること、住民を検査してＰＦＯＡの摂取と病気の発生率の相関を調べ、特定の病気との関係性が認められた場合、訴訟の構成員は生涯医療検査の対象となることなどが決定した。

７年後の２０１２年、独立科学委員会からビロットに連絡が入る。ＰＦＯＡを体内に摂取し続けた住民と、６つの病気との関連が見つかったというのだ。具体的には膵臓がん、精巣がん、甲状腺疾患、妊娠高血圧腎症、高コレステロール、潰瘍性大腸炎に３千５３５人が罹患しており、今後さらに増える恐れが指摘された。ビロットの読みどおりの結果だが、デュポン社は罹患者全員が医療検査請求できる和解案を反故にし、１人ずつ裁判で争うと構えを見せる。病人を待たせて、あきらめさせる汚い手口だった。

しかし、ビロットに闘う覚悟はできており、２０１５年に最初の訴訟で１６０万ドル（約２億４千万円）、２件目が５６０万ドル（約８億４千万円）、３件目で１千２５０万ドル（約18億７千万円）の賠償金を勝ち取ることに成功。２０１７年、デュポン社側は合計６億７千１００万ドル（約１千億円）で全訴訟の和解に応じた。その後、提起された追加訴訟数十件は、２０２１年に追加の８千３００万ドル（約１２０億円）で和解。飲料水中のＰＦＯＡ汚染にさらされた人々の総賠償金額は７億７千３００万ドル（約１千２００億円）を超えた。

　ビロットは2018年、血中にPFAS化学物質を有する米国全土層の提案を代表して、デュポン社を含むいくつかの製造業者に対して、より大きな化学物質グループの新たな研究と試験を求める訴訟を提起。2022年3月、連邦裁判所は、血液中にPFASを有する何百万人もの人々に代わってこの訴訟を集団訴訟として進めることを認定し、2023年11月現在もビロットは闘い続けている。

▼住民の集団訴訟の原告団長となったジョセフ・カイガー（右）と妻のダーリーン。ジョセフはパーカーズバーグの体育教師、ダーリーンはデュポン社の元従業員だった

▼ビロット弁護士は化学汚染問題への長年の取り組みが評価され、2017年に国際権利生活賞を受賞、2023年にはシンシナティの最優秀弁護士に選出されている

　焦げ付き防止の鍋、防水衣類、汚れ防止カーペット、電子レンジ用ポップコーン袋、ファストフードの包装紙、その他数百の製品にPFASが使用されており、研究によればアメリカ人の99・7パーセントの血液中に存在。体内に入ると完全に分解されることがないため「永遠の化学物質」と呼ばれている。現在、世界に存在するPFASは600種以上。その大半は何の規制も加えられていない。

最終的な賠償額は1千200億円超え

エイトメン・アウト

MLB史上最悪の八百長スキャンダル、ブラックソックス事件

いかさまに加担・黙認した8選手が永久追放に

創立120年を数えるMLB（メジャーリーグベースボール）の歴史の中でも最大の汚点と言われるブラックソックス事件。1919年のワールドシリーズで、シカゴ・ホワイトソックスの選手が金銭を見返りに八百長を働き、後に8人（通称アンラッキー・エイト）が永久追放となった一大スキャンダルだ。1988年の映画「エイトメン・アウト」は、球界のみならず全米を驚愕させたこの事件の顛末を描いた社会派スポーツドラマである。

チーム内での報酬格差が事件の火種に

映画は1919年9月、シカゴ・ホワイトソックスがアメリカンリーグで優勝するところから始まる。リーグ1位に輝いたのに、オーナーのチャールズ・コミスキー（1859年生）から選手に振る舞われたのは気の抜けたシャンパンのみ。選手の不満げな姿をカメラは映し出す。

メジャーリーグの歴史を知らなければ、まずこの出だしからよく理解できない。当時、米球界はアメリカンリーグとナショナルリー

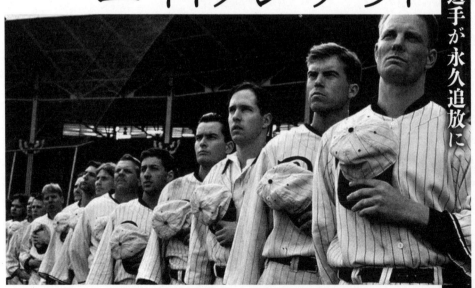

▲ワールドシリーズ開幕戦でアメリカ国歌を聞く選手を描いた劇中シーン。映画「エイトメン・アウト」より

SAN FRANCISCO CHRONICLE FRIDAY, OCTOBER 10, 1919

Cincinnati Reds Are the 1919 World's Baseball Champions

SERIES OVER FIVE MINUTES AFTER START

Chicago Takes Hat Off to Manager Pat Moran, Says Expert Sanborn

ELLER SLAMMED HARD

Sox Burned Up on Anniversary of Day Mrs. O'Leary's Cow Kicked Lamp

By I. E. SANBORN

HERE ARE SOME OF THE LADS WHO BROUGHT THE BACON HOME FOR CINCINNATI YESTERday. Ed Roush (on the left) played a particularly important part. He made two hits, each counting for a run, and in the ninth inning made a circus catch that took the hearts out of the White Sox. Hod Eller, credited with two wins in the world series, is next to Roush. Jake Daubert, pictured with his trusty bat, comes next, while Lew Duncan, who grabbed a couple of hits for himself in the first game, is shown on the right.

Home Town Plans Big Welcome for Conquering Nine

McCORMICK AND NORTON TONIGHT DREAMLAND RINK

English Light-Heavy Will Be Given the Acid Test in Four-Round Bout

J. DUFFY MUST TUNE UP

Oakland Lightweight Didn't Look So Good the Other Night With Fowler

Eller's Box Work Superior to That Of White Sox Trio

Scalpers Eager To Unload Their Wares at Cost

Heavy Hitting Marks the Final Game of Series

Every Red Secured Hit in Last Game

ELLER PITCHED FULL CONTEST

Joe Jackson Bangs Out a Home Run

◀事件を報じる新聞

グに8チームずつが所属し（2023年現在は各15チームで、さらに5チーム単位で東地区、中地区、西地区に分かれている）、リーグで最も勝率を挙げたチーム同士がワールドシリーズ9試合を戦い、先に5勝したほうがその年の王座につくことになっていた（現在は7試合で4先勝したチームが優勝）。

　1919年、ホワイトソックスは全140試合（現在は162試合）で88勝、2位のクリーブランド・インディアンスに3・5ゲーム差を付けてア・リーグの覇者となる。チームの2大エース、エディ・シーコットとレフティ・ウィリアムズがそれぞれ29勝と23勝を挙げ、打っては主軸のジョー・ジャクソンが打率3割5分1厘の大活躍。ナ・リーグで初めて覇者となったシンシナティ・レッズとのワールドシリーズでも、ホワイトソックスが楽

に勝ちを収めるものと見られていた。

　しかし、ホワイトソックスのオーナー、コミスキーは吝嗇家で、ユニフォームを洗濯する金さえ惜しむ男だった。そのため、選手の白いソックスはいつも汚れており、彼らはホワイトならぬ「ブラックソックス」と揶揄される。待遇面においても然りだが、ここには映画で説明されていない事実がある。コミスキーにはお気に入りの主流派選手がいて、1919年のレギュラーシーズンで打率3割1分9厘、盗塁王に輝いたエディ・コリンズ（1887年生）や正捕手のレイ・シャーク（1892年生）には年俸1万5千ドルを支払っていた一方、それ以外の選手、例えばジャクソンやシーコットには半分の7千500ドル、他はさらに安く抑えていた。事件の火種は、こうした不平等な給与格差にあった。

　劇中では、年俸の低さに付け込んだ賭博師連中が、ワールドシリーズでレッズに対してわざと負けるよう、いかさまを持ちかけ選手が話に乗ることになっている。が、実際に八百長を発案し、賭博師に提案したのは一塁手のチック・ガンディルだった。賭博師らは彼らのボスで、当時違法ギャンブルで荒稼ぎしていたマフィアのアーノルド・ロスタイン（1882年生）にこれを報告。ロスタインは他に八百長に協力する選手を集めるよう指示し、結果、ガンディ

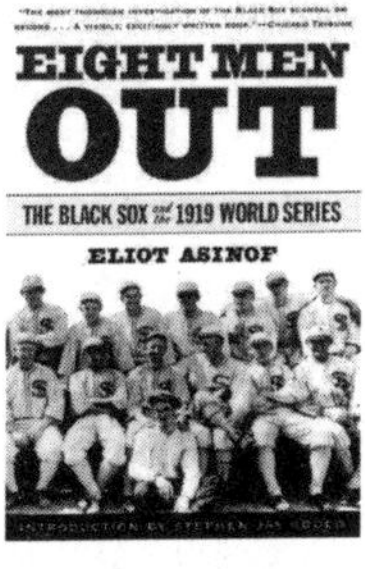

エイトメン・アウト

1988／アメリカ／監督：ジョン・セイルズ◉MLB史上最大のスキャンダルと言われるブラックソックス事件を史実に基づいて描いたドラマ。アメリカの作家、エリオット・アシノフが事件を取材・検証し、1963年に出版したノンフィクション『Eight Men Out: The Black Sox and the 1919 World Series』が原作。

ルの働きかけで内野手のフレッド・マクマリン、遊撃手（ショート）のスウィード・リスバーグ、中堅手（センター）のハッピー・フェルシュ、さらに前出のシーコット、ウィリアムズ、ジャクソンが仲間に加わる（ガンディルを含め計7人）。八百長の報酬は１人につき1万ドルで、彼らが同意したのは当然金目的だったが、球界の有名選手だったジャクソンは大きな抵抗を感じたものの、それに参加するチームメイトを裏切れなかったのが本当のところだったようだ。

▲ジョー・ジャクソン（右）は「球聖」として称えられているタイ・カッブ（左）にも匹敵する名スラッガーだった

先頭打者へのデッドボールが八百長開始のサイン

ワールドシリーズの勝敗を賭けの対象とするブックメーカーのオッズは開幕前から不穏な動きを示していた。下馬評では戦力の充実したホワイトソックスの圧倒的有利とされていたにもかかわらず、日に日にレッズ勝利のオッズは下がり、ついにホワイトソックスに

並ぶ。巷では、賭博師がホワイトソックスの選手に何かしらの協力を要請した結果ではないかとの噂が流れた。

第1戦は１９１９年10月1日。ホワイトソックス先発のシーコットがレッズの先頭打者にいきなり死球を与える。劇中のとおり、これが八百長に協力すると知らせるサインだった。シーコットは3回までは難なく抑えていたが、4回に突如崩れて集中打を浴び、チームは1対9と大敗。試合後、事情を知らない捕手のシャークが「サインどおりに投げなかった」とシーコットに怒りをぶちまけたり、監督のキッド・グリーソン（１８６６年生）がオーナーのコミスキーに「何かがおかしい」と報告したのも映画で描かれるとおりだが、コミスキーは何ら具体的な行動は起こさなかった。ちなみに、シーコットはこの試合後、報酬の１万ドルを受け取ったことが後に明らかになっている。

▶ホワイトソックスの2大エース、レフティ・ウィリアムズ（上）とエディ・シーコット

第2戦も普段は制球の良いウィリアムズが四球を連発して敗れ、シリーズは仕組まれているとの声があちこちで聞かれ始める。第3戦は八百長と無関係のディッキー・カーが完封勝利を挙げたが、4、5戦は逆に連続で完封負けし1勝4敗。王手をかけられたところで、八百長に加担した選手が賭博師からの金の支払いが滞っていたため奮起し2連勝。劇中ではここで、焦った賭博師が第8戦（10月9日）先発のウィリアムズに「本気を出せば家族に危害が及ぶ」と脅しをかけている。実際にそのような事実はなかったものの、ウィリアムズは早々にKOされ、レッズがシリーズ5勝3敗で初の世界一を手にした。

▼吝嗇家として知られたホワイトソックスのオーナーのチャールズ・コミスキー（左）と、八百長を仕切ったマフィアのボス、アーノルド・ロススタイン

「嘘だと言ってよ、ジョー！」は完全な作り話

映画では時間の流れが曖昧だが、翌1920年のシーズンも八百長に関わった選手は普通にプレイし、ホワイトソックスはア・リーグ2位の好成績を収める。ジャクソンはシーズン3割8分2厘

▲1919年10月1日、ワールドシリーズ開幕戦で握手を交わすホワイトソックス監督のキッド・グリーソン（左）と、レッズ監督のパット・モラン

▼八百長に関わった8選手を演じたキャスト。上段左からジェームズ・リード（レフティ・ウィリアムズ役）、マイケル・ルーカー（チック・ガンディル役）、デビッド・ストラザーン（エディ・シーコット役）。中段左からチャーリー・シーン（ハッピー・フェルシュ役）、ドン・ハーヴェイ（スウィード・リスバーグ役）、ペリー・ラング（フレッド・マクマリン役）。下段左からジョン・キューザック（バック・ウィーバー役）、D・B・スウィーニー（ジョー・ジャクソン役）。映画「エイトメン・アウト」より

の打率を記録し、ウィリアムズは22、シーコットは21の勝ちを手にした。が、前年ワールドシリーズの疑惑は消えておらず、彼らは行く先々でファンから罵声を浴びせられ続ける。

不正が表沙汰になったのはシーズン終了後の同年9月27日。八百長に関与した賭博師の1人が内幕を暴露した記事が『ノース・アメリカン』紙に掲載されたのだ。これを受け、いかさまを働いた前出の7選手と、八百長を知りながら見逃していた三塁手のバック・ウィーバー、賭博師5人が詐欺罪で告発され、裁判にかけられる。

公判は翌年1921年6月に始まり、全被告が八百長への関与を認めた。が、8月2日に下された判決は証拠不十分により全員無罪。劇中では選手たちが歓喜している場面が描かれるものの、喜んだのも束の間、8人は裁判官のケネソー・マウンテン・ランディス（1866年生。後の初代MLBコミッショナー）から永久追放の厳しい処分を告げられる。

映画ではこの後、法廷から外に出てきたジャクソンに1人の少年ファンが「やってないよね、ウソだよね」と声をかけるシーンが描かれる。当時の『ニューヨーク・タイムズ』紙が伝えるところでは、このとき「本当じゃないよね、ジョー？」と叫んだ少年に対し、ジャクソンが「いや坊や、残念ながらそのとおりだ」と答えたとされ、やがて、少年の言葉は「嘘だと言ってよ、ジョー！」というメジャーリーグ史上最も有名なフレーズとして世に拡散される。が、この悲しくも美しいエピソードは『シカゴ・デイリーニューズ（現シカゴ・サンタイムズ）』紙の記者による完全な作り話だ。後にジャクソン本人も、そのような会話は一切なかったと証言している。

映画は数年後、独立リーグで名前を隠しプレイするジャクソンの姿を、ウィーバーがベンチで見つめるシーンで終わる。実際に球界を追われた8人はどうなったのか。彼らのその後は次ページを参照いただきたい。

永久追放となったアンラッキー・エイト

レフティ・ウィリアムズ

1893年生。エディ・シーコットと並ぶホワイトソックスの看板投手だったが、プロ生活はわずか7年で幕を閉じた。引退後は保育園事業を興し、生涯、八百長における自身の役割について沈黙を守り続けた。1959年、66歳で死去。

スウィード・リスバーグ

1894年生。1917年にホワイトソックスでプロデビューし、遊撃手として活躍。追放後も10年間にわたりセミプロリーグでプレイし、以降はアメリカ北西部で居酒屋と材木業を経営した。1975年、81歳で死去。アンラッキー・エイトでは最も遅くまで生きていた人物。

ジョー・ジャクソン

1887年生。「シューレス・ジョー」の愛称で知られたスーパースター。2001年にイチローに抜かれるまで新人最多安打記録の保持者だった（1911年に233安打）。追放後はセミプロリーグで20年間プレイし、その後はバーベキューレストランを経営。1951年に64歳で死去。

チック・ガンディル

1888年生。1906年プロデビュー。1917年からホワイトソックスで一塁手として活躍するも、低待遇に苦慮した挙げ句に自らマフィアに八百長を持ちかけた。球界を去った後は少年時代を過ごしたカリフォルニア州に戻り、配管工に転身。1970年に82歳で死去。

ハッピー・フェルシュ

1891年生。ホワイトソックスのセンターとして、事件翌年の1920年に打率.338、14本塁打、115打点を記録。引退後も15年間にわたりセミプロリーグでプレイし、その後は食料品店や居酒屋を経営。1964年、肝臓疾患のため死去。享年72。

エディ・シーコット

1884年生。14年間のプロ生活で208勝149敗、防御率2.38の記録を残した大投手。引退後はセミプロリーグで3年間活躍し、1944年までフォード・モーターに勤務。その後、ミシガン州の農場で働き、1969年にこの世を去った。享年84。

フレッド・マクマリン

1891年生。1916年から1920年までホワイトソックスに在籍し、内野のユーティリティプレイヤーを務める。引退後は大工、事務職、交通管理者、ロサンゼルス郡副保安官など様々な職に就いた。晩年は動脈硬化に悩まされ、1952年に脳卒中で死去。享年61。

バック・ウィーバー

1890年生。1912年、ホワイトソックスでプロデビュー。八百長には直接関与していなかったが、その事実を知りながらチームに伝えなかったとして追放処分に。その後、何度も復帰を試み、死去3年前の1953年にもコミッショナーに嘆願するも叶わなかった。享年65。

アルファベット・キラー

犠牲者の少女3人それぞれの名、姓、遺体放置場所の頭文字が一致

米ロチェスター、アルファベット殺人事件

１９７０年代前半、米ニューヨーク州で3人の少女が殺害される事件が起きた。彼女らの姓名はいずれも同じ頭文字で始まり、３人とも性的暴行を受けた後、首を絞められて殺され、遺体は犠牲者の名前と同じ頭文字で始まる地名の場所に遺棄されていた。２００８年のアメリカ映画「アルファベット・キラー」は、この奇妙な殺人事件を題材としたサスペンス劇である。

小児性愛者による同一犯の可能性大

映画の主人公はエリザ・ドゥシュク演じるメガン捜査官。犠牲者の姓名と死体発見現場の地名の頭のアルファベットが一致する連続女児レイプ殺人事件の捜査にのめりこむうち幻覚幻聴を覚え、自殺未遂を経て精神科病院に入院。2年後、治療を終え職場に復帰、懇願して再び捜査班に加わると、またも同じような事件が発生。今度こそ犯人を逮捕すると意気込むが、そこでまた治ったはずの幻覚の症状が現れる――。

映画は設定こそ実際の事件に基づいているが、物語自体は完全なフィクションだ。登場人物もみな架空で、女性刑事のモデルになった捜査官もいない。

▶主人公のメガン捜査官を演じたエリザ・ドゥシュク。映画「アルファベット・キラー」より

◀最初の犠牲者カルメン・コロンの情報提供を呼びかける警察の看板

実際の事件の始まりは1971年11月16日だった。この日、ニューヨーク州北西部のロチェスター市で祖父母と共に暮らす当時10歳の少女カルメン・コロンが近所の薬局で買い物をしたのを最後に行方不明となり、2日後の18日、約19キロ離れたチャーチヴィルの水路で遺体で発見された。地元ロチェスター警察が検視した結果、暴行を受けレイプされた後、絞殺されていることが判明。殺人事件として捜査を開始した警察は独自に聞き込みなどを行う傍ら、犯人の逮捕に繋がる有力な情報提供者に対し6千ドルの報奨金を支払うとして広く情報を募ったが、解決には至らなかった。

1年5ヶ月後の1973年4月2日、やはりロチェスターで11歳の少女ワンダ・ウォルコウィッツの行方がわからなくなり、翌日、最後に姿が確認されたスーパーマーケットから11キロ強離れたウェブスターの路上で遺体となって発見される。さらに、7ヶ月後の11月26日には11歳のミシェル・メンザが失踪、2日

後、ロチェスターから24キロ離れたニューヨーク州マセドンで殺害遺体が見つかった。2人の少女は、カルメン・コロンの件と同様に暴行・強姦の後、ベルト状のもので絞殺されていた。

被害者はみな10代頭の少女で、レイプされたうえで絞殺。現場はロチェスター地区周辺。また、全員がローマカトリック教徒の貧困家庭生まれで、学校で問題を抱えていた。これらから警察は3つの事件をペドフィリア(小児性愛者)による同一犯と睨む一方、他にも奇妙な共通点があることを把握する。

●犠牲者名カルメン・コロン/遺体発見場所チャーチヴィル=「Carmen Colon」/「Churchville」

●犠牲者名ワンダ・ウォルコウィッツ/遺体発見場所ウェブスター=「Wanda Walkowicz」/「Webster」

●犠牲者名ミシェル・メンザ/遺体発見場所マセドン=「Michelle Maenza」/「Macedon」

被害者それぞれの名、姓、遺体の放置場所の頭文字3つが全て同じだったのだ(カルメンはC、ワンダはW、ミシェルはM)。単なる偶然なのかもしれないが、警察は犯人が被害者の名前や個人的な事情を事前に知りえたうえで犯行に及び、意図的に同じイニシャルの土地に死体を遺棄したものと推定。メディアは、犯人を「ザ・ア

アルファベット・キラー

2008/アメリカ/監督:ロブ・シュミット◉女児連続レイプ殺人事件の犯人を追う女性刑事が精神を崩壊させていく様を描くスリラー劇。1971年~1973年に米ロチェスターで起きたアルファベット殺人事件に基づいているが、ストーリーや登場人物は全て創作されている。

ルファベット・マーダラー」と呼び大々的に報道する。

捜査線上に浮かんだ2人の男が自殺

映画は最後、主人公が治療の過程で知り合った意外な男性を真犯人として提示する。が、実際の事件は未解決のままだ。警察が3人目のミシェルが殺害される前に目撃された男性の似顔絵を公開したことで多くの情報が寄せられたが、犯人特定には至らなかった。

ただ、警察の取り調べを受けた人物の中で怪しいと目された男性が3人いる。まずは1人目の被害者カルメン・コロンの伯父ミゲル・コロン。カルメンから「ミゲルおじさん」と呼ばれる親しい間柄で、彼女の遺体が発見される直前、犯行に使われたものと思われる車と同一の車両を所有、カルメンと何度もドライブに出かけ、事件後に車内を徹底的に洗浄していること、周囲に「ロチェスターで何か間違ったことをした」と言い残し姪の死から4日後にプエルトリコに移住していることがわかった。１９７２年３月、ミゲルは自

▼ロチェスターで殺害された少女3人。左からカルメン・コロン（Carmen Colon。事件当時10歳）、ワンダ・ウォルコウィッツ（Wanda Walkowicz。同11歳）、ミシェル・メンザ（Michelle Maenza。同11歳）

▲最後の被害者、ミシェルの遺体発見場所

ら警察に出頭。身柄をロチェスターに移され尋問を受けたが、姪が殺された時間帯のアリバイを証明することができなかった。それでも、物的証拠が見つからなかったことから、警察は起訴を見送りにする。ちなみに、ミゲルは１９９１年、自宅で妻と義理の弟を銃で撃ち重傷を負わせた後、自らにも銃弾を放ち44歳でこの世を去っている。

２人目はロチェスターで消防士として働いていたデニス・テルミーニなる男性。彼は１９７１年から１９７３年の間に10代の少女と若い女性を少なくとも14回レイプした連続強姦魔で、最後の犠牲者ミシェルの遺体が発見された5週間後にも10代の少女を誘拐。警察の追及を受け、１９７４年1月、25歳でピストル自殺を遂げた。ただ、２００７年1月、テルミーニの遺体を掘り起こし行われたＤＮＡ検査では、2番目の被害者ワンダの体内から回収された精液サンプルとは一致しないことが判明している（他2人の被害者の精液サンプルはこの時点で消滅していた）。

３人目は１９７７年から１９７９年にかけロサンゼルスで共犯の

男と12人の女性を強姦・拷問のうえ殺害し「ヒルサイド・ストラングラー」の異名をとったケネス・ビアンキ。彼は１９５１年にロチエスターに生まれ、一連の事件が起きた当時もロチェスターに住み、アイスクリームの販売員、警備員、救急車の運転手などの職に就いていた。怪しまれたのは誘拐現場の近くで目撃された車両と同じ色・モデルの車を所有していたからだが、警察の取り調べに対し頑なに反抗を否定。物的証拠も皆無で、何より、ビアンキがペドフィリアではなかったことから、彼が事件に関与した可能性は極めて低いと考えられている。

▼目撃証言をもとに公開された、犯人と思われる男の似顔絵

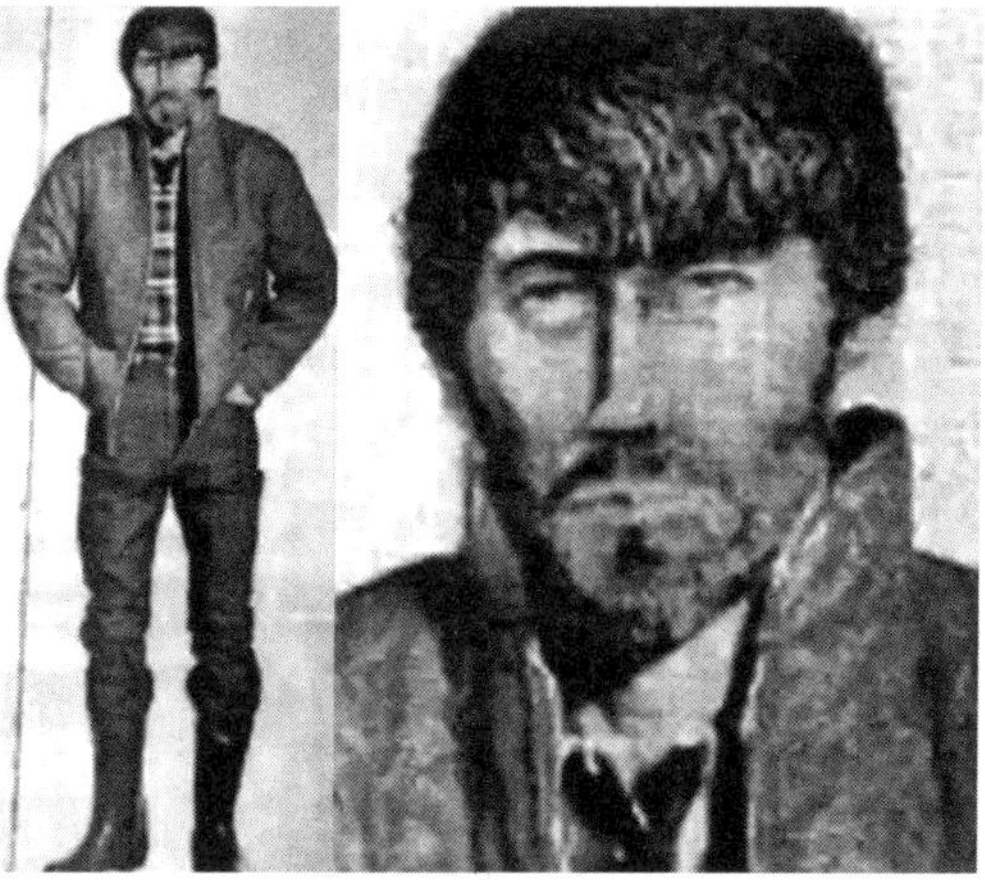

▼2011年4月、名と姓の頭文字が同じ4人の女性を殺害した容疑で逮捕されたジョセフ・ナーソ（左）。2013年11月、裁判で死刑が宣告されたが、2023年11月現在、執行されていない。右は犠牲者。左上から時計回りにロキシーヌ・ローガッシュ（Roxene Roggasch。死亡当時18歳）、カルメン・コロン（Carmen Colon。同22歳。1971年に殺害された少女と同姓同名）、パメラ・パーソンズ（Pamela Parsons。同38歳）、トレイシー・トフォヤ（Tracy Tofoya。同31歳）。全員が売春婦だった

映画公開から3年後の2011年、名と姓のイニシャルが同じ4人の女性を殺害した犯人を逮捕

犯人特定に至らぬまま最初の事件から40年が過ぎた２０１１年４月、カリフォルニアでジョセフ・ナーソ（当時77歳）なる写真家の男が逮捕される。１９７７年から１９９４年にかけ４人の女性を殺害した容疑で、３人の少女が殺害された当時はロチェスター在住だった。注目すべきは、彼が手にかけた４人全員の名と姓がそれぞれ同じイニシャルだったことだ。が、遺体の放置場所の頭文字は異なり、犠牲者も18歳～38歳の売春婦。ＤＮＡ検査の結果も、彼の犯行を否定していた。事件からすでに半世紀以上。真相が解明される日は来るのだろうか。

映画に着想を与えた山小屋での未解決殺人

米カリフォルニア州ケディ「キャビン28」シャープ一家惨殺事件

2008年公開の「ストレンジャーズ　戦慄の訪問者」は、山林の一軒家に泊まることになった男女カップルが深夜、見知らぬ少女の訪問を受けたことをきっかけに、予想だにしない惨劇に巻き込まれるスリラー映画だ。犯人は覆面を被った親子らしき男女3人で、その目的も正体も最後まで不明。映画はいかにも不気味な余韻をもって終わるが、この「山荘で起きた未解決殺人」という設定は、1981年に米カリフォルニア州ケディの山小屋で起きたシャープ一家惨殺事件にヒントを得ている（物語自体は完全なフィクション）。

家に泊まっていた少年が2人の男を目撃

本作に着想を与えた事件は、1981年4月12日に発覚した。米カリフォルニア州プラマス郡ケディに住むシーナ・シャープ（当時14歳）が、教会の日曜礼拝に行くための着替えを取りに、前日に泊まった友人の家から朝方7時ごろ自宅に戻り、驚愕の場面に遭遇する。リビングの床に母グレナ（同36歳）、兄ジョニー（同15歳）、ジョニーの友人のダナ・ウィンゲート（同17歳）の3人が血まみれで

ストレンジャーズ

戦慄の訪問者

▶劇中で主人公の男女カップルを刺殺する、マスクと仮面を被った親子らしき3人組。映画「ストレンジャーズ　戦慄の訪問者」より

◀犠牲者の4人。左上から時計回りに、母グレナ、長男ジョニー、ジョニーの友人ダナ、次女ティナ。左はシャープ家が住んでいた山小屋「キャビン28」（2004年に取り壊しとなった）

倒れていたのだ。動転したシーナは急いで友人宅に引き返し、警察への通報を依頼する。

グレナはもともとコネチカット州に住んでいたが、暴力的な夫から逃れるため、1979年7月に5人の子供を連れて家を出た。その後、実弟が住む北カリフォルニアで1年4ヶ月を暮らし、1980年11月、3つのベッドルームを完備するケディの山小屋「キャビン28」を借りる。

当時のケディはリゾート地としての顔を持つ一方、殺人犯や性犯罪者が隠れ住んでいるとの噂が絶えない場所だった。しかし、雄大な自然のもと、グレナは伸び伸びと、長男ジョニー、長女シーナ、次女ティナ（同12歳）、次男リック（同10歳）、三男グレッグ（同5歳）と田舎暮らしを満喫する。が、穏やかな暮らしはわずか半年で終わりを遂げる。

通報を受けた警察はすぐに現場に赴き、3人の死亡を確認するとともに、屋内から血のついたナイフ2本とハンマー1本を押収する。遺体は惨状の極みだった。ソファの近くで上半身裸で横たわり、医療用テープと電気コードで体を縛られたうえ、自身の下着で猿ぐつわをされた状態で見つかったグレナは胸と喉を何度も刺されており、喉の傷は喉頭を貫通し背骨まで達していた。一方、ジョニーとダナはハンマーで頭部を何度も殴打されており折れた頭蓋骨がむき出しの状態。現場に荒らされた痕跡や盗まれた金品がなかったことから、よほど深い恨みを持つ者の犯行と推定された。

また、次男リックと三男グレッグ、前日からシャープ家に泊まっていた彼らの友達のジャスティン・スマート（同12歳）は寝室で無事だったものの、次女ティナの姿だけがどこにもなかった。警察は彼女が拉致された可能性もあるとみて、その行方を追うとともに、殺人事件として捜査を開始する。

ほどなく、ジャスティンから重要な目撃証言が得られる。夜中に物音がして寝ぼけ眼でリビングルームを覗いたところ、グレナが2人の男と口論しており、そこに入ってきたティナが男の1人に屋外に連れ去られたのだという。男の1人は長髪、もう1人は短髪で、両者とも身長180センチ前後、20代後半から30代前半で金のフレームのメガネをかけていたそうだ。

ストレンジャーズ
戦慄の訪問者

2008／アメリカ／監督：ブライアン・ベルティノ◉山小屋で一夜を過ごすことになった男女が、正体も目的もわからない3人組に理不尽に殺害されるスリラー映画。2018年に、3人組による別の殺害事件を描いた続編「ストレンジャーズ　地獄からの訪問者」が公開された。

事件から27年後の爆弾証言

犯人逮捕は時間の問題と思われた。が、ジャスティンの目撃情報から似顔絵を作成し広範囲に配布しても芳しい反応はなく、グレナやシャープ家に恨みを持つ者を探すも該当者はいない。そのうち警察内部でも、犯行は怨恨ではなく、被害者らと何ら接点がない行きずりの変質者によるものとの見方が広がっていく。

事件の迷宮入りが囁かれ始めた1984年4月22日、ケディから100マイル（約160キロ）離れたカリフォルニア州ビュート郡のキャンプ場で、人間の頭蓋骨の一部が発見された。鑑定の結果、骨は行方がわからなくなっていたティナのものと判明。さらに骨が発見される直前、警察に「（今度発見される）骨はティナのものだよ」と匿名の電話がかかってきたことがわかった。これにより、改めて多くの不審者が捜査対象になったが、真犯人にたどりつくことはできなかった。

それから24年が経過した2008年、未解決の殺人事件を扱うテレビのドキュメンタリー番組の中で、犯人を目撃したジャスティンの母親で、シャープ家の2つ隣に住んでいたマリリン・スマートが

驚きの証言を行う。4人を殺害したのは、元夫のマーティン・スマートと、当時家に下宿していたマーティンの友人で刑務所を出たばかりのジョン・ブーベードだというのだ。

彼女によれば、グレナとマーティンは一時期不倫関係にあったのだが、マーティンが暴力で支配する男だったことから、グレナはマリリンにマーティンとの離婚を強く勧めていたという（実際、2人はほどなく離婚）。4月11日は、マーティンとジョンと街で酒を飲み23時頃に1人で帰宅。マーティンとジョンは4月12日の午前2時ごろに戻ってきて、薪ストーブで何かを燃やしていたという。さら

▲3人の遺体が見つかったシャープ家のリビングルーム
▼現場に残されていた凶器のハンマーとナイフ

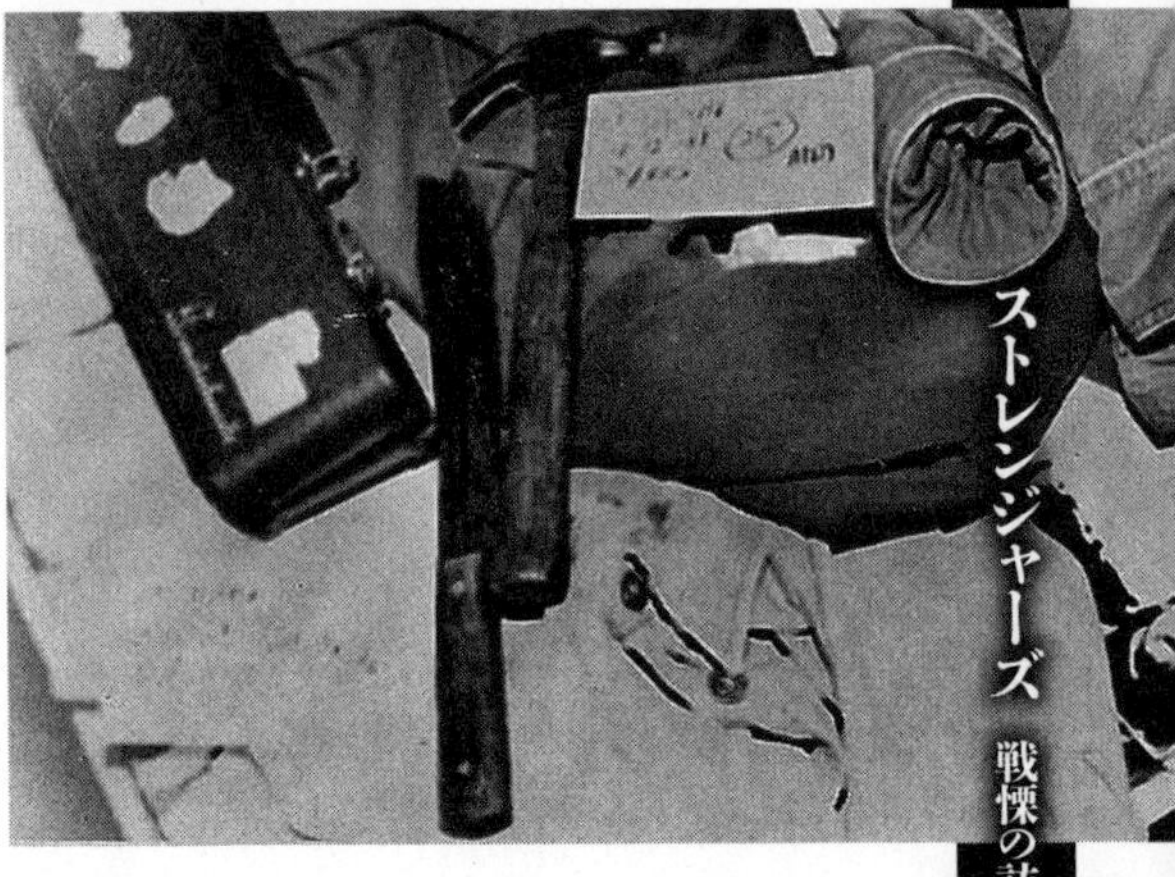

に、その後、離婚したマーティンから手紙が届き、そこに4人の命を奪ったことを示唆する内容が記されていたという。こうした事実は当時、警察に報告しており、警察もマーティンとジョンを重要容疑者として取り調べたものの、マーティンは手紙は自分が出したものではないと否定、ポリグラフ検査でも2人ともシロだったため、捜査線から外されたそうだ。

▲目撃証言により作成された犯人の似顔絵
▼映画公開の2008年、テレビのドキュメンタリー番組で、自分の元夫と当時の下宿人が真犯人であると証言したマリリン・スマート

重要容疑者が浮かぶも逮捕には至らず

▲嫌疑がかけられたマーティン・スマート（左）とジョン・ブーベード。ジョンはシカゴのマフィアとも関係のあった前科者だった

マーティンとジョンが事件に関与していた可能性は決して低くないが、確たる証拠が得られないまま、ジョンは1988年、マーティンは2000年に死亡。事件は現在も未解決である。

核兵器を保有していない事実を報告したＣＩＡ職員に米政府が復讐

「プレイム事件」で白日の下にさらされたイラク戦争の不都合な真実

アメリカがイラクのサダム・フセイン政権を倒したイラク戦争。きっかけはイラクが大量の核兵器を保有していることだったが、それが全くのでたらめだったことは歴史が証明している。２０１０年のアメリカ映画「フェア・ゲーム」は、事前の調査でイラクに核兵器が存在しないことを把握、開戦後にその事実を公表したため、時のブッシュ政権から容赦のない報復にあった１組の夫婦の実話をリアルに再現したサスペンスドラマである。

調査報告書を無視し侵攻

ナオミ・ワッツ演じる本作の主人公、ヴァレリー・プレイムは１９６３年、米アラスカ州で生まれた。ペンシルバニア州立大学卒業後の１９８５年、自ら志願してアメリカ合衆国の対外情報機関ＣＩＡ（中央情報局）に入局。２年の訓練機関を経て主にヨーロッパで大量破壊兵器の情報収集の任務に就くが、自身がＣＩＡのエージェントであることは両親以外知らせておらず、表向きはＣＩＡが作ったボストンにある架空のエネルギー会社のアナリストとして働いて

フェア・ゲーム

▲主人公プレイムを演じたナオミ・ワッツ（左）と夫ウィルソン役のショーン・ペン。映画「フェア・ゲーム」より

いた。劇中に説明はないが、1987年に大学時代から交際していた男性と結婚したものの1989年に離婚。ワシントンD.C.のトルコ大使館のパーティで知り合ったジョー・ウィルソン（演：ショーン・ペン）と再婚するのは1998年4月、34歳のときで、その後、男と女の2子を授かる。

夫のウィルソンはプレイムより14歳上の1949年生まれ。1972年に大学を卒業し、4年間建設業に就いた後、アメリカ外務省に入省。イラク大使代理、ガボン大使、国家安全保障会議（NSC）のアフリカ担当部長などを歴任し、プレイムと結婚した当時はビル・クリントン大統領の特別補佐官を務めていた。ちなみに、ウィルソンも過去に2度離婚を経験し、前妻との間に2人の子供をもうけている。

▲実際のウィルソン(右)とプレイム夫妻
(2006年、ワシントンのナショナル記者クラブにて)
▼イラクが大量破壊兵器を保有するテロ支援国家であると名指しで非難するブッシュ大統領(2002年1月)

2001年1月、ジョージ・W・ブッシュ政権が誕生したのをきっかけに外務省を辞め、コンサルト会社を設立。その8ヶ月後の同年9月11日、アメリカ同時多発テロが起きる。テロの脅威を恐れたブッシュ政権はアルカーイダへの報復を進める一方、同年末にイラクが核の原料であるウランをアフリカのニジェール共和国から入手しようとしたという情報を取得。この情報源として提出された契約書を確認したCIAはすぐにそれが捏造されたものと見抜いたが、政府当局は偽物ではないと強硬な姿勢を崩さず、2002年1月の一般教書演説でブッシュ大統領がイラク、イラン、北朝鮮は大量破壊兵器を保有するテロ支援国家であると名指しで非難。特にイラクのアルカーイダ支援、大量破壊兵器開発、アルカーイダに対する大量破壊兵器の輸出の可能性を強調した。

そこで、当時、バージニア州ラングレーのCIA本部に勤務していたプレイムは、夫のウィルソンに現地での事実調査を依頼する。ウィルソンが外務省に入って最初の勤務地がニジェールで、同国内に情報源を持っていたからだ。2002年2月に行われた調査の結果はシロ。イラクがニジェールとウランの取引をした実態はなく、プレイムはCIA内部で詳細な報告書にまとめ政府に提出する。しかし、政府当局は調査が足りないとして、この報告書を無視。20

フェア・ゲーム

2010／アメリカ／監督:ダグ・リーマン◉2003年に起きたプレイム事件を、その当事者であるジョゼフ・ウィルソンの回顧録『The Politics of Truth』とその妻ヴァレリー・プレイムの回顧録『Fair Game』に基づいて描いた政治サスペンス。第63回カンヌ国際映画祭のコンペティション部門に正式出品され、ナショナル・ボード・オブ・レビュー賞で「表現の自由賞」を受賞した。

03年1月の一般教書演説でも、ブッシュはイラクが核開発を行っていると主張した。そして、同年3月20日に開戦。果たして、イラク国内で大量破壊兵器は発見されなかった。

▲イラクに侵攻したものの、結局、核兵器は発見できなかった

副大統領補佐官が新聞社に身分を暴露

戦争勃発から4ヶ月後の2003年7月6日、『ニューヨーク・タイムズ』紙に「アフリカで見つけられなかったもの」と題した記事が掲載される。寄稿者はウィルソンで、自分がニジェールで行った調査結果を明らかにしたうえ、イラクの核開発についての情報が捻じ曲げられていると政府を批判する内容だった。翌7日、ホワイトハウスはブッシュが開戦前の1月に行った演説内容に誤りがあったことを認めたものの、恥をかかされる形となった政府は、ウィルソンの妻プレイムがCIAのエージェントであることを『ワシントン・タイムズ』祇にリーク、7月16日に同紙がこの事実を報じる。明らかな報復だった。

HOME PAGE | VIDEO

The New York Times

The Opinion Pages

MY OP-ED MOMENT SERIES

What I Didn't Find in Africa

For Op-Ed's 40th anniversary, former Ambassador Joseph C. Wilson IV recounted the story behind his Op-Ed from June 2003 and the series of events that followed its publication.

・Read the Op-Ed »

▲2003年7月6日、米政府による事実の歪曲を告発する目的で、ウィルソンが『ニューヨーク・タイムズ』紙に寄稿した記事。「What I Didn't Find in Africa（アフリカで見つけられなかったもの）」とのタイトルが付けられている

フェア・ゲーム

結果、ウィルソンとプレイムは自宅の住所や電話番号をネットでさらされ、毎日のように嫌がらせの電話を受けるようになる。プレイムのことを初めてCIAのエージェントと知った周囲の見方も手のひらを返したように一変した。

対し、ウィルソンはCIA職員の身分暴露は、アメリカ合衆国の法律である「情報部員身分保護法」に抵触するとして、自らテレビに出演し、その違法性と政府の復讐を告発。CIAが司法省に調査を依頼した結果、チェイニー副大統領のルイス・リビー首席補佐官が情報を漏洩した張本人であることが判明する。劇中でも描かれているが、リビーがプレイムをCIAのエージェントだと認識したのは、CIAがまとめたウィルソンの調査報告書に「元大使の妻が彼を推薦した」との一文があったのがきっかけだったという。

ホワイトハウスを解雇、偽証や司法妨害などで起訴されたリビーは2007年1月から始まった裁判で自らが情報源であると供述。3月6日には共和党ブッシュ政権を批判する民主党の要請で、プレイムが米下院政府改革委員会の公聴会に出席し、全ての経緯を告白した。6月5日、リビーに禁錮2年6月の実刑判決が下るも、ブッシュは大統領権限で執行猶予に減刑。世論の大きな反発を招いた。

映画の後半、事件により亀裂が入った夫婦関係に危惧を覚えたプレイムが、ウィルソンに「この結婚だけは守り抜く」と力強く口にするシーンがある。そのとおり、2人は以後も愛情と信頼関係で結ばれ、2010年10月、ロサンゼルスで本作の特別上映会が行われた際には夫婦揃って顔を見せた。しかし、その7年後の2017年に離婚。さらに2年後の2019年9月、臓器不全のためウィルソンはニューメキシコ州のサンタフェの自宅で死去する(享年69)。

2017年に夫と離婚、その後、下院議員選挙に立候補

▼2007年3月6日、米下院政府改革委員会の公聴会に出席、身分を明かしたうえで事の顛末を証言するプレイム

一方、事件発覚3年後の2006年1月にCIAを退職したプレイムは回顧録を出版後、2013年には共作でスパイ小説を発表し、その後はサンタフェ研究所のコンサルタントを務めるとともに、2016年はヒラリー・クリントンの大統領選挙運動に尽力。2017年、ドナルド・トランプが大統領に就任すると、ツイッター社の過半数の株を買収し、トランプをネットワークから追い出すべく募金ページを開設した。また、ウィルソンが死亡した1年後の2020年にニューメキシコ大学の学長を務める男性と3度目の結婚を果たす傍ら、同年6月のアメリカ下院議員選挙にニューメキシコ州第3選挙区から立候補したものの当選はならなかった。

▲2007年6月6日、CIAに対する偽証と妨害の罪で懲役2年6月の判決(後に執行猶予に減刑)を受けた副大統領首席補佐官のルイス・リビー(当時56歳)。2018年4月、ドナルド・トランプ大統領から恩赦を与えられた

空気殺人～TOXIC～

死者2万人強、被害者総数は95万人に

製造メーカーが疾患の原因を隠蔽した韓国・加湿器殺菌剤事件

２００１年から２０１１年半ばにかけ、韓国で「冬に爆発的に増え、春夏になると消え、秋になると再び少しずつ現れる謎の症状」に襲われる人々が頻出した。激しい咳や息苦しさを伴うその症状を詳しく調べてみると、患者たちは同じ疾患にかかっていることが判明する。肺が損傷して徐々に繊維化、呼吸がままならない状態となり、24時間まるで溺れ続けているような苦しみが続く〝間質性肺疾患〟。その原因は、韓国社会で広く使われていた加湿器の殺菌剤にあった。２０２２年の韓国映画「空気殺人～TOXIC～」は、これまで2万人以上の死者、約95万人の被害者を出した、この「加湿器殺菌剤事件」の加害者で事態を隠蔽した加湿器製造メーカーと、被害者たちの闘いを描いた社会派ミステリーである。

今まで見たことのない謎の肺疾患

映画の主人公は、大学病院の救急救命室で働く医師のテフン（演：キム・サンギョン）。ある日、彼の幼い息子が意識を失い、勤務先へと搬送されてくる。診断の末、息子は急性の間質性肺疾患で

▶映画「空気殺人～TOXIC～」より

◀事件を報じる2012年6月のKBSニュース。写真は加湿器に使われていた実際の殺菌剤

あることがわかり、意識不明の状態が続く。時を同じくして、それまで健康だった妻が、息子と同じ病気で突然死してしまう。テフンは、妻の妹で検事のヨンジュ（演：イ・ソンビン）と共に調査を始め、病変の原因が家庭用加湿器の殺菌剤にあることを突き止める――。

この2人の登場人物は創作上のキャラクターだが、テフンのモデルになった実在の医師がいる。ソウル牙山《アサン》病院の小児科医、ホン教授だ。２００６年冬、彼のもとに、これまで全く見られなかった種類のてんかん性肺疾患にかかった1～2歳の子供たちが数多く運ばれてきた。肺に気胸（肺に穴ができて空気が漏れ、胸腔内に空気やガスが溜まる疾患）ができており、人工呼吸器を使っても肺の圧力が高くなっており空気が入らない。どころか、最終的に肺が破れて大半が死亡してしまう。ホン教授は事態の異常さに驚愕、知り合いの幾つかの大学病院に問い合わせると、そこでも同じような患者が数多くいるという。

原因が特定できないまま7、8ヶ月が過ぎた２００７年秋、その間、減っていた患者が再び数多く出現し始めた。いったい何が起きているのか。ホン教授は真相解明に乗り出すが、呼吸器学において科学的に原因を究明する難しさは想像を絶する。人間は24時間休まず呼吸する。大気には、有害と考えられる種々様々なものが混ざっている。死体焼却場、ゴミ埋立地、放射性物質処理場、肥料工場、黄砂、ＰＭ２・５、花粉、お香、芳香剤、殺虫剤、香水、ペット用品、水や薬、食品、細菌、ウイルスなど。この全てが原因の可能性がある。そこで、他の医師たちの協力を得て考えられうる様々な検査と、全国の患者に詳細なアンケートを実施したところ、彼らがみな加湿器の殺菌剤を使っている事実が明らかとなった。

そもそもこうした殺菌剤は、冬場の乾燥しやすい時期のインフルエンザなどの予防のため、加湿器が有効であるという情報が広まる中で、雑菌やカビを除去する目的で開発されたもの。１９９４年に世界で初めて韓国で発売され、２００１年に「ポリヘキサメチレングアニジン＝ＰＨＭＧ」という成分が入った殺菌剤が登場した。その発売元は、イギリスを拠点とするレキットベンキーザー社の韓国法人オキシー・レキットベンキーザー（現・ＲＢコリア）だった。

このＰＨＭＧという化学物質、人間の肌に触れる殺菌剤としては十分な研究結果があり、使用許可が下りていた。しかし、加湿器に入れて肺などに吸収された場合に、人体にどのような影響をもたら

空気殺人
～TOXIC～

2022／韓国／監督：チョ・ヨンソン◉韓国国内で1994年から2011年までに998万本以上の加湿器殺菌剤が販売され、加湿器に殺菌剤を使用することが「健康に良い」「風邪に効く」などと根拠なく喧伝された結果、それを使用した2万人以上が死亡した実際の事件を告発した社会派ドラマ。家族の突然の死の真相を揺るぎなく追及する医師の姿を通して、韓国を震撼させた一大スキャンダルの実態を描く。

すかは十分な治験がなく、発売前から「安全とは言い切れない」という科学者からの意見も出されていた。しかし、不都合な事実は無視され、PHMG入りの加湿器殺菌剤「オキシーサクサク」が、韓国社会へと送り出される。国民の5人に1人が加湿器を使用する韓国では、年間60万個を売り上げるヒット商品となり、他のメーカーからも追随する商品が次々とリリースされた。

業務上過失致死傷罪で元社長が懲役7年に

劇中で「オキシー社」は「オーツー社」と名前を変えている。テフンとヨンジュはその「オーツー社」を相手に、被害者や遺族を集めて民事訴訟を起こすが、映画のとおり、その過程では被告側の様々な妨害や嫌がらせがあった。ホームページに寄せられた被害を訴える書き込みを削除したうえ、「株式会社」を解散して同名の「有限会社」に看板を変更。これは、被告となる法人が存続していなければ公訴が棄却されるため、刑事責任を逃れる偽装工作だった。

▼主人公の救急救命医テフンを演じたキム・サンギョン（下）と、彼のモデルになったソウル牙山病院のホン教授。映画「空気殺人～TOXIC～」より

また、オキシー社は、大規模な疫学調査の結果が出ても、病変は「黄砂と花粉が原因だ」と主張を続けた。その上で、毒性学の権威であるソウル大学獣医学部の教授らに頼んで、PHMGの吸入毒性試験を実施。教授のチームはマウスによる実験を行ったが、その実験結果は巧みに操作され、PHMGと間質性肺疾患発症の因果関係は明確でないという報告書が作成された。

このエピソードが、映画では裁判劇のクライマックスに用いられている。オーツー社の依頼によって、ソウル大の教授らは、虚偽の実験データを裁判に提出。さらに、その実験の立会人は、原告団の代表であるテフンだったことが明らかにされる。そして彼は、因果関係が明確でないという報告に、「間違いはない」と証言する。

テフンは秘かに、オーツー社の幹部社員との取引に応じていた。この幹部は、裁判に勝つための様々な工作に従事していた男で、昏睡状態が続くテフンの息子を救うため、肺移植のドナー探しに協力すると持ちかけたのである。テフンの裏切りで、オーツー社の勝利は決まったかに見えたが、ここでどんでん返しがある。実はこの幹部も、妻子が殺菌剤の犠牲になっており、自社への復讐を誓ってい

た。しかし豊富な資金力で権力と癒着する大企業を相手に、裁判では勝ち目がない。そこで幹部はオーツー社に忠実に、妨害や隠蔽を行っているように見せかけながら、裏でテフンに自分の狙いを明かして、手を組んでいたのだ。そして彼らは、実験データが改竄であるという証拠のビデオをマスコミに流して、最大の責任者であるオーツー社のCEO逮捕へと、事態を一気に動かす。

この辺りの劇的な展開は全てフィクションだ。実際は当初、オキシー社に下された行政処分は「人体に安全だ」との虚偽広告をしたとして、わずかな課徴金が科されただけだった。もちろん被害者や遺族はそれでは収まらず、闘いは長期に及んだ。

事件が発覚し、オキシーサクサクが販売中止になってから5年。2016年5月、オキシー社はようやく謝罪会見を行う。このときに遺族の1人が社の代表に掴みかかり、平手打ちをしたのは劇中で描かれるとおりだ。

企業と行政が人命を軽視した「家の中のセウォル号事件」

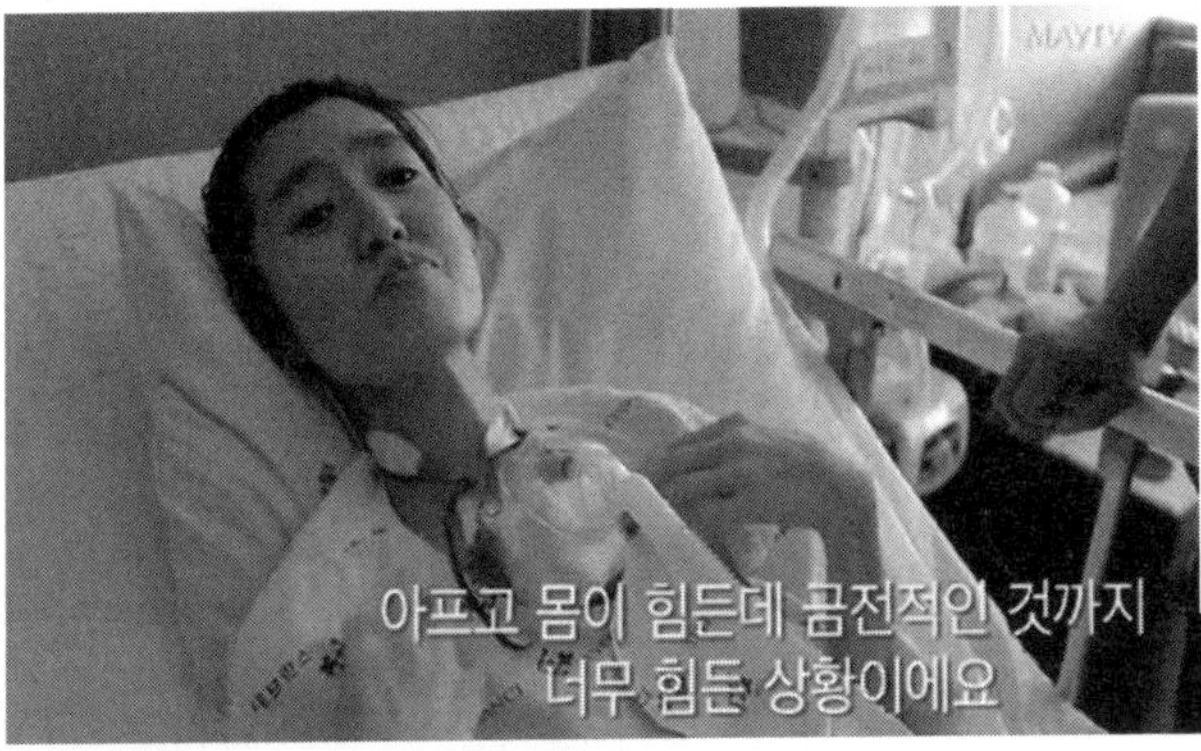
아프고 몸이 힘든데 금전적인 것까지
너무 힘든 상황이에요

◀被害に遭い入院中の実際の被害女性

▼2016年5月2日、ソウルで謝罪会見したオキシー・レキットベンキーザー社の韓国法人代表、アタ・シャフダーに激怒、掴みかかる被害者遺族

翌2017年1月6日、業務上過失致死傷罪などに問われたオキシー社の元社長に懲役7年、オキシー社に罰金1億5千万ウォン（約1700万円）、製品開発を行った研究所の元所長と別の殺菌剤メーカーの元社長にも懲役7年などの判決が下った。その一方で、事件発覚直前の2010年までオキシー社の社長を務めたアメリカ人は、証拠不十分により無罪となっている。

同年1月20日、韓国の国会では、加害企業が分担金を負担し被害者を救済する「加湿器殺菌剤被害救済法案」を可決。それから更に5年が経った2022年3月、ようやく最終調整案が出された。しかし分担金の支払いを命じられた企業は素直に応じず、被害者団体からも、提示された被害支援金に対して、被害者が受け入れられる水準ではないなどの反発が起こった。

企業と行政が人命を蔑ろにしたために起きた当事件は、2014年に304人の犠牲者を出したセウォル号の沈没事故との共通性が指摘され「家の中のセウォル号事件」などとも呼ばれている。

日本で一番悪い奴ら

やらせ、おとり、裏金作り

北海道警察の違法捜査が明るみになった「稲葉事件」の衝撃

2002年7月、北海道警察の生活安全特別捜査隊班長である稲《いな》葉《ば》圭昭《よしあき》警部が、覚醒剤取締法違反容疑に加え、銃砲刀剣類所持等取締法違反容疑で逮捕された。当初は一警察官のスキャンダルに思われたが、裁判で驚愕の事実が明るみとなる。北海道警が組織ぐるみで違法なやらせや、おとり捜査、裏金作りなどを行っていた事実が白日の下に晒されたのだ。2016年に公開された「日本で一番悪い奴ら」は、この〝日本警察史上最大の不祥事〟と称される「稲葉事件」を映画化した実録犯罪ドラマである。

自作自演の「首なし銃」を次々に押収

劇中で綾野剛演じる主人公・諸星要一のモデルとなった稲葉（1953年生、北海道門別町出身）が東洋大学を卒業後、北海道警察に入るのは1976年。交番勤務や本部警備部機動隊を経て、1979年8月、凶悪事件の初動捜査を担当する機動捜査隊（機捜）に異動。ここで、彼は〝道警イズム〟を叩き込まれる。先輩の教えは「とにかく協力者（映画ではスパイの頭文字からエスと呼んでいた

▶稲葉（右。役名は諸星要一。演：綾野剛）と協力者たち。左から元DJ山辺太郎役のYOUNG DAIS、元暴力団員・黒岩役の中村獅童、中古車販売業のパキスタン人男性ラシード役の植野行雄。映画「日本で一番悪い奴ら」より

が、当時の呼び方は協力者だった）を作れ」だった。

　劇中でも描かれたように、稲葉は暴力団員や水商売関係者たちに名刺を配りまくると同時に、指名手配犯を捜して聞き込みを繰り返して様々な人間に会い多数のエスを確保していく。その中には組長から末端の組員まで全員が稲葉のエスだった組もあり、他にも劇中で登場する元ＤＪ（演：YOUNG DAIS）や中古車販売業のパキスタン人男性（演：植野行雄）、生活保護で暮らす覚醒剤常用者の老婆なども実際に存在した彼の協力者だったそうだ。

　札幌中央署の刑事2課で暴力犯係（マル暴）を9年ほど務めた後、１９９３年4月、道警本部が新設した銃器対策課の係長に就任。当時は本島長崎市長銃撃事件（１９９０年）や金丸信自民党副総裁銃撃事件（１９９２年）など、銃器を使った重大事件が多発していたため、拳銃の摘発は全国警察の最重要課題だった。が、通常の捜査では拳銃など押収できるものではない。焦った対策課の幹部は「手段は問わない」と部下たちにハッパをかける。つまり、所有者不明の拳銃（いわゆる〝首なし〟）を認め、とにかく数を稼ぐよう指示する。となれば、協力者の多い稲葉の独壇場である。暴力団員の協力者からもらったり買ったりした銃を自分でコインロッカーに入れ、匿名で１１０番通報し、自分で拳銃を受け取りにいけば〝押収〟となる。稲葉は逮捕されるまでに１００丁ほどの拳銃を〝押収〟したそうだが、正規の手続きで押収したのは6、7丁ほどだという。

▲射撃訓練をする、警察に入ってまもないころの稲葉圭昭本人

　この時期、稲葉は数々の違法捜査に関わったが、特筆すべきは、映画でも描かれた次の3つだ。

●警察庁登録50号事件……１９９６年、警視庁が南アフリカからブラジル製のロッシーという拳銃が８００丁も日本に輸入された事実を掌握。輸入元の暴力団に拳銃の売買を持ちかけ、密売ルートを一網打尽にするべく警視庁と道警合同のおとり捜査が計画された。8月、稲葉の協力者の元暴力団が関東の暴力団に話を持ちかけ、1丁40万円で売ってもらうことで話がまとまる。取引当日、稲葉も暴力団員に扮して協力者と2人で取引に出向くと、柔道経験の長かった稲葉の耳が潰れているのを見た相手が警察ではないかと疑い、稲葉の頭に拳銃を突きつけた。協力者が「こいつはレスリングをやっていたんだ」と機転を利かしてその場は収まったものの2回の取引、

日本で一番悪い奴ら

2016／日本／監督：白石和彌◉北海道警に入った生真面目な青年が、ノルマ達成のために裏社会の捜査協力者とともに、やらせやおとりなど数々の違法捜査や、覚醒剤の密売に手を染めていく様を描く犯罪ドラマ。覚醒剤取締法違反、銃刀法違反の罪で有罪となった北海道警察の元警部・稲葉圭昭の衝撃の告白本『恥さらし 北海道警 悪徳刑事の告白』が原作。DVD販売元：ポニーキャニオン

8丁の拳銃を購入しただけで思ったような成果は出ずに終わった。

●ロシア人船員おとり捜査……1997年11月、ロシア人船員（当時28歳）に稲葉のパキスタン人協力者が執拗に拳銃と中古車の交換を持ちかけ、無理やり取引に応じさせた。船員が父親の形見の拳銃を持って渋々小樽港に入港すると、待ち構えた警察に逮捕され2年間の実刑に。後に稲葉が逮捕され、おとり捜査だったことが判明。

●石狩湾新港泳がせ捜査……2000年4月、元暴力団員の協力者が拳銃の大量摘発の計画を持ちかけてきた。香港マフィアが違法薬物を密輸するのをわざと3回見逃し油断させ、4回目に拳銃を200丁密輸したところを荷受人の中国人もろとも摘発しようと計画。道警銃対課と函館税関が合同捜査を開始したが、覚醒剤130キロ（末端価格約40億円）が石狩湾新港に届いた直後に協力者が持ち逃げ。1年後の2001年4月、税関のメンツを立てるため、小樽港に停泊中のロシア船に稲葉がストックしていた拳銃20丁を協力者がこっそり置いたところを摘発した。マスコミは大々的に報じたが、税関や銃対課だけでなく警備部外事課も承知していたヤラセだった。

▼マル暴時代、地元の暴力団員を覚醒剤取締法違反で逮捕。取り調べに入る前のスナップ

覚醒剤を密売し、自らも使用

こうした協力者の手助けのもと数々の実績を挙げた稲葉は「道警のエース」と称えられる。が、その見返りとして彼らに報酬を支払うことも必要不可欠。そこで、稲葉は覚醒剤の密売で資金を調達することにする。組織をあげての違法捜査で倫理観が欠如していた。ツテのある暴力団員からブツを回してもらい、協力者たちに売らせ、荒稼ぎした。自身も数人の愛人を抱え、マンションを9部屋借り、ハーレーダビッドソン3台とポルシェを乗り回し、道警本部生活安全部生活安全特別捜査隊に異動となった7ヶ月後の2001年11月には覚醒剤に手を出すに至る。

が、そんな暮らしはほどなく破綻する。2002年7月、金銭をめぐるトラブルから協力者の元DJが警察に出頭、稲葉の覚醒剤密売と使用を供述したのだ。尿検査の結果は陽性で稲葉は逮捕、懲戒免職に。さらに稲葉の本人名義で借りていたアジトの家宅捜索で、ロシア製の自動式拳銃1丁と、ビニール袋に入った覚醒剤0・44グラム、自宅マンションから覚醒剤92・9グラムが見つかったため、銃刀法違反と覚醒剤所持に加え、覚醒剤の営利目的所持の容疑でも

再逮捕される。

上司と協力者が自殺

▲稲葉は協力者たちに買わせた拳銃をストックし、必要に応じて“押収”したことにしていた。映画「日本で一番悪い奴ら」より

映画で描かれているように、裁判で当初、稲葉は全て自分の責任と容疑を認めていた。道警が自分を守ってくれると信じていたからだ。が、同年7月31日、稲葉の上司で違法捜査を黙認していたK警視が札幌市内の公園のトイレで縊死。さらに同年8月29日に元ＤＪの男が拘置所で自殺したことを知り、追いつめられた稲葉は法廷で組織ぐるみの違法捜査が行われていたことを告白する。しかし、道警は内部調査の結果、そのような事実は把握されなかったと答弁するのみ。２００３年4月、札幌地裁は稲葉に懲役9年と罰金１６０万円を言い渡し、やらせ捜査などには一切触れなかった。

しかし、「稲葉事件」に端を発した道警への疑惑は、やがて「裏金事件」へとつながっていく。劇中でも描かれているとおり、事あるごとに捜査協力者がいたことにして偽の領収書を作成し本部に請求し、その金を警視以上の幹部が私的流用していた事件である。これは２００３年11月、北海道新聞の調査により旭川中央警察署が不正経理を行っていたことが発覚、後に各部署、各課、各警察署でも同様のことが行われていたことが明るみになり、関係幹部が大量処分された。

稲葉は、２０１１年9月に刑期を終え出所。同年10月、映画の原作となる『恥さらし　北海道警　悪徳刑事の告白』なる手記を出版し、道警の組織ぐるみの違法捜査の実態を克明に著した。現在は、札幌で家業の八百屋の他、息子と一緒に「いなば探偵事務所」を営んでいる。

▼出所後に出版した手記『恥さらし　北海道警悪徳刑事の告白』

好評既刊！「鉄人ノンフィクション」シリーズ

【総集編】映画になった戦慄の実話

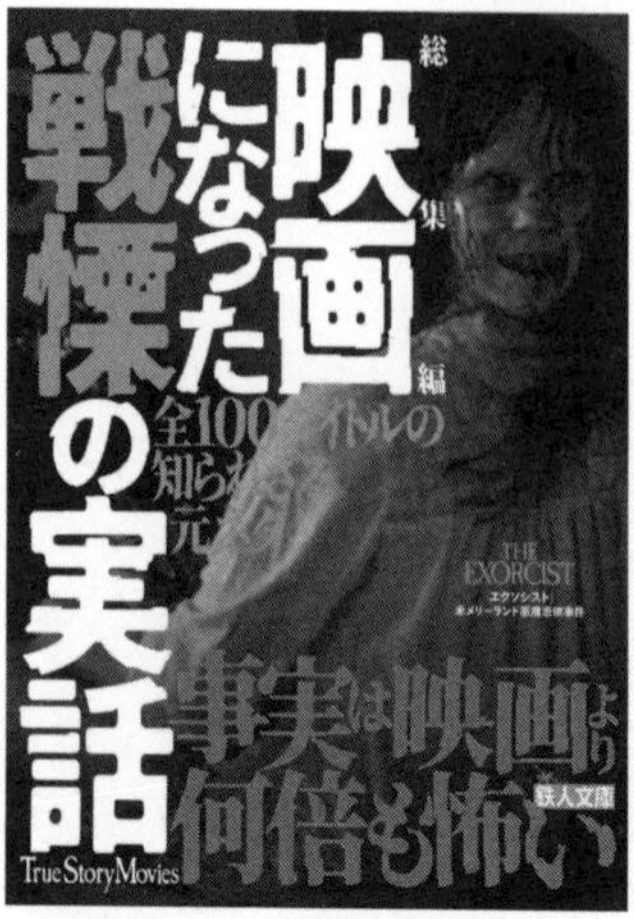

▲文庫本 544ページ 定価999円(税込)

主な収録作品 「エクソシスト」「エレファント」「ルーム」「ゴーン・ガール」「トガニ 幼き瞳の告発」「コンプライアンス 服従の心理」「フォックスキャッチャー」「モンスター」「チェイサー」「冷たい熱帯魚」「チェンジリング」「ミシシッピー・バーニング」「ボーイズ・ドント・クライ」「殺人の追憶」「狼たちの午後」「シルミド」「シンドラーのリスト」etc

映画になった衝撃の実話

▲文庫本 432ページ 定価968円(税込)

主な収録作品 「デトロイト」「15時17分、パリ行き」「ダンケルク」「ペンタンゴン・ペーパーズ 最高機密文書」「パトリオット・デイ」「全員死刑」「グッドフェローズ」「ザ・シークレットマン」「アメリカン・ハッスル」「セデック・バレ」「オリエント急行殺人事件」「JFK」「チャイルド44 森に消えた子供たち」「コレクター」「パピヨン」「アポロ13」etc

映画になった驚愕の実話

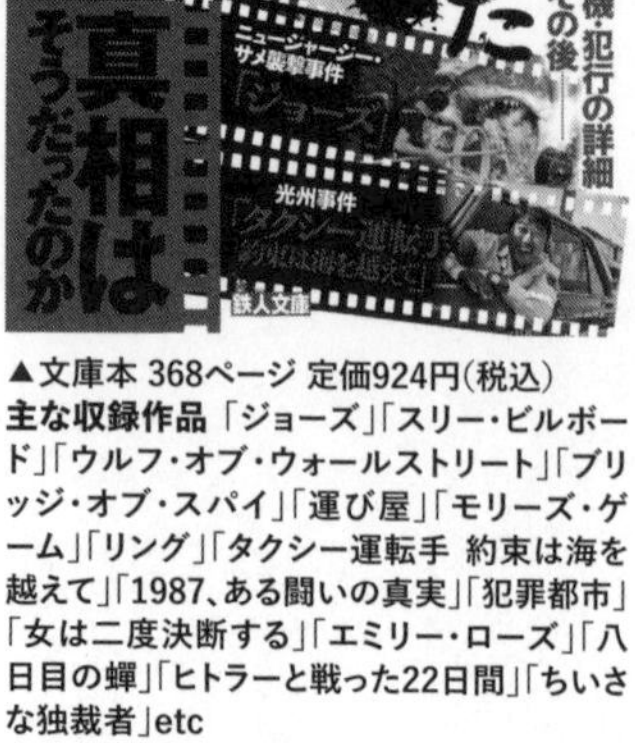

▲文庫本 368ページ 定価924円(税込)

主な収録作品 「ジョーズ」「スリー・ビルボード」「ウルフ・オブ・ウォールストリート」「ブリッジ・オブ・スパイ」「運び屋」「モリーズ・ゲーム」「リング」「タクシー運転手 約束は海を越えて」「1987、ある闘いの真実」「犯罪都市」「女は二度決断する」「エミリー・ローズ」「八日目の蝉」「ヒトラーと戦った22日間」「ちいさな独裁者」etc

映画になった恐怖の実話

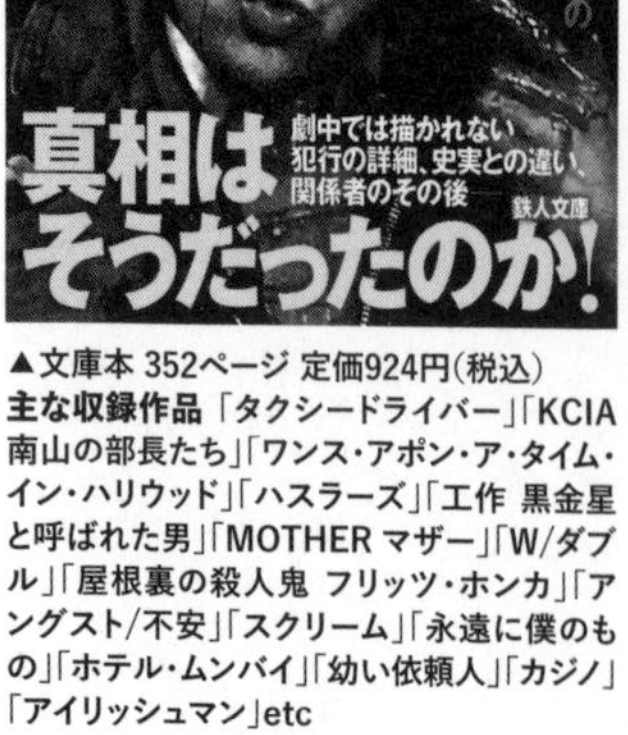

▲文庫本 352ページ 定価924円(税込)

主な収録作品 「タクシードライバー」「KCIA 南山の部長たち」「ワンス・アポン・ア・タイム・イン・ハリウッド」「ハスラーズ」「工作 黒金星と呼ばれた男」「MOTHER マザー」「W/ダブル」「屋根裏の殺人鬼 フリッツ・ホンカ」「アングスト/不安」「スクリーム」「永遠に僕のもの」「ホテル・ムンバイ」「幼い依頼人」「カジノ」「アイリッシュマン」etc

映画になった恐怖の実話III

TRUE STORY MOVIES

2023年11月27日　第1刷発行

編著　鉄人ノンフィクション編集部
発行人　尾形誠規
発行所　株式会社 鉄人社
〒162-0801 東京都新宿区
山吹町332 オフィス87ビル3階
TEL 03-3528-9801
FAX 03-3528-9802
HP http://tetsujinsya.co.jp/

デザイン　鈴木　恵（細工場）
印刷・製本　株式会社 シナノ

▼主な参考サイト

HISTORY HOLLYWOOD　映画.com　Wikipedia
殺人博物館　世界の猟奇殺人者　Amazon
allcinema　AFP　yahoo!ニュース　ichi.pro
Filmarks　exciteニュース　朝鮮日報
朝日新聞デジタル　THE Sun　東洋経済オンライン　Newsweek
asayamind　BIOGRAPHY　ati　BIGLOBEニュース　モブログ
CATCHPLAY　文春オンライン　ミュータント・タートルズ
ウーマンライフ　mirapicacinema　Rekisiru　mafia-goods
SUSPENSE MOVIE　FILMAGA　ホラーSHOX[呪]　ペペシネマ
歴ログ-世界史専門ブログ-　BANGER!!!　映画ポップコーン
SCREEN ONLINE　クランクイン!　ヒビノシネマ　KOREAN LIFE
輝国山人の韓国映画

その他、多くのサイトを参考にさせていただきました。

ISBN978-4-86537-267-0　C0076　

本書へのご意見、お問い合わせは直接、
弊社までお寄せくださるようお願いします。